Le chemin des estives

CHARLES WRIGHT

Le chemin des estives

J'AI LU

Pour mon oncle Denis,
qui m'a transmis le goût de la liberté

Pour Raphaël et Bruno,
mes compagnons de fugue

« Par les soirs bleus d'été, j'irai dans les sentiers,
Picoté par les blés, fouler l'herbe menue :
Rêveur, j'en sentirai la fraîcheur à mes pieds.
Je laisserai le vent baigner ma tête nue. »

Arthur RIMBAUD, « Sensation »

« Longue est la route et arides et desséchés
sont les chemins qu'il faut suivre
jusqu'à la source, au pays de la promesse. »

Statut des chartreux

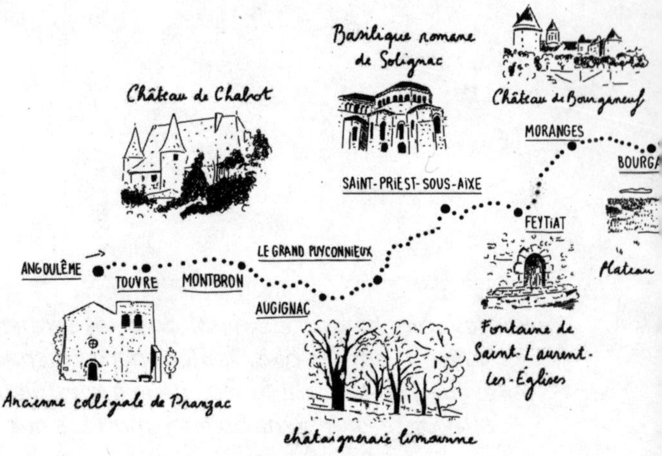
Basilique romane de Solignac
Château de Bourganeuf
Château de Chabrot
MORANGES
BOURGA
SAINT-PRIEST-SOUS-AIXE
FEYTIAT
LE GRAND PUYCONNIEUX
ANGOULÊME
TOUVRE
MONTBRON
AUGIGNAC
Plateau
Fontaine de Saint-Laurent-les-Églises
Ancienne collégiale de Pranzac
châtaigneraie limousine

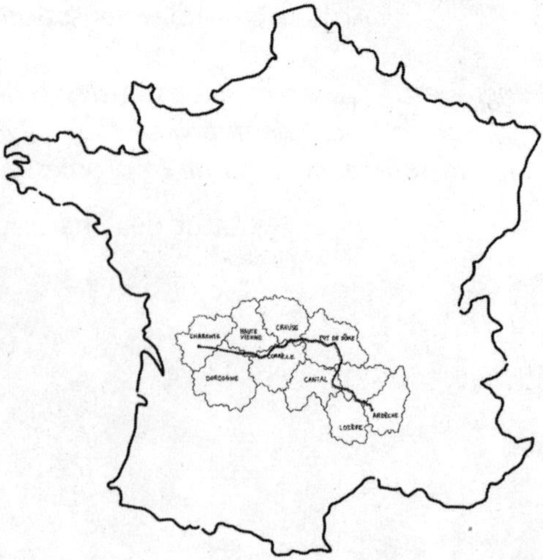
CHARENTE
HAUTE VIENNE
CREUSE
PUY DE DÔME
CORRÈZE
DORDOGNE
CANTAL
LOZÈRE
ARDÈCHE

SAINT-PARDOUX-D'ARNET
SAINT-JACQUES-D'AMBUR
CONDAT-EN-COMBRAILLES
PONTGIBAUD
NEBOUZAT
La chaîne des Dômes
Ruines de la chartreuse de saint Jacques d'Ambur
SUPER-BESSE
Super Besse
Chapelle Notre-Dame-de-Vassivière
LUGARDE
Vache Salers
Le plateau du Limon
PUY MARY
Saint Flour
ALBEPIERRE-BREDONS
SAINT-FLOUR
Refuge du Buron d'Eylac
LE MALZIEU-VILLE
Bête du Gévaudan
SAINTE-EULALIE
AUROUX
NOTRE-DAME DES NEIGES
Terrasses de Cévennes ardéchoises
Vierge de l'Abbaye de Notre Dame

La fugue

Une fois par an, nous étions réglés comme des montres suisses. Chaque 21 mai, en effet, la tradition exigeait qu'on se téléphonât. Pour rien au monde nous n'aurions manqué ce rendez-vous. La fidélité à ce coup de fil ne se discutait pas. L'amitié est une liturgie. Elle réclame des célébrations, des commémorations. Raphaël et moi pratiquions cette religion de la mémoire avec ferveur.

Ce jour-là, après les salutations d'usage, la conversation tournait au pèlerinage dans le passé. Nous rembobinions nos vies. Nous nous souvenions.

C'était en 1996. Jacques Chirac était président de la République. Sa jovialité et sa classe décontractée avaient tiré le pays de la torpeur bourgeoise des années Balladur. Pendant l'hiver, une ambiance de kermesse s'était répandue dans Paris après que les bottes de Juppé eurent jeté les gens dans la rue. Nous vivions encore sous l'ancien régime : Internet balbutiait, les téléphones portables n'existaient que dans l'imagination d'ingénieurs fous. Les existences se déroulaient sans textos, ce qui n'était ni sans charme, ni sans désagrément. Ainsi, quand nous devions conter fleurette, il fallait franchir la douane des parents :

— Bonjour madame, pardon de vous déranger, pourrais-je parler à Camille s'il vous plaît, de la part de Charles ?

Le Top 50 passait en boucle les chansons d'Oasis, de Doc Gynéco et *Lemon Tree*, le tube des Fools Gardens.

Raphaël et moi avions quatorze ans. Notre amitié avait éclos sur les bancs d'une école maternelle du quartier Mouffetard. Elle s'était épanouie aux arènes de Lutèce, où nous gambadions sur les pelouses interdites sous les coups de sifflet de gardiens en uniforme, puis scellée dans la fumée des premières cigarettes, des Ariel menthol allumées au square Barye, sur le pont de Sully, où nous regardions couler la Seine et notre enfance perdue.

En mai, notre collège avait imaginé un séjour linguistique en Allemagne. La classe avait échoué à Eschwege, une grosse bourgade dans le land de Hesse, au centre du pays de Goethe. De cette semaine de liberté, je ne revois que le nuage de fumée de nos clopes, les effluves des pintes que nous vidions comme de la limonade, les soirées en boîtes de nuit, et les sourires angéliques des jeunes Allemandes dont nous nous étions enjuponnés. Raphaël avait conquis le cœur d'une certaine Katherine, blonde comme les blés. Mon amoureuse, elle, s'appelait Eva. Les Allemands font de beaux bébés : Eva faisait deux fois ma taille. Elle avait dix-sept ans, moi quatorze – au tennis, une victoire sur des joueurs mieux classés s'appelle une « perf » ! Le retour à Paris, après ce bain de folies, parut un peu fade. Nous nous sentions à l'étroit dans nos familles. Nous traînions notre désespoir amoureux. Nos fiancées nous avaient fait tourner la tête. Nous trouvions que la vie goûtée outre-Rhin à leurs côtés valait bien celle que l'on menait dans la capitale, avec les sermons des parents, la discipline des cours et la grisaille du métro.

L'idée d'une fugue s'imposa à la faveur de ce climat. Pendant quelques jours, nous hésitâmes sur la destination. Certes, nous avions laissé une partie de nous-mêmes en Allemagne, mais l'Italie ou la Grèce, où Raphaël connaissait une île dans les Cyclades, n'étaient-ils pas des échappatoires plus ensoleillées ? Finalement, nous cédâmes aux appels du cœur : Eschwege s'imposa.

Pendant le cours de latin, je fis passer à Raphaël cette question griffonnée à la hâte sur un bout de papier : « On part demain ? » Ce mot scella notre sort. Le lendemain matin, la gorge nouée, nous étions gare de l'Est. C'était un 21 mai. Notre train pour Francfort partait à 8 h 57. Seul Yvan, un copain de classe, était au courant. Je le revois, sur le quai, venu nous dire adieu. Avec l'argent dérobé à nos parents, nous avions à peine de quoi payer nos billets. Yvan compléta de sa poche. J'entends encore le bruit sec que fit la porte du TGV en coulissant. Cette fois, la bêtise était consommée, on ne pouvait plus reculer. Derrière la fenêtre, alors que le train s'ébranlait, Yvan, les yeux embués de larmes, formait avec ses doigts le « V » de la victoire. On souriait pour se donner une contenance, mais en vérité, on n'en menait pas large.

Le trajet fut une longue patience. Nous le passâmes dans le wagon fumeur, enchaînant les cigarettes et les rires forcés. Une nausée tenace nous tordait le ventre. Pour ne pas nous laisser dévorer par l'angoisse, nous nous concentrions sur notre avenir, notre « plan » : rejoindre Eschwege, puis nous enfoncer dans une forêt près du village d'Eva, où nous avions repéré une cabane en bois qui nous servirait de planque. Nous comptions sur le dévouement de nos fiancées pour nous achalander en nourriture et en encouragements. Nous allions vivre d'amour et d'eau fraîche. Le romantisme de notre désertion avait des accents du *Grand Meaulnes*. Mais il y avait aussi du *Walden* dans le projet de revenir à la nature sauvage, et un peu des *Aventures du Petit Nicolas* puisque, dans notre fantaisie, nous n'avions pas totalement omis d'être sages : fort consciencieusement, nous avions glissé dans nos valises de quoi réviser le brevet des collèges... C'était une épopée de cour d'école, une turbulence d'enfants sages, une chimère de gamins désireux de hisser le réel à la hauteur de leurs rêves.

À la gare de Forbach, le train s'immobilisa longuement. Ce délai nous parut suspect. Une escouade de gendarmes accrédita cette inquiétude. En les voyant monter à bord, nous comprîmes qu'ils étaient à nos trousses. Le TGV s'ébroua avant que nous pûmes en descendre. Notre cœur battait la chamade, nous étions pris. Quand trois agents d'Interpol pénétrèrent dans le wagon, nous tentâmes une dernière manœuvre :

comme les Dupondt dans les albums de Tintin, nous déployâmes des journaux pour dissimuler nos visages. Évidemment, à la vue des titres de presse, les forces de l'ordre foncèrent droit sur nous... Nous fûmes sèchement débarqués à la gare de Sarrebruck. À Raphaël qui fanfaronnait sur le quai, l'un des gendarmes intima l'ordre de se taire et menaça de nous harnacher avec des menottes. Cela refroidit nos ardeurs de rebelles. Un train nous ramena sous escorte à la gendarmerie de Forbach. La joie d'avoir réussi à franchir la frontière ne suffisait pas à nous consoler. C'en était fini de notre doux rêve. Nous étions tristes, désabusés. La perspective de revoir nos amoureuses, d'être fêtés comme des héros partait en fumée.

À la gendarmerie où nous attendîmes avec inquiétude la venue de nos parents, un trafiquant de stupéfiant, le corps plein de tatouages, se prit d'affection pour nous. On lui rappelait sa jeunesse délinquante.

— Moi aussi, dit-il la larme à l'œil, j'ai commencé comme vous !

Nous ne savions comment prendre ces accès de tendresse et la carrière de petite frappe qui s'offrait à nous...

Nous sympathisâmes aussi avec la femme de ménage de la brigade. Elle chantonnait des airs de Patricia Kaas, native de Forbach, et rêvait de nous présenter sa fille. À chaque fois qu'elle passait devant nous avec son balai, elle soupirait avec des airs de tragédienne antique :

— Mais pourquoi avez-vous fait cela ?

On haussait les épaules, faute de savoir quoi lui répondre...

Enfin, après d'interminables heures d'attente, le commissaire nous annonça l'arrivée des familles. On s'attendait à recevoir une dérouillée, on eut droit à des embrassades et un dîner au restaurant. Puis la voiture du père de Raphaël fila sur l'autoroute dans la nuit noire. L'autoradio crachait du Billy Paul. Sa voix envoûtante recouvrait nos silences.

L'échappée

Depuis cette escapade, la Seine a coulé sous le pont de Sully. Jacques Chirac est mort. J'ai arrêté de fumer. Aux arènes de Lutèce, les gardiens ont rangé leurs uniformes. Les adolescents se trémoussent sur des tubes que je ne connais plus, et quand leur cœur saigne trop, ils ne prennent plus le train, mais ouvrent WhatsApp ou envoient un mail. Les temps ont changé. Raphaël et moi avons grandi en sagesse et en taille. Nous avons aimé, vécu, souffert, fait notre œuvre d'homme. Chacun a tracé un sillon. Lui est devenu une « vedette » de cinéma, comme disait ma grand-mère. Pour faire plaisir à ma mère, moi, j'ai fardé ma carte de visite avec des titres à rallonge, occupé des responsabilités prestigieuses. Et puis comme cette comédie sociale me laissait vide et insatisfait, j'ai changé de crémerie. L'aventure spirituelle m'a fait de l'œil. J'ai écumé les noviciats, les monastères, les ermitages, donnant à ma courte vie une forme zigzagante qui ressemble au tracé d'un homme ivre. Mais quelles que soient ses vicissitudes, il se pourrait que la clé de mon existence, son motif secret se trouvent dans cette virée allemande où j'ai tenté de rompre les amarres et de trouver une voie pour exister dans un monde trop adulte. Dans le fond, depuis cette bravade en culotte courte, ai-je jamais fait autre chose que partir, m'échapper, m'en aller, rejouer sans cesse cette scène inaugurale ?

À la liste des droits de l'homme, Baudelaire suggérait qu'on ajoutât « le droit de se contredire et le droit de s'en aller ». L'aventurière Isabelle Eberhardt revendiquait, elle, le « droit à l'errance et au vagabondage ». Dans *Heures de Tunis*, elle écrit : « Pour qui connaît la valeur et aussi la délectable saveur de la solitaire liberté, l'acte de s'en aller est le plus courageux et le plus beau. » Je me suis toujours senti de mèche avec les gens qui enferment leurs vies dans une valise et qui s'en vont. Rimbaud, Casanova, Charles de Foucauld, Kerouac, Benoît-Labre, une mystérieuse parenté m'attire depuis toujours vers ces destins de moines, de pèlerins, de vagabonds célestes. Ces irréguliers ont eu le courage de rompre. Ils ont pris la tangente comme on prend le maquis.

L'année dernière, un concours de circonstances m'a donné de marcher sur les pas de ces détachés. Le hasard a de l'humour : plus de vingt ans après la fugue, il m'offrait gratis l'occasion d'une nouvelle échappée.

Pour expliquer cette incongruité, je dois faire mon coming out chrétien. J'ai bien conscience qu'afficher cette qualité n'est pas la meilleure façon d'entrer dans un livre. Avouer par les temps qui courent que l'enseignement d'un charpentier juif donne du sel à votre vie, la conduit même vers les profondeurs, c'est se condamner à récolter des haussements d'épaule.

Manifestant un certain dédain pour les modes, je m'accommodais de cette relégation. J'avais découvert que les béatitudes valaient leur pesant d'or. À les prendre pour balise, l'existence voguait vers des bonheurs qui surpassaient les engouements du moment. Aussi, après avoir fréquenté les cabinets ministériels, les maisons d'édition et les rédactions des journaux, l'idée m'était venue de loucher du côté religieux. Il me semblait que la vie d'un mortel ne consistait pas seulement à produire et à consommer. Je trouvais que se vouer à la recherche de l'absolu n'était pas moins noble que faire carrière dans le conseil ou la com. Et puis j'avais le vague pressentiment que la soif qui me tourmentait, rien ni personne ne pourrait l'étancher, si ce n'est l'eau vive et fraîche que le Christ donne à la Samaritaine. En ces temps d'extinction de la foi, je faisais partie des derniers fidèles du Galiléen. J'appartenais à la réserve d'Indiens. L'Occident traversait une nuit mystique, un sommeil de l'âme, moi je restais ébloui par la lumière qui irradiait de ce roi paradoxal monté non pas sur un destrier mais sur un ânon, cet homme solaire et doux qui bénissait les enfants, s'agenouillait devant les prostituées et donnait le baiser au lépreux. Pour vivre dans son sillage, j'avais hanté des abbayes cisterciennes, je m'étais reclus dans des ermitages, j'avais partagé le sort de clochards et de divers autres naufragés. Ces expériences au long cours m'avaient communiqué une joie vive mais toujours pas l'adresse où enraciner ma vie.

Jusqu'à présent, j'avais échoué à me stabiliser dans un coin du monde. Mon idéalisme impénitent se heurtait à des déceptions continuelles. Chaque fois, il fallait que j'aille voir ailleurs. C'est ainsi qu'au seuil de mes trente-sept ans, j'ai frappé à la porte du noviciat des jésuites, 20, rue Sala, à Lyon.

Les gens qui ne sont pas de la partie doivent savoir que les « jésuites » ne sont pas seulement des gâteaux à la frangipane. La Compagnie, comme elle se désigne, est un groupe de religieux fondé par Ignace de Loyola. À l'aube de la Renaissance, ce saint espagnol au tempérament de feu a imaginé une forme de vie originale : les jeunes qui s'agrégeraient à lui ne seraient ni des moines, cloîtrés dans un couvent, ni de simples prêtres, reclus dans des cures, mais des hommes envoyés aux frontières, promenant leur cloître intérieur sur les lieux de fracture, aux prises avec le tumulte du monde. En quelques années, on retrouva ces religieux partout, peintres à la cour de l'empereur de Chine, égrenant des mantras avec des *sannyasins* sur les bords du Gange, missionnaires au Japon, défenseurs des Indiens en Amérique latine, lavant les pieds des mendiants ou confessant la haute. Les jésuites fondèrent des écoles, propagèrent les humanités, recueillirent les confidences, s'engagèrent dans la culture. Certains furent anthropologues, diplomates, écrivains, d'autres médecins, ingénieurs, sculpteurs, éditeurs, paléontologues, poètes… Rien de ce qui est humain ne leur semblait étranger. Cette épopée m'attirait. Ils avaient en outre la réputation de faire place à des tempéraments atypiques et de ne pas enrégimenter leurs recrues. Tous ceux dont j'avais croisé la route affichaient un air de liberté. Je me disais que je trouverais peut-être chez eux un petit coin de terre pour cultiver ma singularité et tracer mon sillon.

Le noviciat, qui dans le patois religieux désigne le temps de formation, dure deux ans ; au bout de trois semaines, j'étais comme un lion en cage. À mon vieil âge, on ne retourne pas aisément à l'école... Mon tempérament solitaire et sauvage se heurtait rudement au cadre communautaire. Je me retrouvais propulsé dans une sorte de huis clos parmi une vingtaine de jeunes qui n'avaient que le mot « Dieu » à la bouche. Moi, je ne savais plus très bien ce que je croyais. Des années de recherche m'avaient conduit vers ces régions du silence où tous les mots de la foi défaillent. Les pieuseries, les bondieuseries, le bla-bla spirituel mettaient mes nerfs à vif. Il n'y avait que l'amitié des pauvres et la radieuse beauté du Christ sur les vieilles icônes russes pour m'introduire au seuil de la prière silencieuse. Tout le reste sonnait creux et faux comme des statues d'idoles. Je pratiquais une religion buissonnière, faisant mes dévotions en contemplant les frondaisons des arbres plus volontiers que dans les églises où des liturgies plates arasaient le mystère. J'estimais certains de ces novices, ils étaient pleins d'ardeur et d'idéal, mais nous ne parlions pas la même langue. Ils étaient persuadés de détenir la vérité, moi je trouvais qu'il y avait de la sagesse dans cet aphorisme de Cioran : « N'a de convictions que celui qui n'a rien approfondi. »

Je trouvais un peu d'air auprès des vieux Pères qui vivaient à côté du noviciat. J'aimais la présence de ces anciens. Ils offraient des modèles de vie et distillaient généreusement leur sagesse. Ils me disaient de tenir bon. Pour ne pas cabrer le cheval fou qui se tenait en face d'eux, ils avançaient prudemment quelques arguments : les choses n'étaient jamais parfaites, il était temps de faire le deuil de l'idéal, de s'accommoder avec le réel. Je disais « oui » pour être bien élevé, mais l'accommodement n'avait jamais été mon fort. Quand une situation ne me convenait pas, je résistais ou m'en allais.

Je me débattais avec ce dilemme lorsque l'été pointa son museau. L'arrivée de la belle saison ajourna la prise de décision. Les affres vocationnelles allaient attendre quelques semaines, le temps de vivre ce que les jésuites, dans leur jargon, appellent le « mois mendiant ». Depuis l'époque d'Ignace, chaque novice doit affronter cette épreuve qui se présente comme un pèlerinage au long cours. Une marche de quatre semaines, sans téléphone portable, sans tente, sans carte bleue, et sans le moindre sou en poche. Une existence de mendiant, abandonnée aux hasards de la route et des rencontres avec, comme seule boussole, la confiance dans les circonstances pour pourvoir aux besoins les plus élémentaires : manger, boire, dormir. À côté de ce dépouillement, l'ascèse des chartreux ressemble à des vacances au Club Med…

Cet alliage de débrouillardise, de pauvreté et de vagabondage doit receler quelques bienfaits puisqu'on le retrouve à plusieurs époques et dans diverses civilisations. Par exemple chez les Indiens d'Amérique, les jeunes désireux d'accéder à l'âge adulte devaient quitter leur tribu et accomplir un voyage en solitaire, en survivant par leurs propres moyens. Dans les corporations, une vieille coutume dite du tour de France s'inspire de la même philosophie : pour acquérir leurs droits à la maîtrise, les apprentis doivent partir sur les routes, le baluchon sur l'épaule, et traverser l'Europe, en louant leur service d'étape en étape. Notre voyage s'inscrivait dans ce sillon : c'était un rite d'initiation. Nous allions faire nos gammes de spirituels non pas en feuilletant des manuels ou en avalant des traités mais en nous coltinant la réalité. Les jésuites sont des hommes réalistes que les jongleries de concepts n'impressionnent guère. C'est une chose de gloser sur la confiance ou de remuer des idées sur la providence, c'en est une autre d'affronter concrètement la faim, la soif, la peur, la pauvreté, l'inquiétude, l'absence d'abri quand la nuit tombe. Pour eux, rien ne vaut le livre de l'expérience.

L'aventure était corsée par une difficulté supplémentaire : elle exigeait que le pèlerinage se fît en compagnie d'un novice qu'on n'avait pas choisi. À l'épreuve de la pauvreté s'ajoutait celle du compagnonnage. Pendant quatre interminables semaines, il faudrait se supporter et tâcher d'avancer ensemble, dans une promiscuité de chaque instant et des conditions de vie qui mettraient fatalement nos nerfs à vif. Là encore, impossible de se payer de mots : au lieu de polir des théories sur la fraternité, nous allions l'éprouver dans la chair...

Comme compagnon de pèlerinage, le hasard me refourgua Parsac, Benoît de son prénom. Comme moi, c'était un « vieux » novice qui tutoyait la quarantaine. Dans une vie antérieure, il avait enchaîné les petits boulots, avant de s'établir comme barman dans une bourgade des Hauts-de-France. En remplissant les verres des ivrognes sur les comptoirs où se déversent la grandeur et la misère de l'humanité, il fit sans le savoir ses classes de consolateur des âmes. La grâce le retourna comme une crêpe bretonne au seuil de ses trente ans. Alors il remisa ses cocktails et devint curé à Lille où il écuma les quartiers populaires. Je l'appelais « l'abbé » pour l'embêter, lui qui détestait comme moi le langage de sacristie, les atmosphères cléricales et l'entre-soi chrétien. C'était un prêtre comme on les aime, un homme d'écoute, simple, affable, recherchant l'amitié des pauvres. Sa silhouette longue et fine était sculptée par une pratique régulière de la course à pied. Une légère calvitie et un sourire franc lui conféraient des allures de moines dans les publicités. C'était le genre de type à qui on donne le bon Dieu sans confession. En riant, je me disais que c'était de bon augure : quand nous aurions faim et qu'il faudrait frapper à la porte des maisons pour apitoyer sur notre sort, on miserait tout sur lui...

À Lyon, nous avions quelques semaines devant nous pour préparer le voyage. En déambulant sur les quais où la Saône a déposé des immeubles qui ressemblent à des palais italiens, nous tentâmes, Parsac et moi, d'accorder nos violons. Sur l'essentiel, nos désirs convergeaient. Tous deux, nous aspirions à traverser des déserts, à nous enfoncer dans des solitudes. Nous voulions aussi patrouiller dans de la beauté et nous désaltérer dans la nature sauvage.

Comme nous cherchions un coin de France qui récapitulerait ces inclinaisons, il me revint à l'esprit, à la hauteur de la passerelle Saint-Georges où le fleuve devient vert émeraude, qu'il existe en France une région désertée par les habitants, délaissée par le réseau ferroviaire et les autoroutes, oubliée des plans d'aménagement. Une espèce d'omission, un blanc sur la carte : le Massif central. Pour avoir traversé cette haute terre à plusieurs reprises, je savais qu'il n'y a là-bas que des arbres, des cailloux, des bêtes, des horizons, de l'eau à foison, et quelques survivants taiseux et majestueux qui honorent le vieux fond paysan de la France. Cette géographie fantôme est le domaine de la nature, le fief des vaches, le royaume du rien. Un endroit qui échappe miraculeusement aux puissances du monde, une sorte de terre d'asile, de repli.

En outre, ce vieux bloc de montagnes érodées, qui gratifie plusieurs départements de ses formes massives et élégantes, est situé au cœur de la diagonale du vide. Or, du vide, c'est précisément ce dont j'avais besoin.

L'année au noviciat m'avait éreinté. Elle m'avait mis une nouvelle fois en face de mon inaptitude à épouser une forme de vie. Les existences stériles sont celles qui ne se décident pas. La mienne était une hésitation incessante. Certains sont peu doués pour les langues ou pour les soustractions, moi, je ne sais pas choisir de direction… À la longue, cette irrésolution me tapait sur le système. J'espérais que ce voyage m'aiderait à solder ce petit contentieux que je traînais avec moi-même, que les contrées altières et racées que j'allais traverser me déchargeraient de mon propre fardeau. Au Massif central, je demandais d'adoucir par le spectacle de ses beautés l'intensité de ma peine.

Et puis les novices, dont je partageais le quotidien, avaient beaucoup de qualités, mais pas celle de la retenue dans les paroles... Avec l'assurance de leur jeune âge, ils faisaient voltiger les idées, s'égaraient dans des spéculations, cernaient la vie spirituelle dans des définitions et des syllogismes. À table, je souffrais de ces conversations qui se perdaient dans les nuages. Je voyais les mots s'accumuler autour d'eux comme des abstractions. Partout, il y avait trop de bruit, trop de discours, une immense rumeur qui n'en finissait pas.

La marche est un grand dispensateur d'émerveillement. J'en avais besoin. Je traînais une sorte de lassitude. Mes fringales d'absolu peinaient à s'étancher dans la France de Macron. Le Black Friday, les boucles de BFM TV, le racolage d'Instagram laissaient dans mon cœur un grand vide. Moi, j'éprouvais une soif de vraie vacuité. J'avais besoin de me laver les oreilles dans le silence. Je désirais le baptême des choses simples. Les chartreux appellent « virginité spirituelle » l'attitude de l'âme qui aspire au dégagement de l'éphémère. Je crois que je ressentais quelque chose de similaire. Je voulais revenir à l'os des choses, me ressourcer dans l'élémentaire, renouer avec la réalité dans sa nudité native. Communier aux choses dans l'épiphanie toute simple de leur être-là.

Un Père de l'Église d'Orient a écrit que la vocation de l'homme est de « puiser inépuisablement à l'Inépuisable ». Oui, c'était cela, j'étais en manque d'inépuisable. Il me fallait une dose d'infini sous peine de dépérir. D'urgence, j'avais besoin de retrouver ce qu'il y a d'immense, d'éternel, de divin en chacun de nous, et m'immerger dans des paysages qui donnent l'éveil à ces parts profondes de l'homme.

Décidément, le Massif central était la solution. J'ai senti qu'il me serait bon de revoir ce coin de France, et je suis parti sur le chemin des estives.

Un jambon-beurre

Dans le TGV vers Angoulême, nous campons au wagon bar. Il est 14 h 30. Nous avons faim. Depuis le départ de Lyon, de bonne heure, ce matin, nous n'avons rien avalé.

Parsac peste contre moi. À Paris, où nous avions une heure pour changer de gare, je lui ai imposé un détour par le Luxembourg. Je tenais à revoir ce jardin et j'en ai profité pour faire escale à la pissotière art déco, proche des pistes de pétanque, qui offre un point de vue unique sur des chênes centenaires. Mais Benoît n'a manifestement pas goûté l'intérêt de ce détour qui manqua de nous faire rater le train. Depuis ce contretemps, il trimballe une méchante humeur. Je compatis du fond du cœur : un mois à subir mes lubies et ma personne, ce doit être long !

Derrière les grandes baies vitrées du wagon bar, notre train lancé à toute allure ressemble à un couteau jeté dans le vide. Les paysages défilent comme les images d'un film en avance rapide. Pour ne pas avoir le tournis, j'avise la carte du bar. Des menus alambiqués proposent des « pauses veggies », des plats « bistro » et des « plaisirs du comptoir » ; il y est question de « penne à la farine de lentilles corail », de « carottes au cumin » ou de « gnocchi à la crème de topinambour ». Après vingt minutes à déchiffrer ces chinoiseries, je jette mon dévolu sur un « pain pita, poulet, crudités, houmous citron confit ». Je dis à Benoît qui opine mollement de la tête que ces cartes endimanchées sont à l'image de notre monde : emberlificoté, et qu'il est grand temps de se laver de ces fioritures.

Nos sandwichs hors de prix n'ont pas assouvi notre appétit.

— Il va falloir apprendre à dompter l'estomac, ce maître bruyant, dit Parsac dont le ventre continue de crier famine.

Bientôt, nous serons à Angoulême avec six euros cinquante en poche et une petite promenade devant nous : le Massif central à arpenter à guibole... Pourquoi Angoulême ? Au risque de fâcher ses habitants, ce n'est pas par attrait que le chef-lieu de Charente a été choisi comme point de départ du périple. En fait, ni Benoît ni moi ne manifestions d'attachement particulier pour cette ville. Notre choix s'est porté sur elle pour des raisons de pure opportunité pratique, il fallait bien partir de quelque part. Voici comment l'affaire s'est décidée.

Comme nous cherchions un lieu d'arrivée pour notre voyage, un but à ce pèlerinage, j'ai proposé l'abbaye Notre-Dame-des-Neiges, la trappe où Charles de Foucauld s'est enfermé quelques mois, en 1890, avant d'aller poursuivre ailleurs, plus loin, son destin météorique

– il faut dire que le vicomte fait partie de ces êtres suprêmement libres qu'on n'enferme pas aisément entre quatre murs. Depuis longtemps, je nourrissais une dévotion pour ce frère d'âme mort dans l'indifférence générale dans un coin du Hoggar algérien en 1916. La vie de ce dandy agnostique, devenu officier de cavalerie, puis explorateur géographe, avant d'être saisi par le Dieu chrétien et de se lancer dans l'aventure spirituelle, m'attirait comme un aimant. Je me plaisais à relever les similarités biographiques ou les concordances de tempérament qui existaient entre nous : une adolescence agitée, une conversion tardive, une inaptitude à entrer dans le rang, des tiraillements incessants entre des aspirations contradictoires – une âme de chartreux et un cœur de jésuite –, le désir permanent d'un ailleurs plus comblant qui donnait à nos existences l'allure d'un feuilleton à rebondissements, l'amour de la solitude, le goût de la liberté, l'appel de l'inconnu, le désir d'inventer sa vie et de rester coûte que coûte fidèle aux exigences de sa voix intérieure... Nos saints de prédilection sont des projections de notre être profond : ils ne dévoilent pas seulement qui nous sommes mais aussi celui que nous aspirons à devenir. Au fil des ans, Foucauld était devenu plus qu'un compagnon : une lumière sur ma route, quelqu'un qui m'aidait à vivre.

Je trouvais admirable l'audace avec laquelle cet irrégulier solitaire s'était libéré de tous les carcans, y compris religieux, pour se tailler une vocation à la mesure de sa personne singulière, de son gabarit unique.

Charles était aussi pour moi le type achevé de l'humanité évangélique : il me montrait ce qu'il advient à un homme qui se laisse saisir par le Dieu des béatitudes. Au fil d'un itinéraire chaotique, son cœur de pierre était devenu un cœur liquide ouvert au flot des autres, notamment aux Touaregs dont il a sauvé la culture par de patientes études ethnographiques qu'il faisait souvent passer avant le bréviaire et l'adoration. Le saint-cyrien volontariste, transmué en trappiste à l'ascèse sauvage, puis en ermite crispé sur ses règlements, s'était peu à peu assoupli en un homme doux et humble qui, parvenu à maturité spirituelle à Tamanrasset, ne se regardait plus le nombril mais vivait libre et détaché de tout, dans un grand dénuement et dans l'acception simple et joyeuse du réel.

Élevé dans la foi du concile de Trente, qui professait qu'en dehors de l'Église une, sainte, catholique et apostolique, il n'y avait pas de salut, Foucauld a accompli un chemin étonnant pour parvenir à voir en chaque humain un frère. Dans le visage des Touaregs musulmans, il contemplait la beauté de Dieu. Le « frère universel » est l'inspirateur des moines de Tibhirine, mais aussi le précurseur de Gandhi, de Luther King et de Mandela.

Et puis je trouvais réjouissant que l'aristocrate ait tourné le dos à l'opulence de la modernité industrielle en train de naître – au moins pour lui-même, car pour aider les autres il ne boudait pas les aménités apportées par la technique –, et qu'il ait opposé aux mirages du progrès ce qu'il appelle la « vie de Nazareth », une vie de pauvreté, toute rudimentaire, sans confort. Il me semblait que ce choix contestataire avait quelque chose à dire à notre époque envahie par les prothèses technologiques : c'était une invitation à préférer la beauté simple d'une existence ordinaire et incarnée aux promesses des cyborgs et de la réalité augmentée.

Bref, il me plaisait de marcher sur ses pas.

Je savais qu'un sentier de grande randonnée passait non loin de cette abbaye où Charles avait semé des prières, à la frontière de l'Ardèche et de la Lozère, derrière le massif du Tanargue. Reliant l'Atlantique à la Provence, le GR4, qui partait de Royan, filait à l'est à travers la Charente et le Limousin, puis entamait une descente par l'Auvergne, les monts du Cantal, la Margeride et les Cévennes avant de plonger plein sud en direction de la Méditerranée. Ce chemin avait la réputation d'être bien balisé et peu fréquenté. C'était à la fois une solution de facilité – si nous avions opté pour le hors-piste, il eût fallu un sac entier de cartes d'état-major –, une promesse de solitude, et l'assurance de faire, pendant un mois, provision de beauté.

Une fois le lieu d'arrivée et le chemin choisis, il n'y avait plus, pour déterminer notre point de départ, qu'à se livrer à des calculs, puis à les projeter sur une carte. Cela ressemblait aux « problèmes » que les professeurs nous infligeaient en classes élémentaires et que je ne parvenais jamais à résoudre : « Deux pèlerins entreprennent une marche d'un mois. Soucieux d'avancer d'un bon pas tout en ménageant leur monture, ils gambaderont entre vingt-cinq et trente kilomètres par jour, étant entendu que les dimanches seront dédiés au repos. En sachant qu'ils atteindront l'abbaye des Neiges et qu'ils cheminent sur le GR4, quelle est la ville susceptible d'accueillir leur départ ? » Parsac étant aussi peu doué que moi pour les mathématiques, nous tranchâmes de façon arbitraire qu'Angoulême, où passaient le GR et des TGV, correspondait à peu près...

À l'approche du départ, je me sens un peu fébrile. Dans mes périodes de spleen, au noviciat, j'ai souvent rêvé à un sentier qui me mènerait loin de tout ça. Tout ça ? Les institutions qui ôtent la respiration, et les centres-villes où les rues piétonnes n'offrent que des vitrines criardes, des enseignes franchisées et des succursales de supermarché. Comme un prisonnier dans sa cellule, je me suis imaginé sur l'un de ces chemins déserts où l'esprit est libre et se laisse guider par le soleil et le tracé des rivières. Dans quelques heures, ce paradis se donnera à moi, sans retenue. Ce sera, pendant trente jours, un festin de silence, une profusion d'espace. C'est curieux, mais j'ai le vague pressentiment d'une heure décisive. J'éprouve une inquiétude comparable à celle qui me tordait le ventre à l'époque antédiluvienne où les femmes me consentaient encore des rencards galants. Je pars comme quelqu'un qui a rendez-vous, persuadé que quelque chose d'important va advenir de mon abouchement avec ce coin de France.

Pour traverser la Dordogne, la Haute-Vienne, la Creuse, le Puy-de-Dôme, le Cantal, la Lozère, et l'Ardèche, je ne filerai pas à toute vitesse, tête baissée, pressé d'arriver à bon port, mais je choisirai les chemins qui allongent, les sentiers de traverse et les routes secondaires. Les paysages, comme les hommes confinés, portent un masque, il faut les fréquenter longuement avant qu'ils dévoilent leurs secrets. Je vais mettre trente jours pour un voyage qui peut se faire en six heures de voiture, ce sera ma façon de résister au culte de la vitesse et à l'énervement contemporain. Et puis il faut au moins cela pour apprivoiser la splendeur géographique qui se tient en marge du pays officiel, cette France périphérique que les dieux de la modernité semblent avoir oublié de pourvoir. Certains vont chercher le bonheur en Sibérie ou en Alaska, moi je lorgne du côté d'Aubusson, de Saint-Flour et du plateau de Millevaches... Je suis un aventurier de la France cantonale, un explorateur de sous-préfectures.

Il est 16 h 24. Dans le haut-parleur, une voix annonce que le TGV entre en gare d'Angoulême, cinq minutes d'arrêt. Le train ralentit en grinçant, puis s'immobilise. La porte s'ouvre. Une chaleur caniculaire me gifle le visage. Sur la place de la gare, où nous troquons nos pantalons pour des bermudas, le panneau d'une pharmacie indique trente-quatre degrés. Les mollets de Parsac, blancs comme des endives, font peine à voir. Les miens ne sont guère plus affriolants. Il est temps que le soleil fasse son œuvre, que la marche nous injecte un peu de vitalité. En attendant, nous traçons la route, sans nous éterniser dans la vieille ville, dont j'aimerais voir les remparts. Mais il est déjà tard et, en guise de mise en jambes, il faut marcher une dizaine de kilomètres pour mettre entre la ville et nous une distance respectueuse et bivouaquer dans un endroit qui ressemble à quelque chose.

En laissant le centre-ville d'Angoulême derrière moi, je pense à Lucien de Rubempré, le personnage des *Illusions perdues*. Le roman de Balzac raconte l'ascension de ce fils sans fortune d'un pharmacien de la ville basse qui rêvait de déjouer les lois de la pesanteur sociale en se hissant jusqu'au rocher d'Angoulême, où la haute société se récapitulait. Comme le héros de Balzac, les êtres normalement constitués aspirent à grimper l'échelle sociale, à monter en grade. Parsac et moi faisons partie des rares farfelus à prendre le chemin inverse. Trente jours durant, nous allons suivre la voie de l'abaissement. Vagabonds, mendiants, voyageurs sans bagage, nous allons expérimenter une vie sans appui avec, pour seule fortune, l'heure présente, le bel aujourd'hui. Dans les livres, on raconte un peu légèrement que la pauvreté est un chemin vers la joie. Saint Benoît, le codificateur de la vie monastique en Occident, écrit, lui, que l'échelle du progrès spirituel se monte en descendant, en s'abaissant toujours davantage. Or, quand on y est confronté « pour de vrai », comme disent les enfants, cette descente dans la petitesse est vertigineuse. Dans notre sac à dos, qui pèse pourtant déjà lourd sur nos épaules, on ne trouve que le strict nécessaire : une tenue de rechange, un couteau suisse, une lampe frontale, des aiguilles pour percer les ampoules, une paire de sandales, un savon, quelques aspirines, un sac de couchage..., mais aucune de ces sécurités qui permettent de se tirer d'affaire en cas d'aléas ou de coups durs : tente, téléphone portable, carte bancaire ou argent liquide. Les rares piécettes qui restent du billet de vingt euros avec lequel nous sommes partis ce matin ne seront bientôt plus qu'un souvenir. L'avenir nous dira si le bonheur consiste ainsi à fuir la fortune et la gloire, et s'il y a vraiment en bas une vérité qui ne se trouve pas dans les hauteurs de la reconnaissance, de la sécurité et du confort. Pour l'heure, avec les trois sous qui sonnent piteusement dans ma poche et la peur de ne pas avoir à manger ce soir, je réserve mon jugement...

Nous avançons à travers des paysages de banlieues tristes, dans des périphéries sans charme qui égrènent inlassablement les mêmes ronds-points, les mêmes bretelles de routes, les mêmes hangars de magasins en tôle ondulée. Le soleil brûle le bitume qui nous grille les jambes. Sur la route, des camions pressés frôlent nos corps en nage. Au bout de dix kilomètres dans la fournaise, nous arrivons à Touvre. À certains infimes détails – un soudain relâchement de la tension, une moindre pression du bruit, des arbres plus déployés, plus vigoureux, une tranquillité dans l'air –, je discerne que cette bourgade est un seuil, une frontière entre le périurbain et la campagne. C'est ici que nous passerons la nuit, d'autant qu'il est l'heure de nous mettre en quête d'un toit et d'un repas.

Nous tournons dans le village comme des Sioux en repérage. Un couple de retraités s'affaire dans le jardin d'une maison ; nous approchons jusqu'au portail, mais sans oser franchir le pas. Plus loin, c'est une bicoque fleurie qui attire nos regards. Là encore, nous battons lâchement en retraite au moment où une silhouette apparaît dans l'entrebâillement de la porte. Il faut avoir sacrément faim pour braver l'humiliation de demander sa pitance à des inconnus ! Parsac et moi sommes les rejetons d'une époque qui survalorise l'autonomie, et juge dégradant le fait de dépendre des autres. Et puis, mine de rien, notre déclassement est brutal, nous n'étions pas préparés. En vérité, nous sommes morts de honte…

En forçant nos natures timides, nous tentons notre chance à la grille d'un manoir – quitte à être humiliés, autant que ce soit dans des draps en soie –, mais la châtelaine est sortie. Le jour décline, notre inquiétude grandit. D'autant que Serge, un employé municipal que nous avisons à la porte d'une grange où j'aurais bien vu mon lit, est catégorique : personne dans ce bled ne nous recevra à demeure. Avec son fort accent de Dordogne, et l'assurance de celui qui tutoie le maire et connaît les tenants et les aboutissants de la chose, ce solide gaillard nous conseille de dénicher un coin de pelouse près du stade municipal, et d'y dormir à la belle étoile, en précisant que le sommeil sera dur à trouver : ce soir, pour la fête du village, un grand méchoui est donné. Pour connaître ce genre d'agapes municipales, et savoir d'expérience qu'on n'y boit pas que de l'eau, je décline poliment la proposition, de peur de finir embroché ou rôti comme de la ventrèche.

Le soir tombe comme un rideau de théâtre, il faut presser le pas. Nous frappons à la porte des maisons au hasard. Les refus s'enchaînent. Nous sommes trop propres sur nous pour inspirer de la pitié, et pas encore assez culottés pour nous inviter chez les gens. Le petit laïus que nous servons en guise d'introduction est bavard, emprunté, confus. L'art de la mendicité ne s'improvise pas. Nous sommes encore des amateurs de la maraude, des bizuts de la manche.

Devant une maison neuve à laquelle sont accolés une vieille grange délabrée qui sert de débarras et un petit potager, le tout disposé dans un désordre où je trouve que notre présence ne jurerait pas, nous reprenons espoir. Par la fenêtre s'échappent des rires forcés de jeux télévisés. Mon cœur accélère en tirant sur la sonnette. Au bout de cinq minutes, un vieil homme en salopette apparaît, appuyé péniblement sur une canne. Il nous dévisage avec l'air de se demander qui sont ces importuns qui le dérangent pendant la soupe. Gauchement, en m'excusant presque d'exister, je bredouille qu'on cherche un abri pour la nuit, n'importe quoi, une grange, un hangar, un bout de jardin, juste un petit coin pour se sentir tranquille. Pour gagner sa confiance, je vante les charmes de la commune, ses deux étoiles au concours des villes fleuries. Le retraité déroule son itinéraire de paysan depuis des générations, puis se perd dans un dégagement sur la perte du sens de l'hospitalité dans la société contemporaine, le triste repliement sur ses intérêts, la victoire de l'entre-soi et la peur de l'autre. Je crois la partie gagnée lorsque, jetant un œil à sa montre, l'homme tourne subitement les talons, et conclut :

— Allez messieurs, bonne soirée, et bon courage.

Pas même le temps de lui quémander un morceau de pain que sa porte s'est refermée à double tour. Dans ses *Conseils pour voyager sans argent*, Paul Morand fait l'éloge de « l'heureux dénuement qui permet de loger chez l'habitant, sinon à la belle étoile, et de pénétrer partout invisible ». Après cette soirée d'affronts et de refus, je trouve que ce bonheur annoncé tarde un peu à venir...

Tandis que l'obscurité se répand, nous établissons nos pénates sous un vieux lavoir léché par un affluent de la Touvre, à l'écart de l'agitation. Surmonté d'une toiture en tuiles et protégé des regards par d'épais murs en pierre de taille, l'endroit est un abri idéal, même si la proximité de l'eau présage des piqûres de moustiques. Pendant que Benoît dispose le lieu, je tente une razzia de nourriture dans les rares maisons où il y a de la lumière. Dans l'une d'elles, manifestement une maison de vacances, un militaire en garnison à Angoulême ne trouve que trois carottes et une boîte de maquereaux dans les réserves. La baraque attenante allonge le festin avec deux morceaux d'un pain de la veille. Quand il découvre la moisson, Parsac tourne pâle.

— Putain, poétise-t-il, un mois, ça va être long !

Sous notre lavoir de fortune, l'énergie brusquement défaite, nous éclatons de rire.

La nuit a tout recouvert d'un grand calme. Le silence est une infirmerie : il apaise les pensées, calme les angoisses. Par la grâce de son baume, l'agitation et l'inquiétude de la journée sont retombées comme la neige dans les boules à secouer. Benoît bouquine à la lumière de sa frontale en terminant une carotte. Moi, j'entame le carnet où je vais fixer mes épanchements quotidiens.

Le hasard a voulu que notre campement se situe à quelques pas des sources de la Touvre. Celles-ci sont une curiosité scientifique – en hydrologie, on les appelle une résurgence. À une trentaine de kilomètres au nord, vers La Rochefoucauld, les eaux du Bandiat et de la Tardoire, venues des hauteurs granitiques et boisées du Limousin, s'enfuient sous terre, dans l'humus, et se perdent dans des sous-sols calcaires fissurés, des crevasses et des gouffres profonds, où elles forment d'immenses lacs enterrés. Puis ces eaux fantômes s'épanchent dans des rivières souterraines – le Bouillant, le Dormant, la Font de Lussac, et la Lèche – qui poursuivent leur cours dans le secret avant de resurgir pour donner naissance aux sources en question. Au seuil de mon voyage, ce phénomène aquatique m'insuffle un peu d'espoir. J'en ai besoin. Le discours apocalyptique qui enténèbre l'atmosphère a déteint sur moi. « De ce que j'ai aimé, que restera-t-il ? » s'interroge Saint-Exupéry, dans *Terre des hommes*. Cette question m'obsède. Je me sens orphelin d'un monde disparu, englouti. Tout ce à quoi je tiens le plus est submergé par l'énorme vague de la modernité en marche : la culture de l'intériorité, le silence, la gratuité, la lenteur, le sens de la nuance, de la mémoire et de la profondeur historique. Le christianisme devient une nostalgie, les familles s'effilochent, l'amour ne dure plus que deux ans. Des têtes roulent sur le parvis des collèges et des églises.

Les villages de nos campagnes, où des générations d'ancêtres ont acquis une densité humaine dans des vies rythmées par le bréviaire et les saisons, tombent en ruine. Sur les branches des arbres, les oiseaux cessent de chanter. Les abeilles désertent les ruches. La mosaïque humaine se réduit comme l'air pur des villes devenues monstrueusement tentaculaires. Les anciens croyaient dans la pérennité du monde, nous vivons avec l'idée que nous sommes en sursis, que l'homme est promis à l'obsolescence comme les smartphones qu'il accumule, que le soleil peut s'éteindre. L'anxiété, cette sorte de crainte vague, de rumeur anxieuse, est devenue l'émotion cardinale. Notre société se prépare à la panne d'un système qui tourne comme une toupie folle. On guette fébrilement la venue d'un effondrement, d'une catastrophe. Face à tout cela, les sources de la Touvre ébauchent un autre scénario, une autre issue : elles ont l'air de mourir, mais elles cheminent invisiblement, avant de resurgir, de renaître. C'est une invitation à ne pas succomber à l'amertume désespérée. Après tout, les vieilles eaux de notre vieux monde en décrue, elles aussi, peuvent rejaillir. En l'an mille, dans une période comparable à la nôtre, des aspirations spirituelles se sont levées subitement : selon un chroniqueur de l'époque, le monde ravagé par les périls « s'est revêtu d'un blanc manteau d'églises » et la vie a refleuri. Je prédis pour les prochaines décennies un renouveau similaire. L'époque a besoin d'hommes de silence, de solitude et de prière. On ne peut pas vivre indéfiniment sans orienter son regard du côté des étoiles. Des jeunes de plus en plus nombreux se détourneront de notre système en surchauffe pour aller chercher dans les altières solitudes de l'Athos ou dans les vallons cisterciens des réponses à leur soif de sens. D'autres s'isoleront dans des réclusions, comme Thoreau à Walden Pond, et méditeront la centaine de livres qui comptent pour trouver des réponses à ces questions urgentes : à quoi tenons-nous vraiment ? Que voulons-nous sauver ? Sur les décombres, tout devient possible, y compris se retrousser les manches pour œuvrer à une efflorescence. C'est la leçon d'espérance que je reçois ce soir de ma halte auprès des eaux de la Touvre.

L'archipel intérieur

La nuit est une remise de peine. Sorti du sommeil par les léchouilles d'un chien errant, je me réveille en forme, prêt à en découdre. La rivière a agi sur mon corps telle une eau lustrale, les douleurs musculaires de la veille se sont évanouies. En fait, je me sens dans la peau d'un gamin échappé de l'école, avec des fourmis dans les jambes et l'humeur vagabonde. J'ai hâte de voir du pays, d'explorer la bigarrure de notre géographie. Je veux vérifier si les monts d'Ambazac, la Combraille, l'Artense, la Planèze, la Margeride, l'Aubrac, ces petits pays que de rares savants savent situer sur une carte, existent vraiment. À l'heure de la mondialisation, cette promenade cantonale paraît manquer d'audace. Mais est-il nécessaire de visiter les pôles pour s'offrir de l'émerveillement ? Nos fringales de dépaysement, on peut les assouvir partout, y compris dans cette France de l'intérieur, dont on dédaigne souvent les trésors. Sans déprécier la démarche de ceux qui partent la chercher dans des parages lointains, je crois que l'aventure est aussi au bord du chemin. Une virée dans les châtaigneraies du Limousin ou sur les élévations de l'Aubrac ne manque ni de sel ni de beauté.

De mon lavoir, j'aperçois le ciel qui « est joli comme un ange », comme l'écrit Rimbaud dans « Bannières de mai ».

— J'aimerais, dis-je, savoir mener mon existence ainsi, la bouche gorgée de bénédictions, saluer chaque matin le jour qui pointe, et remercier d'être là. L'esprit de gratitude est le commencement de la joie.

Dans mon sac, j'ai emporté les *Œuvres complètes* du poète – dans une vieille édition de la Pléiade – pour qu'il m'enseigne cette fraîcheur du regard. Bien avant moi, Rimbaud a recherché l'éclat primordial des choses, ce qu'il appelle « la vraie vie », ou, dans les *Illuminations*, « l'état primitif de fils du soleil ». J'espère que sa poésie m'aidera à entrer dans une plus grande intimité avec le monde, à étreindre la « réalité rugueuse ».

Devant Parsac qui se moque de ces robinsonnades, je feins de prendre la chose au sérieux :

— Arthur sera mon complice dans cet apprentissage.

Il faut dire que le poète a enchanté mon adolescence. Depuis cet ensorcellement, je l'aime en amateur, en dilettante. Je suis incapable de gloser sur sa technique poétique ou d'élucider son apport à la littérature, mais je me sens autorisé à parler de lui au nom de l'ébranlement intérieur que j'ai ressenti en le lisant, parce que sa poésie a éclairé mon propre destin et que j'y décèle encore des secrets pour ne pas perdre de cœur. À l'âge des espérances, j'ai lu ses vers « qui crient, qui aiment, qui espèrent », comme il les désigne dans une lettre qu'il envoie à quinze ans et demi. Comme tant de jeunes écoliers, le poète a imprimé dans mon imaginaire une certaine image de l'idéal et de la pureté. Sa poésie mettait en mots mes révoltes, mes désirs. Elle éclairait la blessure que me causaient le mensonge, l'hypocrisie, la vulgarité du monde. Je suis d'accord avec Mauriac : « Chaque cri de Rimbaud répond à ce que j'ai moi-même souffert. » L'œuvre fulgurante, que ce génie précoce a semée avec un dédain magnifique, m'a inoculé le goût de la fugue et l'art de rester fidèle aux hautes espérances de l'enfance.

Dans ma besace, j'ai aussi emporté un autre livre : *L'Imitation de Jésus-Christ*. Benoît et moi réfléchissions à une lecture commune pour alimenter notre conversation – sept cents kilomètres avec un inconnu, c'est long, surtout quand on est escorté par un taiseux comme moi. *L'Imitation* s'est vite imposée à nous. Ce livre a de nombreux mérites. D'abord il tient dans la poche. Et puis il suffit d'ouvrir une page, de picorer quelques lignes pour être tout de suite à l'essentiel. Écrit au XVe siècle par un obscur moine allemand, dans une période de crise qui ressemble à la nôtre, ce livre surgi du silence a des kilomètres au compteur. À la fin de sa vie, Charles de Foucauld l'annotait chaque jour. La petite Thérèse, qui y avait fait ses gammes de sainte à Lisieux, le plaçait au firmament : « J'en savais par cœur presque tous les chapitres ; en été, je le portais dans ma poche, en hiver dans mon manchon. » Composé d'aphorismes dégraissés comme des apophtegmes, et de sentences ciselées, diamantaires, ce petit traité ouvre les trésors de la haute spiritualité au plus grand nombre.

— *L'Imitation*, c'est la mystique pour les nuls, ai-je dit à Benoît pour le convaincre.

Après la Bible, peu de livres ont connu une diffusion aussi prodigieuse que cet opus qui a inspiré les plus grands écrivains. Corneille l'a versifié, Lemaistre de Sacy, le solitaire de Port-Royal, en a donné une version qui s'est répandue comme de la poudre. Le philosophe Fontenelle, peu suspect de goût pour les pieuseries médiévales, disait de lui : « Le plus beau livre qui soit sorti de la main d'un homme, puisque l'Évangile n'en vient pas. » Il me semblait que ce best-seller méritait bien un été. Je voulais vérifier s'il avait encore des choses à nous dire.

Alourdi par Rimbaud et *L'Imitation*, mon sac à dos tire sur mes épaules. Il est à peine huit heures, et je transpire déjà comme un Russe dans sa banya. La dernière carotte partagée au petit-déjeuner n'a pas tenu ses promesses : j'ai faim. Et puis faute d'un café, mon esprit reste enlisé dans les brumes du sommeil. Je déverse tout ce malheur sur Parsac qui m'écoute avec une patience d'ange, lorsque nous abordons l'immense forêt de Bois Blanc.

Dès que la chênaie s'est refermée sur moi, j'ai été saisi. Ce fut comme une étreinte, presque un baiser, en tout cas une étrange impression d'enlacement. Il me semblait que des yeux me regardaient, que des voix m'interpellaient. Peut-on faire des rencontres avec des forêts comme on en vit avec les personnes ? Les arbres ont-ils une âme ? une sensibilité ?

Ce jour-là, beaucoup d'entre eux m'ont paru être des hommes. Certains, étrangement courbés, avaient l'air de me faire une révérence. Sur d'autres, je relevais des expressions de tristesse ou de joie. Les houles de cette mer verte dégageaient une mystérieuse présence qui m'intimidait. J'étais tout emprunté, tout gauche. Pour s'accoutumer à la forêt, pour se mouvoir dans ce royaume du végétal, il faut oublier ses réflexes de citadin. J'ai compris ce jour-là que mes vieilles défroques urbaines introduisaient une distance, un écran, et qu'il faudrait s'en débarrasser, faute de quoi le Massif central ne se laisserait jamais apprivoiser.

— Dans notre monde hyper-artificialisé, fais-je remarquer à Benoît, les choses les plus simples, comme une balade en forêt en compagnie des chênes et des charmes, semblent désormais des miracles !

Devisant ainsi sur les effets « réversifs » du progrès, Parsac et moi égrenons les petits villages de Charente déposés le long de la vallée du Bandiat. Les premiers juillettistes, comme Jean-Pierre Pernaud les appelait dans son JT, s'entassent à Palavas-les-Flots, nous, nous traversons des hameaux déserts, frappant de notre bâton des sentiers vides, et aspirant la brise à pleine poitrine comme si nous avions rompu des chaînes. De fait, je commence à me sentir léger, allègre. La vie errante est une ivresse, et j'envisage avec bonheur l'idée d'aller ainsi pendant un mois au hasard des routes, à travers la nature. J'ai l'impression d'avoir rejeté tous les soucis derrière moi et que, enfin, je vais me perdre de vue.

À Pranzac, un bourg épanoui autour d'une ancienne collégiale en ruine, nos corps accusent des premiers signes de fatigue. Les organismes souffrent de la chaleur torride. Avec nos six euros cinquante, nous nous présentons les jambes flageolantes, dans l'unique commerce qui fait office d'épicerie, de boulangerie et de bar. Tels des émirs avenue Montaigne, nous y flambons toutes nos économies, même si la liste de nos emplettes évoque plutôt le rationnement des temps de guerre : une baguette et demie, un Savane Papy Brossard, une boîte de thon nature, et deux cafés noirs. Désormais, nos poches sont vraiment vides. Nous célébrons cette dépossession en avalant un repas frugal au pied d'une église romane dédiée à un obscur saint Cybard. À l'intérieur de l'édifice, l'éclat des vitraux jette un peu partout des flaques de couleurs : on dirait qu'un feu a embrasé l'ensemble. Je songe aux vers de Rimbaud dans « Les Premières Communions » – « Mais le soleil éveille, à travers des feuillages, / Les vieilles couleurs des vitraux irréguliers » –, puis j'improvise une sieste sous les voûtes Renaissance du sanctuaire qui offrent gracieusement leur ombre bienfaisante. L'église est un immense réservoir de silence. Je dis à Parsac qui s'assoupit près du confessionnal que dans la nature, crépitante de mille bruits, un tel calme n'existe pas, et qu'il a fallu l'architecture adorante des hommes pour instaurer un silence si compact, si dense qu'il semble receler une plénitude, une présence.

Pranzac, Flamenac, Marsac… Les sonorités des villages en pierre blanche qui s'effacent les uns après les autres ne laissent planer aucun doute : le Limousin approche. À Vilhonneur, où nous rechargeons nos gourdes d'eau au cimetière en adressant un salut aux morts, un ancien gué romain enjambe un petit cours d'eau. Nous l'arpentons à cloche-pied, comme des gosses qui jouent à la marelle, avant de suivre un chemin de terre bordé d'herbes hautes en direction de Saint-Sornin, où un vignoble antérieur à la naissance du cognac prospère sur des coteaux qui dominent la Tardoire.

En Charente, cette rivière est une borne, elle sépare le département en deux. À l'ouest, ce sont les « terres chaudes ». Une suite monotone de plateaux bosselés posés sur du calcaire et des roches sédimentaires d'origine marine. On sent ici qu'on est encore dans les confins du Bassin aquitain, cette immense étendue recouverte autrefois par la mer. À l'est, dans la direction vers laquelle nous allons, voilà les « terres froides », un étagement de plateaux d'altitude taillés dans le granit et les schistes, avec des landes couvertes de bruyères et de genêts. Sur ce versant occidental, la Charente appartient déjà au plateau du Limousin, et donc au Massif central. Le franchissement de cette rivière, qui dessine l'une des frontières orientales du Massif, suscite en moi une certaine émotion. J'ai le sentiment d'entrer dans un autre monde, d'aborder enfin ce royaume des hautes terres avec lesquelles je me sens, par je ne sais quel phénomène de préexistence, de mystérieuses accointances.

— Sais-tu que le Massif central a longtemps eu les pieds dans l'eau ? me demande Benoît, avec le souci de me déniaiser. À une époque que les moins de vingt ans ne peuvent pas connaître, l'Europe était sous la mer. Les Alpes et les Pyrénées n'existaient pas. Seule échappait à la submersion une très vieille chaîne de montagnes que les géologues appellent hercynienne. Elle traversait une partie de l'Europe et devait ressembler à l'Himalaya d'aujourd'hui.

— Alors le Massif central était une île, un archipel ?

— Oui, les seules terres qui échappaient à l'ensevelissement. Le calcaire qu'on trouve à ses bordures, comme ici en Charente ou dans les Causses, est la trace sédimentaire de ces temps.

Que le Massif central, auquel les mauvaises langues accolent, pour le dénigrer, le stigmate de « moyenne montagne », ait tutoyé les hauteurs de l'Everest me réjouit. Mais en avisant les plateaux à l'horizon qui ne suscitent pas vraiment l'ivresse des sommets, je demande à Benoît, perplexe :

— Mais où sont passées ces hauteurs ?

— Des millénaires d'érosion ont fait chuter ces montagnes de leur piédestal. La chaîne s'est aplanie, ses sommets se sont arrondis, ses cimes émoussées. Comme les plateaux armoricains ou les Vosges, le Massif central est ce qu'il reste de ces antiques élévations : un vaste plateau d'altitude, posé comme un stent sur le cœur de la France, que les vicissitudes du temps ont entaillé de socles, de crêtes, de cassures, de vallées, et que des éruptions volcaniques ont rajeuni et soulevé.

Les restes érodés de vénérables sommets, une montagne déchue, détrônée, réduite à l'état de

« pénéplaines », c'est-à-dire de terres usées, déshéritées, voilà le genre de royaume où je m'aventure. Il me plaît, en ces temps de perte de la profondeur temporelle, que ce coin de France porte ainsi la marque de l'usure. Le Massif central est une relique, un fragment du passé. Une vieille dame ridée à laquelle je viens rendre les honneurs dus à son âge.

La leçon géologique de Parsac m'inspire aussi sur cet autre point : la dimension insulaire du Massif central. Ayant habité sur l'un de ces confettis qui flottent sur les eaux, je connais les aspérités et les charmes de ce genre de vie recluse. C'était sur la Méditerranée, au large de Cannes, dans une île infiniment plus petite que le canton de La Rochefoucauld où j'use aujourd'hui mes semelles. Depuis des siècles, des moines avaient fait de ce caillou harassé par le soleil et le vent leur terrain d'entraînement dans leur course vers Dieu. Pendant un an, j'ai partagé leur vie. Les îles recueillent les naufragés de la mer, mais aussi des tempêtes de l'existence, or c'était une période de ma vie où cela chavirait un peu ! Quand on vit longtemps sur ces miettes de terre, on a l'impression d'être exilé, retranché du monde. Le lien avec la société globale se distend. Les nouvelles parviennent amorties, l'actualité semble lointaine, incertaine, presque irréelle. De ce passé îlien, je crois que le Massif central a conservé quelque chose, une atmosphère, un esprit. La plupart des coins de France sont saturés par des populations, de la circulation, des industries. Miraculeusement, le Massif échappe à cette effervescence. C'est un archipel préservé de l'accélération, de la folie du monde. Pendant un mois, je vais me frayer un passage dans ce paradis.

En fin d'après-midi, après une trentaine de kilomètres sous une chaleur de plomb, nous arrivons à bout de souffle à Montbron, une commune perchée sur un monticule de terre. Avant de nous hisser là-haut, le château de Chabrot, une gentilhommière flanquée d'un donjon médiéval et de quatre tourelles à ses angles, nous a fait de l'œil. Soif de confort ? Goût du luxe ? Désir inavoué de rehausser nos ascendances ou de trouver une héritière ? Je trouve en tout cas que notre quête de châteaux tourne à l'idée fixe. De toute façon, nous ne débusquons pas l'accès à la forteresse, et c'est comme des mendiants affamés que nous faisons notre entrée au village.

Ce soir, la fatigue a chassé l'embarras, nous frappons moins farouchement aux portes, mais le succès est toujours aussi peu au rendez-vous. Les braves gens que l'on importune rabâchent tous la même ritournelle, comme s'ils s'étaient passé le mot :

— Mes pauvres, chez moi, c'est impossible, mais poussez jusqu'au prieuré, place de l'église. Là, les pères prendront soin de vous.

Au bout d'une heure passée à collectionner des refus, l'évidence s'impose : ce prieuré est notre salut, la seule chance de trouver un repas et un toit. Même si Parsac objecte sur un ton mi-assuré, comme s'il avait lui-même besoin de se convaincre :

— Tu n'as pas oublié que parmi les contraintes de notre voyage, outre celle d'être fauchés comme les blés, et de nous présenter comme de simples pèlerins sans décliner notre identité de novices, figure l'interdiction de sonner à la porte des maisons religieuses – presbytères, monastères, couvents ?

Je n'ai pas oublié, mais le cas de conscience ne résiste pas longtemps à l'odeur de viande qui s'échappe d'une fenêtre. Les religieux, des chanoines réguliers de saint Victor, nous accueillent comme l'enfant prodigue. On a même le privilège de célébrer les vêpres à leurs côtés, dans les stalles de l'imposante église posée comme une vigie au centre du village. De cet office, je me rappelle non pas la ferveur de ma prière mais la puanteur de mon odeur qui m'indisposait moi-même. Je trouvais que mon voisin de stalles, un pauvre chanoine aux cheveux blancs, n'avait pas mérité de subir cela.

Le repas du soir partagé avec les religieux est une fête des sens – du vin, des légumes frais, des reliques de rôtis, des jambons de pays, du saucisson, des fruits et, en dessert, un cornet de glace vanille chocolat. Malice de la providence, quatre prêtres âgés membres d'une congrégation inspirée de Charles de Foucauld sont à table avec nous. Leur groupe fait partie de cette kyrielle de fondations qui ont prospéré dans les années 1940, vingt ans après la mort de l'apôtre du Sahara, en se réclamant de son héritage. De son vivant, Foucauld, lui, n'a rien fondé, si ce n'est une modeste union de baptisés vouée, discrètement, en dehors des pesantes machineries religieuses, à ensemencer le monde avec l'Évangile. Lorsque Charles est assassiné en 1916, ils sont à peine quarante-neuf à le suivre dans cette minuscule confrérie de « missionnaires isolés », comme il les désignait, des hommes et des femmes aventurés en avant-garde dans les déserts spirituels contemporains. À l'époque où l'Église célébrait sa puissance avec ses œuvres, ses miracles, ses bataillons de congrégations, Foucauld traçait un autre chemin. Je crois qu'il sentait qu'il est impossible à une institution ou à un homme de connaître la gloire sans méfait pour son âme, et que les échecs sont finalement ce qu'il y a de plus intéressant et fécond dans nos vies. Aujourd'hui, pour le moins, cette idée n'est pas à la mode. Le monde actuel plébiscite la performance. Il faut tout réussir, sa carrière, sa famille, son couple. Avec l'inflation des discours sur la résilience, cette injonction touche même nos souffrances et nos deuils qu'il faut surmonter afin de pouvoir dire comment l'épreuve nous a rendus plus fort ! Foucauld est un puissant antidote contre cette idéologie. Voilà, à vues humaines, un homme qui a tout raté : pas de disciples, pas de fondations spectaculaires, pas une seule conversion de Touaregs en vingt ans ! Même sa mort, un banal accident, a été loupée, lui qui rêvait de mourir en martyr. Personnellement, je trouve ces déconvenues réjouissantes.

Au moment du dessert, je glisse à l'oreille de Parsac :

— Tu ne trouves pas que je fais un bon disciple de Charles ?

— Pour l'instant, tacle-t-il, ta sainteté ne me saute pas aux yeux...

— Pourtant, moi non plus, je ne suis pas engagé sur les sentiers de la gloire. À trente-sept ans, admets-le, le bilan est pâlot : pas de femme, pas d'enfants, pas d'endroit où reposer la tête. En outre, mon compte en banque est faiblard, et je ne suis propriétaire de rien. Le scooter que je chevauchais à Paris, je l'ai donné à un ami en entrant au noviciat. Et le seul bien qui me reste – une bibliothèque richement pourvue – n'a guère de valeur marchande ou symbolique à l'heure du règne des écrans plats.

Au café, la conversation roule sur le pèlerinage. À une époque où tout se vend et s'achète, notre pauvreté interpelle. Nos hôtes sont piqués au vif. Les questions fusent : se glisse-t-on facilement dans la peau d'un mendiant ? Nos corps s'acclimatent-ils à la faim ? Comment vivre au jour le jour, sans programme, en adhérant amoureusement aux événements qui se présentent ? Est-il possible de surmonter le cramponnement viscéral à l'argent, à la sécurité, au confort ? N'éprouvons-nous pas le manque des téléphones portables ? Comment quitter le besoin de maîtrise, et s'ouvrir à l'imprévu de la route et des rencontres ? Peut-on faire confiance à la providence ? S'habitue-t-on jamais à l'inquiétude de ne pas savoir où l'on va crécher le soir ?

Dans nos réponses, je trouve que nous fanfaronnons un peu trop pour des petits gars censés être humbles. Égayés par le vin rouge, nous surjouons la pauvreté, exagérons nos prouesses, forçons le trait de notre déclassement. Je sens bien qu'un canton de nous-même se glorifie secrètement de cet abaissement. Il faut combattre cet héroïsme de la « dernière place », selon une expression qu'affectionnait Foucauld. Le fait de se présenter comme les derniers des derniers, n'est-ce pas encore une façon d'être les premiers ? Sous couvert d'humilité, la pauvreté, quand elle s'expose ainsi au regard, flatte l'amour-propre. Je pense à Gustave Thibon réagissant aux excès d'austérité de la philosophe Simone Weil : « Elle a renoncé à tout sauf à son détachement » ; et surtout à François de La Rochefoucauld, dont les mânes sont passés, en voisins, dissiper nos illusions. Lassé de la comédie du pouvoir, le prince des frondeurs est venu terminer sa vie en Charente, dans le fief de la famille, à une poignée de kilomètres de Montbron. Au seuil de ce voyage, il est bon de se retremper dans le savoir cruel de ce grand seigneur désabusé. L'auteur des *Maximes*, qui karchérise les façades pompeuses de nos cœurs, rappelle que nos vertus sont des vices déguisés, qu'un dévorant amour de nous-même est au principe de toutes nos actions, même les plus désintéressées, et qu'il ne faut pas trop regarder à travers les beaux sentiments…

En souvenir du chef de chœur des moralistes français, et de sa salutaire entreprise de démystification, je tente un flagrant délit d'amour-propre :

— Tu es un chouette compagnon de route !

Se drapant dans une modestie feinte, Parsac proteste :

— Mais non, je t'en prie, arrête, tu ne me connais pas vraiment.

— « Le refus des louanges est un désir d'être loué deux fois. »

Des lunes noires

Ce matin nous sommes partis à l'aube pour profiter des rares heures de fraîcheur avant l'étuve. Nous marchons vers la Dordogne sur des sentiers qui se faufilent comme des couleuvres à travers des bocages. Au loin, un clocher sonne sept coups, c'est l'heure où la lumière, native, est la plus pure. Autour de nous, tout exulte et chante. Des oiseaux éclaboussent les prairies de leurs mélodies liquides. Au bord des prés, des arbres, dissipés, ne pensent qu'à danser, leurs frondaisons swinguent au rythme du vent. Couchées dans la rosée, des vaches ont l'air de parler de la pluie et du beau temps. Tandis que l'une d'elles me dévisage, je me demande pourquoi on s'obstine à voir de l'hébétude dans ce regard qui est nonchalance, étonnement.

J'ose profaner l'enchantement de cette aurore.

— Avant ce voyage, avais-tu jamais désiré t'absenter de ta propre existence, suspendre quelque temps tes affiliations et tes obligations, disparaître ?

— Non, répond Parsac en accélérant le pas pour me semer, je n'ai jamais voulu prendre congé de ma vie, mais il m'arrive de souhaiter que tu disparaisses de la mienne…

Benoît peut bien botter en touche, je sens bien que notre nouvel état ne le laisse pas tranquille. De fait, n'être plus rien ni personne donne le vertige. Désormais, pour exister aux yeux des autres, on ne peut plus s'appuyer sur le métier, les biens, l'apparence, la réputation, tous ces pedigrees qui mesurent d'habitude le standing d'une personne. Le costume de cérémonie qu'on enfile pour apparaître sur le théâtre social, avec son beau chapeau, ses beaux souliers, ses décorations et ses insignes brodés, on l'a laissé au vestiaire. Notre seule raison sociale est celle de pèlerin ou de mendiant, c'est peu pour étayer un ego et habiller un être.

Si cette mise à nu rend Parsac un peu fébrile, moi, je la trouve exaltante. Il y a de l'ivresse à s'abstraire de ses coordonnées sociales, à mettre son existence en jachère, et à sarcler les attaches qui enserrent nos vies parfois jusqu'à l'étouffement. Sur les sentiers, on n'a de compte à rendre à personne. D'ailleurs, personne ne sait qui nous sommes, d'où nous venons ni où nous allons. Nous traversons les bleds du Massif central comme les Sioux dans les plaines du Dakota : sur la pointe des pieds, insaisissables. En l'absence de cartes bleues ou de téléphones portables, nous n'émettons aucun signal numérique. S'il arrivait un malheur dans nos familles, ou si la bête du Gévaudan nous ouvrait les entrailles, des jours seraient nécessaires pour nous localiser. Nous avons disparu des écrans radars. Je trouve que cet effacement est un réjouissant pied de nez à l'époque qui ne jure que par l'étalage de sa vie et frappe d'inexistence quiconque déserte les réseaux sociaux. À cette tyrannie de la visibilité, je préfère la tradition des anciens ermites taoïstes qui gommaient leur passé et cultivaient le secret. « Vivre en obscurcissant ses traces », préconisait maître Dôgen, au XIIIe siècle. *L'Imitation*, deux siècles plus tard, ne dit pas autre chose : « Aimez à être inconnu et compté pour rien. » Ces préceptes de sagesse seront notre ligne de conduite pendant trente jours.

À la frontière de la Charente et de la Dordogne, les campagnes que je traverse sont pleines de sérénité et d'une sorte de majesté tranquille, comme des toiles de maîtres flamands. Ce sont des paysages qui reposent l'œil et apaisent l'esprit. Ils devraient déteindre sur moi, m'inoculer un peu de leur quiétude, mais ce matin, je me sens inquiet, enténébré. Les symptômes d'une vieille acédie, comme disent les moines dans leur jargon. Ce poison, qui fait le siège des cloîtres mais rôde en fait au seuil de chaque conscience humaine, provoque la torpeur de l'esprit, la décrue de la ferveur, l'amenuisement de l'énergie de vivre. Moi, je l'appelle « l'âme noire ». À cause de mes longues expériences de solitude, je suis devenu familier de ses ruses. Je reconnais parmi mille la morsure qu'elle laisse dans le cœur. Visqueuse, collante, dévitalisante, elle est comme un nuage de tristesse, un épais brouillard qui surgit sans crier gare. D'un seul coup, plus rien n'a de goût, si ce n'est celui de la cendre. Ce mal indolore et invisible engourdit le désir, attaque l'espérance, et s'accompagne d'une procession d'idées sombres : le sentiment d'avoir raté sa vie, la tentation du désespoir, le désabusement de tout. Il faut lutter contre ces puissances de tristesse, contre cette ombre qui voile la lumière qui pleut pourtant de toute part. Rimbaud avait raison : « Le combat spirituel est aussi brutal que la bataille d'hommes. »

À Bussière-Badil, le premier village digne de ce nom depuis notre entrée en Dordogne, nous décidons de faire halte et de chercher à manger. Les rues de ce bourg aux tuiles rouges sont enlacées autour d'une l'église au charme discret. La beauté n'est jamais aussi belle que lorsqu'elle se cache, se retient d'en mettre plein la vue. Notre premier réflexe est d'aller saluer ce vaisseau de pierre, et de lui demander un peu de répit contre la moiteur. L'intérieur de l'édifice est recouvert de blanc, comme une épouse le jour de son mariage, accréditant les dégagements indigestes des théologiens sur les noces mystiques du Christ et de son Église. Tandis que Parsac exécute des vocalises de grégorien pour tester l'acoustique, je m'assois sur un banc et m'imprègne de l'atmosphère. Il y a, me dis-je, une poésie du christianisme, le cardinal Newman dirait un « parfum ». Si les gens ne se sentent plus guère appelés à suivre le Christ, cet illustre inconnu, beaucoup, même sans le savoir, restent tributaires de la culture chrétienne, de sa dimension sensible, esthétique. L'église, avec ses cérémonies et ses pompes, le chant, l'icône, la flamme des cierges, les jeux de lumière dans les vitraux, les recoins pleins de pénombre, les senteurs de l'encens, la présence du silence qui enveloppe l'être comme une cape, l'humidité qui suinte des murs et l'odeur entêtante de l'encaustique qu'une vieille dame badigeonne sur les bancs avant le quinze août, toute cette ambiance charnelle orchestre un mystère qui attire encore un peu.

Dans une chapelle latérale trône une Vierge à l'Enfant du XVIe, comme on en trouve beaucoup en Limousin. Au pied de la statue, les dalles de pierre sont usées à force d'avoir été piétinées par des générations de fidèles venus remercier pour une joie, réclamer de la clémence ou répandre des larmes. Une litanie d'ex-voto, brocardés sur un mur, me serre le cœur. J'imagine les destins singuliers derrière ces graffitis venus du fond des âges. Il faut avoir touché les profondeurs de la pauvreté, de l'impuissance et du désespoir pour être capable d'une prière aussi simple, aussi déchirante, et espérer contre toute espérance qu'elle ouvrira le ciel. « Des profondeurs, je crie vers toi, Seigneur », dit un psaume.

Encouragés par ces implorations ancestrales, nous entamons la tournée des maisons. La perspective d'un repas donne à Parsac un surcroît d'énergie. Lâchement, je le laisse à la manœuvre. Une dame dans la soixantaine se présente à la première porte. Avec son sourire d'enfant de chœur, Benoît passe haut la main le cap des premiers échanges, ces instants délicats où tout se joue : un sourire bien ajusté, et les cœurs s'ouvrent ; un mot de trop, ils se referment comme des coffres-forts. Ce matin, la chance nous sourit. Au bout de quelques banalités, la vieille dame chasse toute peur de son visage. Elle nous confie s'appeler Gilberte. On ne le sait pas encore, mais l'échange des prénoms est d'excellent augure : ce rituel scelle la confiance lorsqu'elle est obtenue. D'ailleurs, Gilberte part aussitôt farfouiller dans sa cuisine tandis que nous trépignons d'excitation au seuil de la porte. Quand elle réapparaît munie d'une baguette de pain et d'une plaquette de chocolat Galak, une émotion inouïe m'étreint. Est-ce le soulagement d'avoir quelque chose à me mettre sous la dent ? Ou une sorte d'ébranlement devant la bonté dont un être humain est capable quand il se laisse toucher par le désarroi d'un semblable ? En tout cas, j'ai de la peine à me remettre du geste de cette vieille dame dont la générosité, maintenant que la barrière d'appréhension est tombée, n'a plus de bornes. Gilberte n'est plus qu'un épanchement d'affection et de confidences. Avec une pudeur désarmante, elle opère le passage en revue de tous ses malheurs : son veuvage, le délaissement de ses enfants partis mener leur vie au loin, la difficulté de boucler les fins de mois avec la retraite de feu son mari, la peur de la vieillesse, le spectre de la maison de retraite...

L'instinct maternel éveillé par notre dénuement, elle propose même de beurrer nos tartines :

— C'est meilleur avec le chocolat, dit-elle.

Pressentant que nous finirons étouffés par le déversement de cette gentillesse qui est l'autre nom d'un abîme affectif, nous laissons la pauvre dame à sa solitude en lui promettant d'emporter avec nous, jusqu'aux Neiges, ses misères et ses déconvenues.

Hélas, on ne déjeune pas seulement d'un carré de chocolat, il faut allonger le repas. Cette fois, c'est à mon tour d'entrer en scène. Une rue plus loin, je jette mon dévolu sur une maison de bourg aux fenêtres égayées par des fleurs rouges. Une dame distinguée, sur la réserve, apparaît à la porte. L'accueil est froid. Pour ne pas lui avouer que je veux dévaliser son frigidaire, je trousse une litote :

— Nous sommes deux pèlerins. Nous avons un peu faim.

La dame écoute poliment.

— « Un » minute s'il vous plaît, répond-elle avec un accent anglais, en se trompant d'article.

Des palabres shakespeariennes s'engagent avec son mari dans le salon. Nous retenons notre souffle. Au bout d'un temps interminable, l'Anglaise réapparaît. En nous tendant du bout des doigts un gros morceau de fromage, elle lâche :

— C'est bizarre, pourquoi faites-vous cela ?

Je baragouine une vague réponse dans un anglais scolaire tout en dévisageant ce fragment de saint-nectaire. La vue de ce bout de lait fermenté me plonge dans des abîmes de tristesse. Je me rends compte que c'est une drôle d'idée d'avoir élu le Massif central, c'est-à-dire la patrie du fromage, comme lieu de déambulation lorsque, comme moi, on répugne au frometon. Si cette petite étourderie réjouit Benoît qui salive à l'idée d'avoir double ration, elle n'est pas au bout de me causer des fringales. Dans *Ecce homo*, Nietzsche écrit que « tous les préjugés viennent de l'intestin », que la vie des tubes digestifs conditionne celle de l'esprit, qu'une sensibilité dépend des aliments qu'elle ingurgite, selon qu'ils sont grossiers ou raffinés. Moi aussi, je prends la nourriture au sérieux, mais désormais, je ne suis plus maître de choisir. Je prends ce qu'on me donne, et découvre à mes dépens que ce n'est pas la moindre des pauvretés…

En reprenant la route dans une chaleur torride qui me rappelle les étés de Madras, ce coin de l'Inde où j'ai usé mes semelles sur les traces de Pierre Ceyrac, un jésuite de grande classe, je repense à la question de ma compatriote britannique : pourquoi ce voyage ? Dans *La Tentation d'exister*, Cioran définit la mystique comme une « aventure verticale ». « Elle se risque vers le haut et s'empare d'une autre forme d'espace », écrit-il. Or, cela fait belle lurette que le ciel s'est obstrué. Toutes les échappées vers les hauteurs se sont closes. Je suis parti avec le désir qu'il fasse de nouveau clair dans mon âme. J'espère que la marche ouvrira une brèche dans ces horizons bouchés. Comme le champagne avant d'être sabré, j'ai besoin de libérer une énergie emprisonnée. Je sens en moi un puissant flot de vie, de prière, de louange que de hautes digues empêchent d'affluer et de jaillir. On oublie parfois que l'âme, comme le corps, a des besoins. Il est temps que je donne à la mienne un peu de beauté, de liberté, de silence, seuls breuvages capables de la désaltérer.

Il n'y a pas que les âmes qui souffrent de sécheresse. Les gosiers, eux aussi, sont à sec. Le thermomètre tutoie les quarante degrés. Nos gourdes sont vides. Voici Lacaujamet, un hameau où nous espérons étancher cette soif.

Hélas, les habitants sont barricadés dans les maisons, les volets sont clos, on dirait un village fantôme. Soudain, à l'ombre d'un tilleul, sur un banc, devant une maison, une femme déjà bien engagée dans les avenues de la vieillesse. Elle porte un tablier à fleurs comme les grands-mères dans les campagnes. Indifférente à la canicule et au monde extérieur, la tête inclinée vers le cœur, elle paraît absorbée dans ses pensées ou ses prières, à moins qu'elle soit en train de rembobiner le fil de sa vie. Je m'approche religieusement pour demander de l'eau. L'ancienne dévoile un visage de bonté, puis, sans dire un mot, se lève, prend sa canne et nos bouteilles, et marche péniblement, toute courbée, jusqu'à sa cuisine. En revenant chargée d'eau, elle rompt le silence :

— Mes petits, j'ai quatre-vingt-douze ans. La mort est devant moi. Quand je repense à ma vie, ce qui m'a rendue heureuse, c'est les gens à qui j'ai rendu service...

Les paysans ne se paient pas de mots. Mais l'air de rien, avec cette unique parole, la vieille dame nous a livré son secret, sa perle précieuse. Cette phrase, sculptée par une longue vie traversée de joies et de peines, m'a rappelé la sentence de Jean de la Croix : « Au soir de notre vie, on sera jugé sur l'amour. »

Cette rencontre furtive, je l'ai vécue comme une annonciation. Le frôlement d'une aile d'ange. Dans l'Orient chrétien, les anciens de ce genre, on les appelle des « beaux vieillards ». Arrivés au bout de leur pèlerinage, ils sont en paix, réconciliés avec la mort, et dégagent une joie contagieuse et lumineuse, qui semble réverbérer la lumière divine. De tels êtres de bénédiction font surgir la possibilité d'un royaume derrière le voile opaque.

Le soir tombe.

Aux confins d'Augignac, un homme au français approximatif amorce un mouvement de recul en nous apercevant postés devant sa maison de pierre, une ancienne ferme reconvertie en maison de vacances :

— Je suis incroyant, dit-il, sur la défensive.

Plus tard, il avouera nous avoir confondus avec des témoins de Jéhovah !

Ses appréhensions désamorcées, Jake, puisque c'est son nom, accepte de nous prêter une tente et son jardin pour la nuit. Cet Australien excentrique a convolé en noces avec une Périgourdine. Il aime la France en amoureux transi. Dans les toilettes de sa maison, où en l'absence de sa femme règne un désordre inconcevable, des livres de l'historien Michel Winock côtoient les *Essais* de Montaigne en anglais. En l'honneur de notre visite, il débouche une bouteille de bergerac blanc. Fameuse ! Au fil des verres, la langue de Jake se délie et son parcours se dessine par touches impressionnistes. Il n'est pas banal : ancienne plume d'un Premier ministre australien, fondateur d'une société de communication qu'il a revendue en amassant une fortune, il a achevé sa carrière comme conseiller politique du gouvernement des îles Fidji ! Avant de se marier, il semble qu'il ait semé des enfants dans toute l'Océanie. Puis ce surdoué a discerné que le Massif central était un bon endroit pour se stabiliser, écouter le silence et regarder passer les heures.

Un ciel étoilé recouvre désormais nos réjouissances. Parsac est rond comme une barrique. Mine de rien, nous avons sifflé deux bouteilles de bergerac à trois. Quand il fumait du haschisch, Rimbaud voyait « des lunes blanches et des lunes noires ». Je n'ose pas demander à Benoît de quelle couleur est l'astre, pour lui...

Puis je me couche reconnaissant à ce Juif athée de nous avoir accueillis, nous, pauvres chrétiens, comme des frères.

La profusion du monde

Dans les villes, on finit toujours par tourner en rond. La rue Mouffetard, au fond, ne mène qu'à l'avenue des Gobelins et à la Contrescarpe. Alors que le sentier qui part de la maison de Jake, rien n'empêche de le suivre jusqu'à Genève, Salzbourg, Bratislava, Volgograd, Oulan-Bator ou Pékin...

— On m'a rendu les perspectives et l'horizon, dis-je à Parsac. Qu'il est chouette d'échapper au confinement, à l'étau citadin !

Benoît partage mollement mon enthousiasme. Il aurait besoin d'un café frappé pour chasser l'alcool de la veille. Mais Jake, qui cuve son vin, dort du sommeil du bienheureux. Aussi quittons-nous sa maison sans café et sur la pointe des pieds, non sans bénir cet homme pour son hospitalité et la... qualité de sa cave. Puis nous filons à travers des villages endormis que le temps a semés ici et là comme des graines.

Tout est encore enveloppé par le grand calme du matin, un silence chargé d'épaisseur et de recueillement qui n'est pas l'absence de bruits, plutôt une présence dans l'air. Le craquement d'une branche, un ruisseau qui cascade, une bête dans un fourré, les aboiements d'un chien, l'éclat d'une voix au loin, la campagne résonne de mille murmures. Mais ce sont des bruits qui ne font pas de bruit, ils ne blessent pas l'oreille.

Cette nuit, un orage a fait chuter les températures. L'haleine de la forêt m'insuffle de la fraîcheur et de grandes bouffées de santé physique et morale. La nature est un médicament, le meilleur antidote contre la déprime. Les arbres apaisent les turbulences de l'esprit, donnent l'énergie de vivre. Dans *Les Forêts du Maine*, Thoreau leur prête même le pouvoir d'agir sur la physionomie. « La forêt décrispe les mâchoires, défroisse les visages et redresse les silhouettes », écrit-il.

— Entre les chênes, les châtaigniers, les charmes, observe Parsac, on dirait une course verticale. C'est à celui qui lancera le plus haut son imploration vers le ciel.

Comme souvent, Benoît a raison : l'arbre est élan, désir, aspiration. On ne peut plus vivre affalé quand on fréquente des forêts. La présence des bois appelle au rehaussement de soi.

— Il faudrait amener les enfants dans cette féerie verte, dis-je à mon tour. Leur apprendre à sentir, toucher, écouter. Les éveiller au bonheur concret d'être plongés dans le monde au lieu de leur seriner des leçons abstraites sur la « biodiversité »...

« L'âme ne se nourrit pas de mots », confirme *L'Imitation*, que j'ai ouvert en attendant que Parsac termine derrière un fourré ce dont il est impoli de parler. L'auteur de ce vieux livre partage ma méfiance pour les concepts qui fossilisent l'esprit, figent les choses, enserrent dans un corset le foisonnement du réel. Il s'en prend à la raison raisonnante, à la glose, à ceux qui passent leur temps à soulever des questions. Une idée ne vaut pas l'expérience de la rencontre de Dieu au fond de son cœur, dit-il en substance. Ou encore : « J'aime mieux avoir la componction que d'en savoir la définition. » Je commence à penser que nous avons bien fait d'emporter dans notre baluchon cette relique du Moyen Âge. Conçues pour s'imprimer dans la mémoire, ses sentences toniques font sur l'esprit l'effet d'un coup de poing. Comme les plus grands mystiques, l'auteur distille ses intuitions sous une forme poétique et aphoristique, qui suggère, ne boucle pas, laisse ouvert le sens. Il sait d'expérience que le fond des choses nous échappe toujours, qu'on ne peut pas l'arraisonner. Aussi, au lieu d'un discours charpenté, il livre l'effusion de son cœur. Son ouvrage chemine ainsi à travers le désordre, les redondances, les redites, telle une longue digression musicale ponctuée avec quelques mélodies sans cesse réorchestrées : si tu veux être libre, tiens-toi à l'écart du fric, des honneurs, des vanités, absente-toi du bruit du monde et du goût du jour, ne t'endors pas dans une vie de mollesse, et puisque la liberté est intérieure, tourne-toi vers le dedans. Décidément, il ne faut pas jeter trop vite aux poubelles de l'histoire ce vieux recueil de sagesse. Ses formulations abruptes et sauvages donnent de la force et l'ardeur de vivre.

Escale à Pensol. C'est dans ce petit village de Haute-Vienne que nous célébrons par un déjeuner notre arrivée dans le département. Avec son charme et sa jovialité, une Anglaise a racheté la froideur de sa compatriote en nous offrant de bonne grâce du pain frais, un melon, un demi-saucisson et deux Activia nature, j'en salive encore. Renouant avec le chasseur-cueilleur qui sommeille en chacun de nous, Parsac prélève des cerises sur un arbre pour parachever le festin. Est-ce lié au bonheur de les récolter soi-même ? Jamais je n'en ai mangé d'aussi goûteuses, leur jus éclate sous le palais. En regardant Benoît dévaliser cet arbre, je comprends ce qu'est, dans son fond, l'expérience d'un paysan : un dessaisissement de la maîtrise. Une année, l'arbre ploie sous les fruits, une autre, deux pommes se battent en duel sur les branches. Il a beau trimer sa peine, la récolte est aléatoire, voilà pourquoi il vit dans la prière. Tandis que nous, qui n'avons qu'à appuyer sur des boutons pour exaucer nos désirs, nous n'avons plus besoin de la grâce...

Je profite de la sieste de Parsac pour dégainer mon carnet.

Chaque jour, pendant un mois, j'ai griffonné des notes qui forment la matière de ce livre. Trois fois rien : des rencontres, des sensations, un paysage, des choses vues. Ce récit est le sac reprisé où j'ai déposé cette moisson quotidienne. La récolte de mes journées couchée sur le papier.

L'écriture est une arme contre la décomposition, une façon de capturer l'instant fugitif avant que l'oubli l'ensevelisse. Avec ce petit calepin bleu qui ne quitte jamais mes poches, je suis l'archiviste du temps qui passe.

Tandis que je le barbouille de mes états d'âme, un homme m'interpelle, en me tutoyant – qu'il est loin le temps où, avant que le culte rousseauiste de l'authenticité ne détrône les égards et les manières, on s'appelait « Monsieur », comme à Port Royal !

— Tu es en balade ? Tu profites du Périgord vert ? me demande-t-il.

— Le Périgord quoi ?

L'homme, un Parisien en vacances, m'explique que ce coin de France se décline dans toutes les couleurs de l'arc-en-ciel : blanc autour de Périgueux, pourpre dans la région de Bergerac, noir vers Sarlat, et… vert, donc, dans le nord de la Dordogne et l'est de la Haute-Vienne, où nous sommes. Soi-disant inventée par Jules Verne, l'appellation « Périgord vert » sent le marketing territorial à plein nez : une façon de rehausser l'ascendance de ce coin de Haute-Vienne qui appartient au Limousin, de basse extraction. Je n'aurais pas pensé que le capitalisme émotionnel – désormais on ne « vend » plus un lieu, on promeut une expérience, un sentiment, ici, la sérénité dans une nature luxuriante, le tourisme vert et durable – ait étendu son empire jusqu'au Limousin. Jusqu'où faudra-t-il que je m'enfonce pour échapper à la vulgarité, à la réclame ? Existe-t-il encore des endroits vierges de toute publicité ?

La journée de marche nous a éreintés ; trente kilomètres à pied sous le cagnard, cela fait chuter le niveau du tonus. À La Bussière Montbrun, un hameau minuscule, un homme en blouse de travail repique des radis dans un potager.

Il s'appelle Marcel, porte une moustache de poilu, et un visage de Français comme on en voit dans les archives des années 1930. Avec son tact légendaire, Parsac lui demande s'il connaît une maison où l'on pourrait passer la nuit dans les parages.

— Oh, dit-il en roulant les « r », ce n'est pas une mince affaire ce que vous me demandez là !

Puis, après un temps de réflexion, il poursuit, en grattant la terre :

— Il y a bien la grange de René, près du ruisseau de la Dournajou. S'il n'est pas là, tentez votre chance chez Paul, au hameau du Sion, ou bien à la ferme du Blansac, par le sentier qui part du champ de la Raymonde !

Marcel appartient à ces spécimens d'hommes en voie de disparition dont le destin est lié à un endroit du monde. Il a tracé son chemin à l'intérieur des limites d'un canton, et, au terme de son parcours, ses ossements reposeront dans le cimetière du village, où il attendra la résurrection. Dans une moindre mesure, j'ai la chance, moi aussi, d'avoir connu cet enracinement dans un coin de terre. J'ai derrière moi des générations d'ancêtres crottés dans le terroir d'Auriac, Corrèze, où j'ai passé chacune de mes vacances depuis l'enfance. Là-bas, j'ai connu la ferme où l'on va chercher le lait, le caveau de famille dans le cimetière du village, les infusions chez la grand-mère, les coins à champignons. Nul besoin d'y être physiquement, ce pays est imprimé en moi, comme le Mémorial de Pascal dans la doublure de son manteau. C'est un recours lorsque tout tangue. Quand les choses vacillent, quelque chose en moi reste planté, comme le marronnier devant la maison de mon oncle.

Les recommandations de Marcel nous ont conduits, par ricochet, au Grand Puyconnieux, le point culminant de la région. Ce village de la commune de Dournazac s'élève à cinq cents mètres d'altitude, ce n'est pas l'Everest, mais de là-haut le point de vue sur la Charente et la Dordogne vaut son pesant d'or.

Au fond d'une ruelle biscornue, sur la porte d'une maison au toit de lauzes, un « *chabats d'entrar* » – traduire : « finissez d'entrer » – attire mon attention. C'est avec ces mots de patois qu'on accueillait autrefois les visiteurs en Limousin. Je frappe, plein d'espérance. La porte s'ouvre sur un couple d'enseignants dans la soixantaine. Pierre inculque le sport aux élèves d'un collège de Rochechouart, Émilie, sa femme, est professeur des écoles à Oradour-sur-Vayres.

— Je vous fais confiance, dit Pierre en nous introduisant dans le grenier d'une dépendance de sa maison.

L'endroit est une caverne d'Ali Baba : de vieux meubles de famille, des selles de chevaux, des livres anciens, les reliques des déménagements de ses enfants...

Le couple aurait pu se contenter de nous offrir cet abri de fortune, mais il insiste pour nous avoir à sa table. Cette manifestation de solidarité humaine m'émeut aux larmes. Je trouve qu'on ne mérite pas tant d'égards. Il est difficile d'accepter un cadeau.

Depuis notre départ de Lyon, j'avais oublié ce qu'est la joie simple de manger avec des couverts et de partager, assis à une table, un repas chaud avec des semblables. Ce dîner est une félicité. Nos hôtes, que les peines de la vie n'ont pas épargnées, me touchent. Humbles, discrets, prévenants, altruistes, généreux, droits, ils incarnent les « vertus communes » chantées par Carlo Ossola, ces vertus d'adoucissement qui mettent de l'huile dans la vie quotidienne, et atténuent, l'air de rien, la dureté de vivre. Dans le cynisme ambiant, ces gens sont un bol d'air pur. Comme les hussards noirs de la République, ils ont choisi leur métier par vocation, avec l'amour des gosses, le désir de les faire grandir, de les rendre libres. Au cours du dîner, Pierre dévoile le canton sentimental de sa nature. Ses yeux s'embuent de larmes quand il évoque sa grand-mère née dans la maison où nous partageons ce soir des andouillettes au canard et un gratin de pâtes. L'amour de sa petite patrie coule dans ses veines. Il connaît le pré où ses parents l'ont engendré, à quelques encablures de la châtaigneraie qui pousse de l'autre côté du jardin. Le vin aidant, une certaine gravité affleure dans les échanges. Émilie, fragile comme un roseau, nous confie sa dépression, l'agnostique Pierre, les interrogations que l'agonie de son père soulève : pourquoi les êtres qu'on aime sont-ils voués à disparaître ? Tout bascule-t-il sans cesse dans le néant ? Advient-il quelque chose après la mort ? Parsac et moi n'étions pas préparés à une *disputatio* sur les fins dernières. Pour gagner du temps, nous reprenons de l'andouillette… Puis je me lance, en leur confiant que ces questions brûlantes sont à l'origine de ma conversion. À l'évocation de mon itinéraire, une question brûle les lèvres d'Émilie : comment, de conseiller politique, d'éditeur, de journaliste, ai-je pu déchoir au rang de religieux vagabond, mendiant ma pitance sur les routes de la France profonde ?

Dans son *Journal*, Thoreau se demande : « Comment rendre notre gagne-pain poétique ? » Au seuil de mes trente ans, dis-je à Émilie, je n'avais pas trouvé la réponse. Certes, j'avais exercé des responsabilités prestigieuses, mais sans jamais prendre cette comédie professionnelle au sérieux. Dans le fond, je n'avais pas envie de vivre comme une machine, ni de perdre ma vie à la gagner. Et puis, si socialement tout paraissait brillant, au fond de moi c'était un champ de ruines. Je changeais sans cesse de métier, multipliais les conquêtes amoureuses. J'étais tenaillé par une insatisfaction chronique, par des désirs qui se trompaient d'objet. Un moine qui aura beaucoup compté pour moi a développé dans ses livres une théorie intéressante sur le déguisement des désirs : nos soifs de posséder, de jouir, de pouvoir, écrit-il, ne sont rien d'autre que des travestissements de notre soif véritable : être accueilli dans l'amour inconditionnel.

À cette période, une violente bourrasque s'est levée. Il y eut d'abord le divorce de mes parents, la vente de la maison de famille, les liens familiaux qui s'effilochaient comme une pelote de laine, puis ma grand-mère chérie qui se mit à déraisonner. La mort de cette dernière fut le coup de grâce. Nous étions liés par une amitié à toute épreuve. Quand j'avais le cafard, c'était son numéro que je composais. Ma grand-mère ressemblait à « la vieille dame » dans *Les Albums de*

Babar : distinguée, élégante, amatrice de piano. Il y avait chez elle une bonté qui lui gagnait spontanément les cœurs. Elle était le seul pôle de stabilité dans une existence qui prenait l'eau de toute part. Depuis la terrible nouvelle, je me sentais mutilé. J'étais inconsolable. À la douleur de la perdre s'ajoutait la nostalgie de voir le rideau tomber sur mes tendres années. Car le tombeau de mamie était aussi celui de l'enfance. En la mettant sous terre, c'était le petit marmot, la plus belle part de moi-même, qu'on ensevelissait aussi. Ma tristesse était salée aux larmes de l'enfance perdue.

Décidément, pensais-je alors, le bonheur se résume à quelques instants fugaces. Une menace constante pèse sur ce à quoi nous tenons le plus – les amours, la famille, les êtres chers. Tout passe comme un songe, comme du sable entre les doigts. N'y a-t-il donc nulle part quelque chose de stable, un rocher où l'on puisse construire sur du solide ? Je ne connaissais pas la devise des chartreux – « Roulent les mondes, la croix demeure » –, mais c'est à cette période que le Christ s'est révélé à moi comme celui qui ne passe pas. Un vendredi matin, le 21 mai 2010, devant la boulangerie de la rue Mouffetard où j'achetais chaque jour ma baguette de pain. Ce que j'ai ressenti alors d'ineffable, je le garderai pour moi, c'est le secret du roi. Disons simplement qu'il se fit en moi une sorte de percée, de trouée. C'était comme si une présence d'amour, que mon éducation m'a fait reconnaître comme celle du Christ, avait donné un coup d'épée dans mes pesanteurs et mes plafonnements. Subitement, un voile se déchirait, quelque chose éclatait de mes limites. Les barreaux qui m'empêchaient de sortir de la prison de l'ego cédaient, la réalité s'élargissait comme les espaces de mon cœur. Enfin, je respirais, je pouvais aimer. Je découvrais qu'il existait en moi des immensités où il n'y avait pas de limites, un continent où ruisselait l'espérance, une lumière qui ne faiblissait pas et une vie sans déclin. Depuis cette intuition, je sais, de source sûre, que le fond du réel est pailleté d'or comme les icônes des orthodoxes, qu'il n'y a pas de raison d'avoir peur, que la vie est plus vivante que la mort.

— Amen, dit Pierre en riant, avant de nous souhaiter bonne nuit.

La clé des champs

Le clocher de l'église de Cussac indique seulement neuf heures, mais la chaleur est déjà torride. Au bord des routes, les châtaigneraies ont l'air sonné par le soleil. Les champs de blé ressemblent à l'or dans le creuset. Déjà deux heures que nous enchaînons les pas dans ce four. Parsac, qui marche à bonne distance devant moi, s'éponge la nuque et suce sa gourde d'eau comme un ivrogne sa bouteille. D'après un indigène croisé à La Bénéchie, cette canicule est historique. Il tient de sa belle-sœur qu'il faut remonter à 1957 pour que les températures se hissent à de tels étiages. D'où vient dans notre peuple cette passion pour les variations saisonnières ? Pourquoi les considérations météorologiques sont-elles le prélude à la moindre conversation ? Et comment expliquer le penchant pour ce genre de phrases proverbiales : « on n'a jamais eu si chaud », « le fond de l'air est frais », ou l'indémodable « il n'y a plus de saisons » ? Cette phénoménologie sauvage du temps qu'il fait, souvent considérée avec dédain, je la trouve, pour ma part, pleine de bon sens. Les anciens savaient que les caprices du temps jouent un rôle dans le cours des événements collectifs et intimes, et jusque dans la vie spirituelle. Dans ses *Chapitres théologiques*, Syméon le Nouveau Théologien rend « les lourdes vapeurs du vent du sud » responsables de l'acédie chez les ascètes...

Est-ce l'influence du soleil sur ma météo intérieure ? Ou les premiers effets de la vie en plein air ? Je sens la joie couler à nouveau dans mes veines. La marche fouette le sang, attise la vitalité et chasse les idées noires. Elle communique un surplus d'être. Comme j'ai bien fait de prendre la clé des champs ! Et qu'il est bon d'aller par les chemins, en sifflant, au hasard ! Dormir dans des abris de fortune, enjamber les ruisseaux, comme les oiseaux, picorer ici ou là de quoi vivre. Ne plus rien prévoir, s'ouvrir à l'inattendu, n'appartenir qu'à la route. Et puis s'arrêter selon ses envies, parce qu'un arbre nous appelle sous son feuillage ou que l'œillade d'une vache nous a séduits. La vie errante est la liberté à l'état pur.

Sur la place de Champagnac-la-Rivière, une certaine Mauricette arrose en tenue légère des fleurs devant un gîte. Entremêlant à son français de vieux mots de patois, elle nous cause du pays avec un accent à couper au couteau. En écoutant cette logorrhée chantante, je songe au mot de Stendhal, quittant la France méridionale, au parler sonore, pour celle du Nord qui lui paraît triste, cérémonieuse, compassée : « On dirait que le bonheur disparaît avec l'accent. »

Le Massif central est la ligne de séparation entre ces deux France : l'oil au nord, et l'oc, dont il fait partie, au sud. D'ailleurs, Parsac me fait remarquer que la géographie de notre voyage recoupe à peu près celle de ces patois qui faisaient résonner la vieille langue d'oc défaite par le français. Plus précisément, c'est une traversée de l'aire linguistique, où, de l'est de la Charente, en passant par la Haute-Vienne, la Corrèze, la Creuse, les versants septentrionaux du Cantal, le nord de la Lozère et le Vivarais, on parlait autrefois le nord occitan. Une langue, disent les linguistes, n'est pas seulement un moyen de communication, c'est une vision du monde, l'expression d'une civilisation. Celle que le nord occitan a articulée ne manque pas de grandeur. Au Moyen Âge, dans ce dialecte dérivé du gallo-roman, les troubadours du Limousin ont renouvelé la grammaire des sentiments, exaltant la noblesse de la femme, l'adoration silencieuse, l'élévation de l'âme. Il est d'usage de railler les indigènes de ces régions comme des bouseux collés à leur lisier, des croquants, « les derniers des hommes », écrit Sartre dans ses *Carnets de la drôle de guerre*. Pourtant ces « arriérés » ont inventé l'amour courtois, cet art d'aimer empreint de vénération et de tendresse, en poétisant dans cette *lenga lemosina* qui faisait l'admiration de Dante et de Pétrarque. Ce vieux parler ne flottait pas en apesanteur : il collait aux choses, à la nature, aux reliefs, aux cours d'eau, enregistrant le chatoiement du réel, le concret du monde.

À Saint-Laurent-sur-Gorre, un parc, derrière la mairie, propose son ombre bienfaisante comme cadre de notre déjeuner sur l'herbe.

Le métier de chapardeur commence à entrer. Afin de ne pas s'éterniser sous le soleil et de rafler du temps pour la sieste, une division du travail s'opère entre nous. Tandis que Parsac s'enfonce dans le village en quête d'un point d'eau, j'entreprends la tournée des boulangeries. L'idée m'est venue ce matin, en marchant, que gisait là un formidable réservoir de ressources. Il suffisait d'émouvoir les boulangères pour récolter les fournées de la veille, les croissants et les pains au chocolat invendus. Dans la queue du commerce où j'étrenne cette stratégie, les honnêtes gens me toisent comme un clochard, un moins que rien. Un regard peut relever un être, il peut aussi l'enfoncer plus bas que terre. Mais ce sentiment de honte ne résiste pas aux deux généreuses miches de pain rassis avec lesquelles j'opère une sortie triomphale du commerce.

En me voyant lesté de ces tourtes, Benoît exulte. Pour trouver de quoi les garnir, on se poste devant une maison bourgeoise. Un discret écriteau « esthéticienne » est posé sur la porte. Je m'attends à ce qu'une minette maquillée comme un camion volé se présente, mais c'est une femme élégante, dans la cinquantaine, qui apparaît, escortée par un golden retriever si fraternel qu'il fêterait comme des princes de sang les intrus qui cambrioleraient la maison. Devant la beauté désarmante de cette dame, je bégaie un mot de présentation. Contre toute attente, cette gaucherie fait mouche. Amusée par notre condition de pèlerins fauchés, Annemick, comme elle se prénomme, nous ouvre un coin de voile sur son histoire. Cette Hollandaise tombée sous le charme du Limousin s'y est installée avec armes et bagages il y a dix ans. Le petit salon où elle refait une beauté aux autochtones lui permet à peine de vivoter, mais pour rien au monde elle ne déserterait cette région qui touche des cordes profondes de son âme. Notre aventure ne la laisse pas indifférente. Elle aussi ressent puissamment l'appel de la liberté, un désir de se désencombrer et une soif d'espace vierge. Nous aider sera sa façon de vivre ces inclinaisons par procuration. De sa cuisine, elle revient avec une salade du jardin, des tranches de chorizo, deux œufs durs et un gros morceau de fromage qui empeste. Je suis trop enclin à désespérer de la nature humaine pour ne pas savoir reconnaître sa beauté lorsqu'elle survient. Mon Dieu, me dis-je, que de bonté il y a aussi dans le cœur de l'homme !

Dans le jardin où nous avalons nos sandwichs, le clocher de l'église sonne treize heures. Cela fait trois jours que nous traversons des villages où l'église et la mairie se toisent. Parfois, on se demande si l'édifice républicain n'a pas été conçu pour faire de l'ombre au lieu de culte. Longtemps, ces deux messianismes se sont disputé les consciences des habitants et la maîtrise du paysage visuel et sonore. Une lutte farouche opposait l'autorité civile et l'autorité religieuse. Au son de la cloche s'opposait le carillon de la mairie. Cette époque clochemerlesque est révolue. Plus personne n'a de rouge aux joues quand il avise la devise républicaine. Et si le clocher scande toujours le temps, son langage émotionnel s'est tu. Quant aux chapelles, elles sont devenues froides faute d'être réchauffées par des âmes.

Avec ses reliefs vallonnés, l'ondulation de ses pâtures, ses prairies encadrées par un maillage de haies et la présence de grands chênes solitaires, la campagne au sud de Limoges ressemble à un parc anglais. Toutes les images du bonheur champêtre sont là réunies : des ruisseaux paisibles, des troupeaux couchés sur l'herbe, des sentiers bordés d'aubépines et d'églantiers en fleurs, des villages planqués derrière des rideaux de peupliers et de saule. Cela devrait avoir du charme, mais, je ne saurais dire pourquoi, ce paysage de bocage limousin m'ennuie. Les haies, qui cloisonnent l'espace, bloquent les perspectives et empêchent de respirer. Je trouve l'ensemble sans grâce pastorale, sans ampleur. Il n'y a que les arbres isolés autour des parcelles qui m'inspirent de la sympathie – il faut du cran pour s'éloigner ainsi de la masse, tracer sa vie en dehors du groupe, et résister seul aux tempêtes.

Après quatre heures passées à voguer sur cette mer de collines, nous arrivons à Saint-Priest-sous-Aixe, une bourgade qui traverse une crise d'identité : elle ne sait plus très bien si elle appartient à la campagne ou au périurbain.

Dans une impasse, une maison joyeuse nous fait de l'œil. Parsac frappe à la porte, puis amorce un mouvement de recul quand le propriétaire apparaît. Une carcasse de deux mètres, des tatouages sur des biceps proéminents, un regard à faire trembler des piliers All Blacks, un crâne rasé. Un ogre !

— Pardon de vous déranger… On cherche un endroit où… Enfin on voudrait savoir s'il était possible de…, tergiverse Benoît.

— Vous cherchez le gîte et le couvert ? Entrez, vous êtes nos hôtes, tranche le titan.

La première demi-heure, nous n'en menons pas large : une gifle de ce gaillard mettrait un taureau à genoux. Mais, à l'usage, en entrant dans son amitié, on s'aperçoit que ce colosse prénommé Dominique est une crème, nous ouvrant avec une générosité qui nous honore son foyer, la chambre d'amis et la douche de sa femme…

Il n'y a pas si longtemps cet ancien rugbyman au cœur tendre était grossiste en pneus. Un patron indélicat, l'absence de reconnaissance pour son travail, des objectifs de rendement intenables l'ont acculé à la démission et plongé dans une dépression, un burn-out. Depuis, il tente de se reconvertir en cuisinier à domicile, et prend soin de ses deux filles. En écoutant les malheurs de cet hercule, je songe au vers de Baudelaire dans *L'Albatros* : « Ses ailes de géant l'empêchent de marcher. » Clairement, cet ogre doux et humble de cœur est inadapté à la violence de la société. La bonté ne sert à rien dans la guerre économique.

Nous prenons le dîner – un barbecue arrosé de chouchen, à cause des vagues ascendances bretonnes de sa femme Marie – dans le jardin. L'air est doux, le vin est bon, la douche a lavé la fatigue, les tensions musculaires, les idées sombres. Cela fait longtemps, je crois, que je n'ai pas été aussi heureux. Je ris intérieurement de partager la table de ces gens qu'il y a deux heures je ne connaissais ni d'Ève ni d'Adam, et qui sont maintenant des frères. Clarys et Mathilde, les deux filles du couple, accaparent l'attention. L'une surtout, jolie comme les blés et vive comme la poudre, qui prend toute la lumière. Moi, c'est vers l'autre, la discrète, que je tourne mes regards, tâchant de mettre en pratique un texte de la liturgie du jour : « Celui que je regarde c'est le pauvre. » Une façon de dire que l'Esprit est toujours du côté de ce qui ne brille pas, du non-spectaculaire.

Quand je demande à Dominique pourquoi nous sommes reçus avec les égards dus à des princes, il répond :

— On accueille souvent des voyageurs, des pèlerins. On se dit que l'étranger, l'inconnu a quelque chose de bon à nous donner. Chez nous, l'accueil, c'est sacré.

Une fois encore, je reçois une leçon d'humanité de la part de deux incroyants. Comme un vin tourne à l'aigre, il arrive que le christianisme vire à l'idéologie. Dans ses rangs se trouvent encore des doctrinaires qui crachent des anathèmes et cherchent à tout prix à amener les autres à la vérité dont ils se croient les dépositaires. Mais le christianisme n'est pas une opinion, une idée à laquelle on tient. Charles de Foucauld dit qu'il faut « bannir l'esprit militant ». Dominique et Marie ne sont peut-être pas chrétiens, mais ils manifestent une hospitalité qui rappelle la règle de saint Benoît – « tous les hôtes qui se présentent seront reçus comme le Christ » –, et fait honneur à la parole du Christ dans l'Évangile :

« J'ai eu faim et vous m'avez donné à manger. J'ai eu soif et vous m'avez donné à boire. » Décidément, la vérité a toujours un pied dans le camp d'en face.

Les maladies du bonheur

« Il est sage de penser dans le calme à ce qui peut arriver quand la tempête se lèvera », dit *L'Imitation*.

Cette sentence, que je déchiffre en me réveillant pour la deuxième matinée consécutive dans un lit douillet, ne manque pas de sagesse. Depuis deux jours, les dieux sont avec nous : nous enchaînons les rencontres, les gueuletons, les abris. Mais ne nous reposons pas sur nos lauriers, la chance peut tourner. Parsac, sage comme un vieux Sioux, ne l'ignore pas :

— Il faut goûter les moments de plénitude, mais rester sur ses gardes.

Les adieux à Dominique et à sa famille sont déchirants. Pourquoi est-il si brutal de se séparer de ses hôtes ? Dans un voyage, les rencontres sont intenses sans doute parce qu'elles sont sans lendemain. Elles sont aussi marquées par l'absence de précédents et l'ignorance du passé des uns et des autres. Sur cette trame de l'instant présent, chacun se donne sans retenue, intensément, conscient que la relation ne sera suivie d'aucun attachement. Et puis, en arrivant chez les gens les mains nues, on réveille en eux ce qu'il y a de meilleur : la générosité, la bonté, l'acte de donner. Quand on a été témoin de cette assomption de l'humanité au-delà de sa mesquinerie coutumière, c'est dur de reprendre la route comme si de rien n'était…

À travers Beynac, Nouailhac, Solignac…, notre itinéraire contourne l'agglomération de Limoges.

— Jadis, observe Parsac, les limites entre la ville et la campagne étaient franchement marquées. La ville médiévale, par exemple, ne se perdait pas en banlieues interminables : elle s'élevait, compacte, enclose dans l'enceinte de ses murailles. Aujourd'hui, les cités s'épanchent, débordent. Les géographes appellent cela le « mitage ».

C'est vrai que les champs que nous avisons ressemblent un peu à de vieux pulls mités par des ensembles pavillonnaires. Évidemment, ce reflux de la ville ne se fait pas sans abîmer les campagnes. Un peu partout, des constructions neuves défigurent les entrées de bourg : gendarmerie, ehpad, lotissements, supermarché en tôle ondulée, pompes funèbres… Les pourtours des villages se subdivisent en lots rectangulaires, enclos de barrières uniformes, où des maisonnettes qui se ressemblent toutes s'élèvent dans des matériaux sans noblesse et sans lien profond avec le pays qui paraît les subir comme une blessure. Pourquoi la prise de possession de la nature est-elle marquée par tant de disgrâce ? L'homme contemporain est-il voué à enlaidir tout ce qu'il touche ?

Halte à Masmont, commune de Jourgnac, un hameau qui semble étourdi par la lumière de cette journée d'été encore plus brûlante que les précédentes. Marie-José et Serge, un couple de retraités, nous font pénétrer dans l'intimité de leur cuisine où ils achèvent leur déjeuner. À table, on devise du Tour de France, des dernières performances de l'équipe de France au mondial de foot féminin. Carrelier devenu cantonnier, le mari offre un visage de patience et de peine, comme on voit encore chez certains vieux Portugais ou Berbères dans les villes. Les quelques paroles qu'il profère sont entrecoupées par de longs silences. Son corps est déformé par une vie d'effort et de labeur. Ces gens simples, avec leur petite maison modeste, me touchent. Et si c'était cela le bonheur ? Régner sur un lopin de terre, être le seigneur de son potager, de ses poules, couper du bois, regarder pousser les arbres, aimer sa femme. Marie-José nous offre le café, de l'eau, du fromage – je donne ma part à Parsac – et un paquet de crêpes sous vide. Ce n'est pas beaucoup, mais ça suffit à notre bonheur. Dans le dénuement, le peu qu'on reçoit procure de grandes joies ; c'est une chose que comprend quiconque a fréquenté les gamins dans les pays pauvres, qui savent faire leur miel d'une simple boîte de conserve. L'air de rien, jour après jour, le chemin nous enseigne la sobriété : donner au corps juste ce qu'il faut, baisser les étiages, ne pas faire de réserve, se contenter de ce qui nous échoit, parfois le maximum, d'autres fois rien. Je commence à trouver que cette sobriété est féconde, libératrice même, qu'on peut vivre intensément avec peu, qu'au fond, les biens nous ligotent, nous encombrent, et que si elle existe, la joie vient plus par le déblaiement, l'allégement, que par l'accumulation.

— Finalement, dis-je à Parsac, nous ne faisons rien d'autre que prendre au sérieux le « ne vous inquiétez pas » de la parabole du lis des champs. Nous voulons voir ce qui se passe quand on suit à la lettre cet appel radical à l'insouciance.

— Certains détournent la charge subversive de cette bombe en disant qu'il y a la lettre et l'esprit, surenchérit-il. Nous, nous sommes des pyromanes ! Hors de question de désamorcer ces paroles de feu, d'en faire des pétards inoffensifs !

Près d'un sentier où deux chevaux de trait, indifférents à notre passage, se reniflent le derrière, j'avise un serpent en train de manger une souris. N'en déplaise à ceux qui divinisent la nature, dans son ordre ce n'est pas la devise républicaine qui prévaut, mais plutôt le règne de la force et cette loi de « l'entre-dévorement universel » mise au jour par Pascal : tout, dans la création, incline à dominer, dévorer, tuer ce qui l'entoure !

— La nouveauté introduite par le Christ tient aussi en cela : enrayer ce cycle de la violence, tendre l'autre joue, dis-je à Parsac.

Au lieu-dit de Béchadie, deux gendarmes arrêtent le moteur de leur voiture à notre hauteur, tandis que nous étudions une carte IGN à la croisée d'un chemin. Notre allure de vagabonds dépenaillés les intrigue.

— Vous cherchez quelque chose ? demande l'un.

— L'abbaye des Neiges, à 650 kilomètres d'ici, répond Parsac en riant.

— Vraiment ? Pourquoi courir ainsi les routes ?

— Pour notre seul plaisir, monsieur l'agent.

En six jours, nos barbes n'ont pas eu le temps de donner une allure trop inquiétante à nos visages. Aussi, après avoir échangé quelques banalités, les brigadiers, perplexes, nous laissent repartir, en nous sermonnant sur la folie de crapahuter sous la chaleur.

J'ai une pensée pour Rimbaud qui a souvent eu affaire à la maréchaussée, notamment lors de ses fugues. Trois fois, l'adolescent a tenté de s'échapper de la maison maternelle, dans une errance vers Paris, Charleroi, Bruxelles. C'était dans les années 1870. En l'absence de son père, un officier de carrière qu'il a peu connu, le jeune homme étouffait à Charleville dans la présence despotique d'une mère bigote, dépressive, possessive, rigide et soucieuse de respectabilité, qui voulait le faire entrer dans l'image de ce que doit être un fils. Longtemps, le jeune Arthur a joué le jeu, s'appliquant à la religion, endossant le costume de l'élève modèle, raflant tous les prix d'excellence. Puis un jour, il n'a plus supporté le pesant tête-à-tête avec celle qu'il appelait « bouche d'ombre », tant elle était prise par le ressentiment, l'inquiétude, les passions tristes. Par les fugues, par la littérature aussi que Vitalie méprisait, il a voulu mettre de la distance, trouver une brèche pour échapper à l'asphyxie. La rage de fuir de Rimbaud vient de là : s'affranchir de l'emprise familiale, se libérer de la pesanteur des origines. Toute sa vie, le poète a livré une insurrection contre son ascendance, cherchant à faire mentir cette idée : on a déjà vécu sa vie avant de naître. Jean Sulivan a raison : « L'enfance est du bonheur ou du malheur stocké pour toujours. » Les premières années sont le gisement profond, la source de tout, un secret qui nous poursuit jusqu'à la fin. Arthur aura beau chercher dans l'expatriation – il changera de pays, mais aussi d'alphabet, espérant corriger le réel en réinventant le langage – des remèdes à cette blessure initiale, il emportera toujours avec lui les souffrances de celui qui n'a pas reçu le don de l'amour : la haine de soi, l'impossibilité de faire confiance, l'inaptitude à communier avec ce qui est. C'est une différence avec Charles de Foucauld, son contemporain, dont l'enfance aussi fut vêtue de noir. Sur le berceau du vicomte, les fées ne se sont pas penchées. Charles, c'est d'abord le prénom de son frère aîné mort à la naissance – d'emblée, son existence est placée sous le patronage d'un fantôme, d'une ombre. Puis, à cinq ans, lui et sa petite sœur perdent coup sur coup leur mère et leur père. Trois mois plus tard, c'est la grand-mère maternelle qui s'en va sous leurs yeux, raflée par une crise cardiaque. Pour un gamin, cela fait beaucoup d'épreuves ! Mais Foucauld trouve de l'affection chez son grand-père, le colonel de Morlet, un militaire en retraite qui le recueille et l'élève. Dans l'amour sans limite de cet homme au cœur d'or, il puise la force de réaliser si ce n'est une « résilience » – ce vocable à la mode suggère que nos souffrances se volatilisent, qu'on repart à zéro, alors que les blessures ne disparaissent jamais, on essaie plutôt de vivre avec –, en tout cas une extraordinaire capacité de rebond, de confiance, de vie, dont son itinéraire bondissant est la meilleure preuve.

Le soleil, qui transperce l'œil et tape sur le crâne implacablement, me tire de ma rêverie. Sa brûlure est insupportable. Autour de moi, les paysages sont écrasés par une lumière blafarde, comme épuisée de trop donner. Parsac et moi cherchons l'abri des rares forêts où les branches des arbres éventent nos sueurs. À Solignac, nous nous réfugions dans la basilique romane dont la nef est enfoncée dans la terre comme un paysan dans son lisier. La fraîcheur du sanctuaire est délicieuse. Jointe à la fatigue, l'odeur de cire d'abeille et d'humidité qui s'y est accumulée opère comme un sédatif, transformant ma prière en sommeil léger.

Tout à coup, cinq kilomètres plus loin, à la sortie d'un chemin silencieux, un ballet incessant de voitures. Dense et continu, le trafic s'écoule vers un rond-point flanqué d'une bretelle qui mène vers l'A20, et d'un centre commercial, avec sa station-service, un Flunch, un Gamm vert, une Maison du monde. Cette fulguration de la modernité, je la reçois comme une gifle. Je n'étais pas préparé à cette soudaine déflagration de bruit, de vitesse, de laideur qui nous saute à la figure. Cinq jours sur des sentiers déserts m'avaient fait oublier combien les bruits mécaniques et artificiels de la civilisation urbaine sont une déchirure dans le silence, combien ils blessent l'oreille, agacent, irritent, indisposent.

Dans un grand livre sur le silence, le philosophe Joseph Rassam a écrit que « le bruit est toujours l'expression d'un désaccord, d'une discordance, d'un raté ». Comment lui donner tort ? Parsac et moi sommes en état de sidération. À travers la circulation, nous nous frayons un chemin jusqu'à la boulangerie industrielle de la zone commerciale où la vendeuse refuse sans un regard de nous donner du pain, nous laissant tout penauds dans la longue file des clients qui nous fusillent du regard. Rarement je me suis senti si rabaissé, si honteux, si rejeté. « Nous acceptons le bonheur comme un don de Dieu, et le malheur, pourquoi ne l'accepterions-nous pas aussi ? » ose dire Job dans son livre. Je suis bien loin d'être parvenu à ce stade d'acceptation, d'indifférence !

À Feytiat, une banlieue de Limoges, nous ne sommes pas attendus, c'est le moins qu'on puisse dire. Les rares fois où nous parvenons à franchir la douane des sonnettes et des portails sécurisés, on nous rit au nez. Les villes sont peu favorables à la mendicité. Dans une gigantesque maison bourgeoise vide comme la cellule d'un moine zen, une dame a même l'audace de nous lancer : « Ma maison est pleine », avant de claquer ses volets.

Après une rude journée de marche, cet enchaînement de déconvenues affecte le moral. Nous errons à travers cette périphérie triste, comme des âmes en peine, nous faisant peu à peu à l'idée de dormir dehors, sous un arrêt de bus, et sans grand-chose à nous mettre sous la dent.

Au détour d'une rue, dans le jardin de la maison neuve d'un quartier pavillonnaire, une jeune femme en maillot de bain bronze sur une serviette. En désespoir de cause, nous saisissons notre chance. L'adolescente est disposée à recueillir notre détresse, mais s'en remet à l'avis de sa mère. Marquant une longue hésitation en nous détaillant de la tête aux pieds, cette dernière finit par capituler :

— Je vous fais confiance, hein ?

Un sociologue bourdieusien classerait spontanément cette femme dans la classe moyenne inférieure de ces villes de province enracinées à gauche. Fille de paysans devenue fonctionnaire de catégorie B à l'hôpital de Limoges, habitant un pavillon dans une zone résidentielle, investie dans des associations locales, membre du conseil municipal..., tous les marqueurs sont là. Cependant, qu'a-t-on dit de cette mère divorcée lorsqu'on a dit cela ? Une vie est inépuisable. C'est un secret dont on n'a jamais fait le tour. Je me méfie des discours totalisants qui réduisent les personnes à n'être que la somme de leurs déterminations, des acteurs prisonniers de leur livret, les exécutants machinaux du jeu social. Un homme n'est pas seulement le produit de son histoire. On ne peut jamais le saisir, l'expliquer. En lui demeure une part de mystère qui est celle de sa liberté.

En tout cas, dans un geste de grande classe, Rosalie nous a laissé sa chambre. Allongé dans son lit *king size*, tandis que Parsac se douche dans la salle de bains familiale, et que les enfants préparent le repas devant l'émission de Nagui, je ris intérieurement de ces intrusions aussi soudaines que surréalistes dans l'intimité des foyers.

Nous dînons sous un parasol dans le jardin. La soirée est magnifique. Rosalie dégage une intensité qui ne me laisse pas insensible. Ses enfants, deux adolescents, sont vifs et charmants.

Élevés dans l'antichristianisme de leur maman, ils nous taquinent gentiment sur ce qu'ils appellent nos « sornettes ». Rosalie surenchérit : la foi n'est-elle pas une fuite, une évasion ? La vaine poursuite d'un hypothétique au-delà qui nous ferait passer à côté des bonheurs de la vie présente ? Cette objection, qui revient souvent, m'interpelle. Dans *Un été avec Homère*, Sylvain Tesson oppose aux chrétiens perdus dans les nuages la phrase de Clément d'Alexandrie : « Contente-toi du monde. » Mais c'est oublier que Clément d'Alexandrie était chrétien, et qu'à tous ceux qui sont tentés de se prendre pour des anges et d'escamoter la pesanteur, le Christ dit comme à Zachée perché sur son arbre, ou aux apôtres, à la Pentecôte : le christianisme est la religion de la terre, non de l'au-delà, descendez sur le plancher des vaches, gardez les pieds sur terre. Dieu n'est pas dans les nuages, mais en vous, et dans le visage de l'autre. Quant à l'éternité, elle affleure déjà dans le temps présent, quand on vit les rencontres et les instants à un certain niveau de profondeur.

Les enfants sont partis se coucher, Parsac et moi aidons Rosalie à ranger la vaisselle. De même que dans les lettres, la chose importante se dit parfois dans le post-scriptum, les grandes vérités surgissent souvent au bout d'une longue conversation, en fin de soirée, entre deux portes, comme s'il fallait, par pudeur, noyer l'essentiel dans un flot de paroles sans intérêt. Tout être cherche à dire ce qu'il souffre. Je sens que Rosalie en est là, au seuil d'une confession. En faisant bouillir l'eau pour la tisane, elle avoue être « en arrêt maladie ». À son silence embarrassé, je comprends qu'elle traverse une dépression. Dans son service hospitalier, la cadence effrénée des rythmes, la pression du stress, le peu de reconnaissance et de moyens ont atteint ses résistances. À la maison, ce n'est pas mieux : elle en bave avec ses deux ados qu'elle élève seule, hantée par la peur qu'ils se prennent les pieds dans les innombrables écueils de la société contemporaine. Parfois, elle aimerait tout quitter, partir sur le chemin de Compostelle, non pas dans une démarche de foi – elle est incroyante –, mais pour s'exiler de la douleur de vivre, retrouver de la force, faire le point.

— Je vous retiendrais volontiers plus longtemps, dit-elle au moment de nous souhaiter bonne nuit.

Jour après jour, Parsac et moi mesurons à quel point le besoin de vider son sac est grand chez les gens que nous rencontrons. Chaque soir, c'est la même litanie de souffrances ; en longues vagues, les peines et les difficultés de nos hôtes déferlent. Notre voyage est aussi cela : une longue-vue plongée dans le cœur de cette France de l'intérieur que nous découvrons épuisée, à bout de forces. Dans les années 1950, le philosophe Emmanuel Mounier avait perçu que la société de consommation, alors balbutiante, allait faire naître de nouveaux types de souffrance. Aux « maladies de la misère », avec lesquelles l'humanité se coltinait depuis toujours, s'ajouteraient bientôt « les maladies du bonheur », ces maux inédits liés au bien-être, à l'opulence, à la consommation effrénée. La question de demain, prophétisait-il, serait la suivante : comment survivre spirituellement à toute cette richesse matérielle ? De nombreuses personnes croisées lors de notre traversée du Massif central semblent avoir contracté cette maladie des temps nouveaux. Ils souffrent de solitude, de dépression, se sont enlisés dans l'ornière d'une vie sans goût. Ils ne trouvent plus de sens à vivre constamment sur la brèche, traqués par les téléphones portables, les e-mails, dans une société de l'urgence qui les soumet à des conditions d'incertitude constante et à une guerre économique dont ils ont l'impression d'être la chair à canon. L'injonction d'être performant, de réussir, les consume de l'intérieur. Ils aspirent confusément à sortir de cette société frénétique et de l'atonie spirituelle, à retrouver le goût de vivre, à renouer avec les choses simples.

Témoins impuissants de cet épuisement, Parsac et moi tâchons d'être les réceptacles de ces cœurs qui s'épanchent, d'écouter sans juger, et s'il faut absolument dire quelque chose, de leur assurer que nous sommes frères dans le même malheur.

Les voyageurs du vide

À force d'avaler les paysages et les chemins, on finit par ne plus savoir très bien où l'on est ni d'où nous sommes. L'avancée fragilise les repères. Elle déplace les évidences.

Parsac, à qui je fais part de ce vertige matinal, tranche en philosophe :

— Nous appartenons à l'horizon, là-bas. Notre rôle, c'est de venir. Nous sommes ceux qui s'éloignent, aimantés par un pays où l'on n'arrive jamais.

Que ce dégagement mystique soit lié aux restes de bergerac qui circulent dans son sang, c'est probable, n'empêche que Benoît, comme d'habitude, n'a pas tort. Car, dans le fond, qu'espère le pèlerin ? Non pas la cagnotte du loto, la dot d'une héritière ou le dernier iPhone, mais le prochain hameau, la forêt à venir, la fontaine suivante. La marche redonne à l'espérance sa juste mesure. Quand on voyage à pied, sans but et sans rien, le moindre village annoncé sur la carte augure des bonheurs possibles. Chaque lieu est un désir, une attente. Le credo du pèlerin, c'est le pas de plus. « En marche », comme s'exclame Rimbaud dans « Mauvais Sang » : la terre promise est devant nous !

Un troupeau de vaches blotties au pied d'un chêne centenaire nous tire de ces divagations.

— Des limousines limogées, dis-je à Parsac qui poursuit son chemin, tandis que je m'arrête pour détailler la physionomie d'une de ces reines, son œil, son pelage froment vif, son museau qui bave généreusement – chez ces bêtes, tout est générosité, prodigalité !

Je tente une approche en appliquant le peu de science que des étés à la campagne m'ont inculqué. D'un vieux fermier fou, je sais notamment que pour établir le contact, il vaut mieux aborder l'animal de face : si la vache possède une bonne mémoire visuelle, elle ne voit pas très bien, et de moins en moins net sur les côtés. J'ai appris aussi qu'elle déteste qu'on l'effleure, ça la fait frissonner, et qu'elle préfère les caresses franches et appuyées. Mais tandis que j'approche délicatement ma main, ressentant sur ma peau son souffle chaud, la limousine s'arrête tout à coup de ruminer, me jette un coup d'œil soupçonneux, puis reprend le va-et-vient circulaire de sa mâchoire, avant de partir à petits pas en tournant les talons. Cette première tentative est un échec cuisant. Je me promets de ne pas rentrer à Lyon avant d'avoir établi avec l'une de ces bêtes un contact digne de ce nom...

Devant ce spectacle, Parsac hausse les épaules. Manifestement, il a du mal à comprendre que je ne puisse pas voir une vache sans lui faire une déclaration d'amitié. Je crois qu'il ne partage pas ma ferveur pour ces ruminants. Il se moque en tout cas de ma propension à leur dire des mots doux, à les complimenter sur leur beauté, leurs longs cils horizontaux, leur allure de vieille dame tranquille, leur nonchalance souveraine. Pourtant, lui dis-je, les éthologues enseignent que la plupart des animaux sont passionnés par la parole humaine. Ceux que je connais le mieux, les chiens, les moutons, aiment qu'on leur parle. Plus d'une fois, j'ai senti que ces bêtes étaient au seuil de la parole, qu'elles voulaient me dire quelque chose...

C'est notre cinquième jour de marche. Normalement, au bout du quatrième, les sensations du corps, liées au poids du sac à dos, aux ampoules, à la fatigue musculaire et articulaire, sont exacerbées. Or, à part quelques légères douleurs aux tendons, nous tenons le choc. Nos corps semblent plutôt bien consentir au traitement violent que nous leur infligeons. Mieux : ils réclament leur effort, leur dose. Dans nos vies assises, rassasiées de bien-être et rivées aux écrans, les facultés corporelles sont sous-employées. D'où le spectacle étrange des dimanches matin dans les jardins et les parcs des grandes villes, où des gens habillés de rose et de jaune fluo compensent ce sous-emploi en tournant en rond, comme des chevaux de manège...

Après deux ou trois étapes de plaine, la terre commence à gonfler. Il est temps ! J'aspire à retrouver des reliefs, à m'enfoncer dans des forêts, à fuir la laideur du macadam et la rumeur des voitures. Pourtant, la banlieue de Limoges, qu'on a laissé derrière nous en disant adieu à Rosalie ce matin, continue d'exercer son attraction. De Feytiat à Saint-Just-le-Martel, les paysages sont balafrés de poteaux électriques, de lignes à haute tension, de maisons neuves qui ressemblent à des cubes de lego, avec des clôtures qui les apparentent à des banques centrales, et des chiens qui tiennent la garde en montrant les crocs. À Saint-Just-le-Martel, tandis que Benoît se recueille dans la vieille église à peigne, une envie pressante me lance à la poursuite de toilettes. Sur le chemin de la mairie, où la secrétaire m'ouvre les latrines personnelles du maire, j'avise, en face de l'église, une sorte de monument en forme de crayon géant destiné à célébrer les « martyrs » de *Charlie hebdo* – Cabu, Charb, Honoré, Tignous et Wolinski venaient chaque année ici où se tient le Salon du dessin de presse et d'humour. Ce geste commémoratif au goût contestable est ce que cette petite commune de Haute-Vienne a imaginé pour signifier qu'au moins une fois, elle a eu part à la grande chronique nationale. Comment le lui reprocher ? L'histoire ne passe pas souvent sur ces terres...

La Vienne, avec laquelle nous jouons à cache-cache depuis deux jours, nous mène à Saint-Priest-Taurion, où la rivière s'abouche avec le Taurion, ce cours d'eau qui sera désormais notre repère pendant plusieurs jours de marche, au-delà de Bourganeuf, en Creuse.

Ce gros bourg, traversé par plusieurs départementales, est peu propice à la prise de contact. D'autant que nous y arrivons à l'heure de la sieste, et que les habitants sont claquemurés chez eux pour digérer à l'abri du soleil. Pour composer notre déjeuner, je tente ma chance à l'épicerie Cop. Le magasin est vide. Au commerçant qui sommeille derrière son comptoir, je dégaine, gêné, le laïus habituel :

— Nous sommes deux pèlerins, nous voyageons sans argent. Auriez-vous des bricoles à nous donner, des fruits gâtés, des produits périmés ?

Après un petit temps de surprise, Philippe, l'épicier, disparaît dans ses réserves, puis réapparaît les bras chargés de melons, de tomates, de pêches, et avec deux bouteilles d'eau minérale fraîche.

Même élan spontané de générosité chez la boulangère qui nous fait l'offrande de deux pains de campagne de la veille, et nous indique, en prime, un bon coin où déjeuner sur les berges de la Vienne.

Il y a au moins une vertu à notre dépendance. Elle nous permet de faire l'expérience de cette vérité universelle : un être humain ne laisse pas sur le carreau un autre être humain qui s'adresse à lui pour lui demander du pain... Depuis notre départ, nous sommes les témoins émerveillés de ce que l'humanité recèle de meilleur, même si les aléas nous confrontent aussi parfois au pire. Ainsi, deux ruelles plus loin, devant une maison de maître, une dame âgée ne daigne même pas nous ouvrir sa porte. De la fenêtre de son salon où elle prend le thé avec une amie, elle nous tend du bout des doigts une boîte de thon ouverte depuis plusieurs jours, avec une condescendance qu'il faut avoir subie une fois dans sa vie pour comprendre ce qu'endurent les clochards. De fait, à travers ce mépris, je me suis vraiment senti proche de ces grands voyageurs du vide. J'ai compris qu'il s'en fallait de peu pour que nous rejoignions un jour ces hommes en miettes, ces naufragés, ces déchus : un accident, une rupture, et c'est la dégringolade. Personne n'est à l'abri de tomber dans ces lisières de l'humanité. Prise de conscience vertigineuse, même si elle prémunit aussi contre toutes les illusions et les grandeurs sans avenir : la maîtrise de sa vie, l'image de soi, l'accumulation des objets...

Comme souvent après une déconvenue, j'éprouve le besoin d'ouvrir *L'Imitation*. L'auteur encourage à suivre sa route sans se laisser troubler par le poison du regard des autres : « Qu'ils jugent bien ou mal ta conduite, tu n'en demeureras pas moins ce que tu es. »

Ragaillardis par ces paroles, nous déjeunons au bord de la Vienne, les pieds dans l'eau, à l'ombre d'un tilleul dont la ramure déployée fait revenir à ma mémoire des bribes du psaume premier : « L'homme qui ne suit pas le conseil des violents est comme un arbre planté près d'un ruisseau, jamais son feuillage ne meurt. »

Avec des ingrédients conquis de haute lutte, notre déjeuner de midi, fait de légumes, de fruits, de protéines et de céréales, obtiendrait presque l'aval d'un nutritionniste. Pour le dessert, des pâtes de fruit offertes par Rosalie prolongent délicieusement son souvenir. Sans les légions de taons qui taquinent nos guiboles et le souvenir de la vieille bourgeoise hautaine, cette pause aurait été un sans-faute. Je commence à prendre goût à cette vie gratuite. Pourrais-je me réhabituer un jour à l'usage d'une carte bleue ? C'est tellement plus exaltant de frapper au hasard à la porte d'une maison, de dire, avec le sens du tragique et un peu d'éloquence, qu'on n'a rien, de voir les yeux de l'interlocuteur s'embuer de larmes, et de repartir les bras chargés de ses présents ! Parsac n'ose pas me l'avouer, mais je sens qu'il a plus de peine avec ce dénuement. Chaque jour, la peur d'avoir faim, d'être à court de nourriture, le hante. Je le sens tenaillé par une sorte d'avidité, un besoin viscéral de faire des réserves. Il faut dire qu'il vaut mieux avoir en photo qu'en pension ce dévoreur de viande rouge ! Mais je discerne surtout derrière cette angoisse de manquer quelque chose d'archaïque, d'élémentaire, qui touche à des cantons très profonds en nous, peut-être aux premières expériences de paix et d'inquiétude, de plaisir et de déplaisir qui remontent à l'enfance.

Après Saint-Priest-Taurion, nous décidons de nous affranchir du tracé du GR en rejoignant Saint-Laurent-les-Églises par le chemin des écoliers. L'itinéraire nous fait longer le Taurion et passer au pied des monts d'Ambazac, les contreforts occidentaux du Massif. À la sortie de Saint-Priest, le bitume de la départementale, qui grimpe à pic, est brûlant. Pour se rafraîchir, il n'y a que l'ombre des arbres au bord de la chaussée et l'éventement des rares voitures qui passent à toute blinde. Parsac et moi ressemblons à deux méharistes dans le désert : nous avançons au pas, péniblement, assoiffés mais heureux, profondément heureux de cette immersion dans des paysages qui ressemblent de nouveau à de la nature sauvage.

Étonné par la bigarrure des coins que nous sillonnons depuis le départ, je demande à Benoît :

— Existe-t-il un point commun entre ces terres ? Un fil invisible qui relierait la Charente, la Dordogne, la Haute-Vienne, le Puy-de-Dôme, le Cantal, la Lozère et l'Ardèche ?

— Elles appartiennent, comme tu sais, à la même masse géologique : cette ancienne chaîne qui tutoyait le ciel et que l'érosion du temps a découronnée. Ne restent plus de ces sommets qu'un éventail de socles, de crêtes, et d'immenses surfaces planes couchées sur le granit qui seront notre plancher pendant trente jours. Sinon, ces coins de moyenne montagne se distinguent surtout par leurs déficiences, leur manque : l'isolement, la lenteur des moyens de transport et de communication, le recul démographique, des populations clairsemées, une économie fragile, de moindres rendements agricoles, des espaces vierges dont s'est emparée une agriculture semi-pastorale, une certaine marginalisation à l'échelle régionale et nationale, des niveaux de vie inférieurs à la moyenne. En outre, subsiste dans l'imaginaire l'idée que ces élévations sont rétives au progrès, qu'on s'y heurte depuis toujours à l'anémie sociale.

— En somme, le Massif central est une terre qui n'a pas la moyenne. Dans le jargon managérial des agents de développement territorial, on dirait pudiquement qu'elle connaît des « problèmes d'aménagement » ! En fait, ce sont des terres déclassées. Elles dessinent une géographie de la désolation, de l'abandon, et c'est sans doute pour cela qu'elles m'attirent…

À Saint-Martin-Terressus, halte au plan d'eau flanqué d'un camping, dit du Soleil levant. L'endroit porte bien son nom : l'astre cogne sans répit, la chaleur est accablante, insupportable, on se croirait dans un four. Parsac entreprend la maître nageuse, tandis que je remplis nos bouteilles d'eau, mouille mon tee-shirt, et profite de la pause pour ouvrir *L'Imitation*. « Si tout le monde était parfait qu'aurions-nous à offrir à Dieu ? » écrit l'auteur pour qui le christianisme n'est pas une religion de purs, de parfaits, de bigots, mais le recours des blessés, des cabossés, des désespérés, puisque c'est notre misère, non le déploiement de nos efforts ou l'étalage de notre vertu, qui touche le cœur du Christ des évangiles. Tandis qu'en bon jésuite je m'égare dans cette casuistique surgit une escouade de voitures officielles. La scène est surréaliste : dans ce camping vide, près de ce plan d'eau désert, voici monsieur le maire suivi d'une enfilade d'adjoints, de pompiers, d'agents des services sanitaires du département. Un journaliste envoyé par *La Montagne*, le quotidien du coin, ferme le cortège. Ces huiles sont venues inspecter la propreté de l'eau. L'édile nous confond avec l'une d'entre elles, nous voilà dans la danse. Parsac et moi rions sous cape. Il s'en faut de peu que nos frimousses figurent sur la photo officielle.

En calant mon sac sur les épaules, après que cette effervescence mondaine soit retombée, j'ai l'impression d'être un cheval qu'on harnache d'une selle. Je m'affaisse comme un petit vieux.

La chaleur use nos forces. Elle nous rappelle que nous avons un corps.

Les dix derniers kilomètres avant la quille sont une traversée du désert. Sous la canicule, chaque pas demande de la peine.

Après avoir rencontré beaucoup d'indifférences et de refus, les tribulations de deux pèlerins en Limousin finissent par toucher le cœur d'un couple, au hameau du Bussin. Au terme d'une longue palabre, ils consentent à ouvrir une aile de leur maison. Puis, alors que nous relâchons la pression, convaincus d'avoir déniché un abri, le couple se rétracte après que la femme s'est laissée gagner par la peur, glissant à l'oreille de son mari : « Tu as pensé à la télé ? » – comme si nous allions nous faire la malle avec le matériel audio... Après une journée exténuante, ce revirement est un coup de poignard. Pris de scrupules, le couple nous met tout de même sur la voie d'un certain Éric, éleveur de limousines, qu'on croise sur son tracteur, en haut du village. Le paysan est plus enthousiaste.

— Jadis, moi aussi, j'ai fait du camping sauvage. Rendez-vous au hameau des Moranges, à trente minutes de marche, je vous ouvrirai une grange abandonnée. En revanche, il faudra patienter un peu, j'ai la moisson à terminer.

Sur le chemin, on tente de glaner de quoi dîner à la porte d'une maison isolée avec les monts d'Ambazac en point de mire. Un couple de trentenaire, en train de nager avec leur petite fille dans une piscine gonflable, nous offre une Grimbergen brune, et de quoi grignoter – des pommes, des chips, du jambon sous vide. Alain, le père, est un ancien militaire devenu chef de chantier. Lui et sa femme, Émilie, travaillent à Limoges. Il y a deux ans, ils ont décidé de s'abstraire de la frénésie urbaine, en faisant l'acquisition de cette petite maison dans la prairie. Ce n'est pas la première fois qu'on croise des hôtes désireux de fuir la pression temporelle. Notre voyage est la traversée d'une France fatiguée de courir après le temps, qui ne partage plus le credo selon lequel une vie réussie est une vie remplie, et qui aspire à la lenteur, aux choses simples. À l'image de ce jeune couple, nombreux sont les contemporains à rêver d'une thébaïde où regarder pousser les arbres, renouer avec une cadence plus douce, et s'inventer une vie ralentie, selon le mot d'ordre de Thoreau, l'auteur de *Walden* : « Faites que votre existence soit un contre-frottement qui arrête le mouvement de la machine. »

Ivres et un peu titubants, nous arrivons dans la soirée aux Moranges, un hameau agricole à l'abandon, situé sur un chemin sans issue, un bout du monde, un terminus. Des granges effondrées, couvertes de ronces, encadrent une maison délabrée, aux volets clos. Des gamelles d'animaux jonchent un sol parsemé de débris. Une voiture antédiluvienne est garée devant un parking où trois chèvres faméliques ruminent je ne sais quoi. L'ensemble donne une impression de décomposition, de délitement, de naufrage. Avec des forêts de chênes à perte de vue et un petit étang autour duquel trottent des limousines, ces confins pourraient être charmants, mais l'atmosphère est crépusculaire.

Il y a quelque chose dans l'air qui donne des sueurs froides.

En prenant mon bain dans un abreuvoir à vaches je remarque un regard qui m'épie derrière les volets de la maison. Au bout d'une demi-heure, une présence sort du taudis, accompagnée par un petit chien noir qui boite. Sans s'embarrasser de formules de politesse, une personne dont l'identité de genre, comme on dit aujourd'hui, ne saute pas aux yeux, nous demande :

— C'est à vous la voiture jaune là-haut ?

En voyant qu'elle pointe du doigt une vieille moissonneuse-batteuse rangée dans un champ de blé, comme si cet engin était notre moyen normal de locomotion, je comprends que nous avons affaire à un cas…

L'être humain le plus minable porte en lui l'image divine. Difficile d'accréditer cette conviction de foi lorsqu'on rencontre Éliane, puisque c'est son prénom. Cette femme obèse, dont trois épais bourrelets dépassent d'un tee-shirt sale, tient une gitane maïs serrée entre les rares dents qui lui restent. Ses cheveux en bataille, un regard halluciné et un sourire en coin lui donnent des allures de sorcière ou de vieille folle. Mais comment ne pas basculer dans la marginalité quand on vit reclus dans ces fermes du bout du monde ? La plupart des gens ont déserté ces trous, et la démence guette les pauvres qui n'ont pas eu les ressources financières ou intérieures pour échapper à ces destins locaux, à ces vies minuscules.

À la nuit tombante, Éric débarque avec sa Range Rover et nous ouvre la porte de la grange.

On devine aux odeurs fortes que l'endroit est le royaume des bêtes. Le fermier nous indique un vieux matelas couvert d'urines, puis remonte dans sa voiture en nous souhaitant bonne nuit.

Parsac et moi préférons dormir à la belle étoile, sur la remorque d'un tracteur posée dans un champ. Autant dire que nous peinons à trouver le sommeil. La présence toute proche d'Éliane n'est pas rassurante, d'autant que de mystérieuses détonations, comme des coups de feu, ont retenti au loin. Pour conjurer la peur, nous improvisons une discussion théologique :

— Tu sais, mon vieux Parsac, que pour un chrétien, toute personne humaine est un vase de lumière, de beauté. Crois-tu que cela vaut aussi pour Éliane ? dis-je en riant.

— Tout homme, et surtout le plus pauvre, le plus souffrant, le plus défiguré, est le sacrement du Christ, un « autre Christ », dit saint Jean Chrysostome. Le christianisme est la religion qui voit le visage de Dieu dans le sourire du pauvre. Elle rapatrie dans l'humanité tous les laissés-pour-compte : les paralysés, les handicapés, les désespérés, les clochards, les naufragés…

— Alors demain matin, si je la revois, je tâcherai de manifester à Éliane sa noblesse, sa grandeur.

Notre soirée sous la lune est un désastre. Aucune étoile ne se distingue dans le ciel orageux. Au moment où nous commençons à nous assoupir, les crapauds dans l'étang se réveillent ; le flot continu de leur coassement va durer des heures ! Autour de minuit, c'est une voiture qui surgit dans la nuit noire et pointe ses plein phares dans notre direction, avant de déguerpir aussi mystérieusement qu'elle était venue. Puis à quatre heures du matin un orage violent détrempe nos duvets et nous sort définitivement du sommeil.

Assurément, la journée qui vient sera longue…

Requiem pour les paysans

Rien n'est plus dur qu'un départ sans café. Sans cet or noir, l'esprit tourne au ralenti, les idées n'émergent pas de la brume, quelque chose reste endormi. Ce voyage a au moins un mérite : à sa faveur, je découvre que je suis accro à ce breuvage.

À l'entrée de Saint-Laurent-les-Églises, une fontaine surmontée d'une croix prétend faire marcher les enfants et guérir les moutons. La Creuse, dont nous allons bientôt franchir la frontière, regorge de ces fontaines réputées miraculeuses. Il me plaît que des coups de goupillon aient été jetés sur ces croyances ancestrales, et que le christianisme ait eu la bienveillance d'incorporer ce fond de paganisme dans son giron. Certains se complaisent à tracer entre les chrétiens et les autres une ligne infranchissable. Moi, je suis comme les enfants : j'aime sauter par-dessus les fossés !

Une gorgée d'eau fraîche raflée à cette fontaine réveille une soif intense, inapaisable, presque ontologique. Je suis assoiffé, mais je ne sais pas de quoi. Est-ce de silence, de pureté, de simplicité ? Je me demande si je ne suis pas parti pour le découvrir. Je dois absolument éteindre cette brûlure.

La petite église romane fortifiée de Saint-Laurent est close. Dommage : une église fermée, c'est « un soleil éteint », « un cœur qui se refuse ». « On ne devrait jamais fermer la porte d'une église, a écrit le poète Xavier Grall dans *L'inconnu me dévore,* un livre de feu. Et même si les hommes légers n'y viennent jamais, encore faudrait-il la laisser ouverte afin qu'y entrent le soleil, l'oiseau blessé, le chien perdu, le fugitif et l'âme errante. »

Aux Billanges, un petit village de Haute-Vienne comme on en traverse tant, deux trentenaires tatoués enchaînent les pétards sur le pas de leur porte. Il est dix heures : c'est tôt pour s'anesthésier les neurones ! Beaucoup de municipalités du Limousin ont reconverti d'anciennes maisons de bourg en logements sociaux, drainant une population qui renforce l'impression de déshérence de ces trous.

Parsac me prévient que l'église est ouverte. L'édifice, où je m'enfonce, est à l'image du bled : en état avancé de délabrement. Une odeur forte me saisit les narines, quelque chose comme un parfum de confinement, d'humidité. L'écrivain Jean-Paul Kauffmann, qui sait si bien traquer l'évanescence, explique que cette odeur d'église est composée d'un mélange de bougie fumée, de vieilles chaises paillées, d'eau croupie et de substances odorantes accumulées.

Frappé par la tristesse des scènes sur les tableaux, et par le sérieux des saints représentés sur les statues de plâtre, je demande à Parsac :

— Le Christ a-t-il ri ?

Au Moyen Âge, cette question a passionné les hommes et suscité des querelles byzantines. Pour les uns, il était probable que le Galiléen se soit abandonné à cette saine détente du corps et de l'esprit, rien d'humain ne lui étant étranger. D'autres, observant que le rire est rarement pur, qu'il vire souvent au dénigrement, à la moquerie, ont soutenu qu'il avait sans doute ri, mais avec retenue, à petit bruit, sans jamais se laisser aller au rire débridé qui éclate souvent au détriment d'autrui. Pour les plus virulents, comme l'atroce Jorge de Burgos, le moine du *Nom de la rose*, le rire « ébranle le corps, déforme le visage, rend l'homme semblable au singe », impossible que le Roi du monde se soit abaissé à cela ! Au XIXe siècle, Baudelaire a remis une pièce dans la machine. Dans *De l'essence du rire et généralement du comique dans les arts plastiques*, le poète soutient mordicus que « le Verbe incarné n'a jamais ri », que, pour lui, « le comique n'existe pas ». En somme, le Christ serait un triste sire, et les Évangiles exhaleraient une tristesse de cendre...

Je suis piqué au vif par ces remarques, faisant partie de ceux qui prennent le rire au sérieux. Cela ne fait pas longtemps que je traîne mes guêtres dans la Compagnie, mais si les vieux pères de la rue Sala se souviennent de moi, c'est moins pour la qualité de ma ferveur qu'à cause de la fréquence de mes fous rires : avec les novices, on ne peut pas chanter les vêpres sans que l'office vire à la rigolade. Il suffit d'un détail, un novice qui bute sur un psaume, un regard, un éternuement, et le rire se propage à la vitesse d'un feu dans la garrigue. Que le christianisme soit perçu comme une religion qui donne le bourdon me semble incongru au possible. Pour moi, c'est la religion de la vie intense, un grand éclat de rire, comme celui que laisse échapper Sarah quand elle apprend qu'à son vieil âge, elle va enfanter un fils, Isaac, qui signifie « Dieu rit ». Le christianisme est joie, jubilation, allégresse, c'est une religion solaire, celle qu'expriment avec tant d'allant François d'Assise, Charles de Foucauld, Séraphim de Sarov, Aliocha et le staretz Zozime dans *Les Frères Karamazov*. Comment en serait-il autrement ? Quand on sait que le néant n'a pas le dernier mot, on est gagné par une franche gaieté et une folle envie de danser...

Que le Christ ait ri ou pas, au fond, personne ne le sait. En tout cas, en sortant du sanctuaire, Parsac et moi n'avons pas du tout envie de rigoler... Six jours de canicule et de nutrition aléatoire commencent à toucher nos résistances. La fatigue aidant, nos petites manies respectives deviennent saillantes. Le choix de l'itinéraire et le sujet de la bouffe génèrent des désaccords de plus en plus vifs. Il y a une semaine on se connaissait à peine ; aujourd'hui, on sait la couleur du moindre de nos caleçons. Cette cohabitation de chaque instant avive les crispations. Je commence à me rendre compte que notre errance sera d'abord et avant tout une épreuve de compagnonnage. Il faudra éviter que notre camaraderie se détricote à cause du dénuement qui nous confronte à nos peurs les plus primaires – la faim, l'absence de sécurité, l'inquiétude de l'avenir – et de cette vie extrême, sans filets et sans la possibilité de nous aménager des retraits.

Au cimetière de Billanges, le portail en fer forgé grince fortement, il ne doit pas être ouvert souvent. Parsac cherche un robinet d'eau pour remplir les bouteilles, mais rien n'afflue des vieilles canalisations rouillées. « Un homme est vite oublié », dit l'auteur de *L'Imitation*. De fait, beaucoup de tombes sont délaissées. Rien ne m'émeut davantage qu'un caveau abandonné. Ces gens qui basculent dans l'oubli, que plus personne ne vient pleurer, suscitent en moi une angoisse métaphysique. J'ai de la peine à me résoudre à ce que le passé s'efface sans laisser de traces. Est-ce pour cela que j'ai songé un temps à devenir historien ? Pour sortir du néant ces hommes ensevelis dans les cartons d'archives ? Si les poètes naissent à l'automne, comme le pensait Mauriac, lorsque tout expire, que les feuilles voltigent, et que la fuite des temps n'est pas seulement devant les yeux, mais sous les pas, il est possible que les historiens, eux, naissent au cimetière…

Au hameau de Virareix, après trois heures de marche sous un soleil implacable, un jeune homme nous offre un paquet de Granola qui nous tire d'une hypoglycémie.

Dans un champ, deux chevaux à la robe blanche tachetée de noir accourent à notre passage : ils viennent faire provision d'amitié avant de reprendre leurs existences solitaires.

Puis nous progressons sur un chemin qui se faufile à travers des terres si pierreuses que les bruyères et les fougères écorchent à peine la cuirasse des granits. Je m'émerveille que des plantes puissent persévérer dans l'être sur ce sol ingrat. Le plus souvent, quand nous autres, les humains, faisons face à une difficulté, nous utilisons le mouvement pour l'éviter. S'il fait froid, nous partons ailleurs ; survient un prédateur, nous nous sauvons. Tandis que, confrontées aux mêmes problèmes, les plantes les résolvent sans l'aide du mouvement en trouvant en elles-mêmes des ressources pour y faire face. François d'Assise avait du flair : il prêchait aux fleurs, raconte son premier biographe, « comme si elles étaient dotées de raison » !

La Creuse s'offre à nous à Châtelus-le-Marcheix, l'un des endroits les plus littéraires de France, le Saint-Germain-des-Prés du Limousin.

À la fin de *La Carte et le Territoire*, le roman de Houellebecq, l'artiste contemporain Jed Martin, rassasié de succès, décide de finir ses jours dans ce coin de Creuse, que le roman détaille comme une campagne de carte postale, offerte aux touristes asiatiques venus y vérifier si la France ressemble au *Fabuleux Destin d'Amélie Poulain*.

Mais avant qu'elles deviennent un territoire pour audioguides, des gens ont vécu sur ces terres délaissées. Dans les *Vies minuscules*, dont l'action se trame aussi dans ce bourg, l'écrivain Pierre Michon a donné une dignité à ces destins cantonaux. Son livre est le mémorial de ces petits paysans solitaires qui habitaient des hameaux reculés de la Marche limousine, et tentaient de survivre dans la diagonale du vide. Longtemps, les terres froides, ingrates et carencées du Massif central ont contraint les hommes à partir. Pour ceux qui restaient, la vie était âpre, et les malheurs étaient moins adoucis que de nos jours, mais on ne se plaignait jamais. Les habitants de ces déserts manifestaient un attachement viscéral à leur lopin de terre conquis, de génération en génération, sur la lande, et sans cesse menacé par son retour.

Gamin, pendant les vacances, en Corrèze, j'ai vu les derniers feux de ce monde. J'ai eu le privilège de connaître quelques-uns de ces petits paysans éperdus de leur terre. Certains n'avaient jamais quitté le canton, ils étaient de tel hameau, de tel écart, et cette appartenance leur tenait lieu de particule. Ils régnaient en seigneurs dérisoires et magnifiques sur des fiefs minuscules, des royaumes de poche : deux ou trois parcelles de bois, un potager, des poules, quelques bêtes avec des noms qui les assimilaient à la famille. Telles des ombres, ils dilapidaient leur existence à l'abri des regards, loin de l'actualité. Certains de ces taiseux préféraient se laisser mourir sans dire un mot plutôt que de se mettre à nu devant un médecin. Depuis, la modernité a désherbé ces vieilles terres. Les murs des chemins se sont couverts de ronces. Les grands-mères, au parler sonore et aux mains calleuses, sont mortes. On a cru que ces existences cantonales n'avaient plus rien à nous dire. Que pouvions-nous attendre de ces terreux à l'heure d'Internet et de l'homme augmenté ? Certes, ces petits paysans ne couraient pas le monde, mais la géographie de leur existence n'était-elle pas mieux accordée aux possibilités d'un homme ? Et n'y avait-il vraiment rien à conserver de leur ancestrale façon de vivre dans l'alliance avec la terre et les saisons ? En ensevelissant ce monde, c'est aussi ces trésors d'expérience qu'on enterre, et notre tristesse a le goût d'un héritage perdu.

Dans nos vagues plans, nous avions prévu de dormir à Châtelus, et même d'y passer la journée entière de dimanche. Mais la traversée du bourg laisse dans nos cœurs le pressentiment d'un lieu défavorable. La chaleur irrespirable l'a vidé de ses rares habitants : pas la trace d'un pékin à qui demander pitance. La boulangerie, qui fait aussi office de coiffeur et d'épicerie, n'est ouverte que les matins. Dans ce village fantôme, il n'y a guère que l'auberge tenue par un couple d'Anglais, mais nous n'avons pas la force intérieure de nous livrer à la mendicité. Finalement, une dame en train de liquider les restes de son réfrigérateur en vue d'un départ imminent pour Clermont-Ferrand nous offre un morceau de pain, trois Activia au Muesli, et un bout de fromage.

Avec ce maigre butin, nous nous hissons péniblement jusqu'à l'église perchée sur les hauteurs du village. Le thermomètre frôle les quarante degrés ; dans cette étuve, le moindre pas requiert des efforts herculéens. Notre bienfaitrice du jour nous a signalé que Châtelus était une terre rouge, acquise depuis toujours aux communistes. De fait, au cimetière, une tombe sur trois n'est flanquée d'aucun symbole religieux. Au début du siècle dernier, le conseil municipal, libre penseur et franc-maçon, a même voté la destruction de l'église du XIIe siècle. Finalement, l'édifice a tenu bon, mais visiblement, les messes y sont rares : un écriteau manuscrit prévient le curé itinérant qu'il faudra demander la clé au bourg pour la messe du 1er novembre…

La vieille serrure de la lourde porte en bois ne résiste pas à la poussée de nos bras. Avec ses pierres festonnées de mousse, des dalles qui suintent l'humidité, des chaises dispersées en tous sens, un appareil audio remontant aux années 1960, le bâtiment recèle une atmosphère de désolation, ou plutôt de désaffection. Comme si les derniers chrétiens étaient partis d'un seul coup, au seuil des années 1970, en laissant tout derrière eux. En avisant ce sanctuaire éteint et froid comme un astre mort, je songe à la phrase de Nietzsche proclamant que le mérite essentiel de la religion chrétienne est d'avoir élevé la température de l'âme. Mais où est passé ce feu ? Pourquoi, un jour, les églises ont-elles cessé d'être des torches pour réchauffer les cœurs ? Les chrétiens devraient brûler ; ils sont devenus froids comme des hivers scandinaves. C'est ce reproche de tiédeur que leur adresse Houellebecq, le penseur du vide spirituel de l'Occident. Dans ses livres, il écorche le catholicisme culturel des chrétiens qui assistent à la messe : ils reviennent du Golgotha et se demandent à la sortie si le poulet a eu le temps de cuire…

Je me réveille d'une longue sieste à l'ombre d'un sapin, affligé d'un terrible mal de crâne. Parsac aussi souffre des premiers symptômes d'une insolation. Le repas spartiate n'a pas permis de refaire nos forces. Jamais nous n'avons été aussi faibles. Dans notre esprit, Châtelus était une récompense, une sorte de reposoir après trente kilomètres de marche. Or il faut se remettre en selle. L'idée de pousser jusqu'à Bourganeuf, où nous trouverons peut-être un toit ce soir et une messe demain, s'impose. Mais ce chef-lieu est à vingt kilomètres et nous n'avons plus de jus.

Après avoir tourné autour du pot pendant une demi-heure, Parsac, plus courageux que moi, ose briser le tabou :

— Et si, exceptionnellement, nous faisions du stop ?

Une Mercedes conduite avec vivacité par un marchand de bœufs nous laisse aux pieds de la D941 qui relie Limoges à Bourganeuf, où Peter, un Allemand au visage de serial killer, prend le relais. Dans le fond de son combi Volkswagen, traînent, éparses, des culottes, nous ne sommes pas rassurés…

En arrivant à Bourganeuf, je comprends mieux pourquoi le premier conducteur a désigné la ville du nom d'« Istanbul-sur-Creuse », non d'ailleurs sans une pointe de racisme. Dans les années 1960, l'industrie forestière limousine manquait de bras. Fuyant l'instabilité politique et une crise économique au long cours, les premiers immigrés turcs se sont installés à Bourganeuf pour suer sur ces parcelles aux pentes raides que personne en France ne voulait exploiter. Au fil des années, ces bûcherons ont fait venir leurs cousines, leurs frères, leurs oncles. Une petite communauté turque – une cinquantaine de familles bien assimilées – a pris racine, donnant au centre-ville des faux airs de village d'Anatolie.

J'apprends aussi qu'un fait divers a défrayé la chronique locale dans les années 1970, l'affaire dite des amants diaboliques : un homme assassiné par le jules de sa femme, avec la complicité de cette dernière. Claude Chabrol a tiré *Les Noces rouges* de cette sombre histoire. En déambulant dans cette sous-préfecture, j'ai du mal à imaginer qu'elle puisse donner lieu à des passions...

Au Vival du coin, un serveur amoché par l'alcool nous refourgue huit yaourts Danone ayant excédé la date de péremption, et un régiment de bananes pourries. C'est peu !

Comme toutes les bourgades un peu conséquentes, celle-ci est peu hospitalière aux mendiants. Les portes se referment sur toutes nos demandes d'accueil. Acculés par l'épuisement, le mal de tête et la faim, nous décidons, une fois n'est pas coutume, de braver l'interdit des maisons religieuses.

La porte du presbytère s'ouvre sur un prêtre originaire du Congo-Kinshasa peu sensible à notre sort. Parsac a beau lui expliquer qu'ils font le même métier, le père Firmin est soupçonneux : ne serions-nous pas des faussaires, des imposteurs, et Benoît un faux curé ? De guerre lasse, il nous ouvre l'annexe d'une salle paroissiale surchauffée, sans douche, et sans lits. Je pensais naïvement que la solidarité de confession nous aurait valu un peu plus d'égards...

Ce soir, le moral est en berne. Pour la première fois de ma vie, j'expérimente une sensation qui ressemble à la faim. Parsac, bon camarade, a senti qu'il fallait agir. D'une tournée des caravanes stationnées sur une aire proche, ce saint homme revient avec du pâté, des chips et un bout de pain...

Puis, sans tarder, le repas avalé, nous nous endormons à même le carrelage, en échangeant des aphorismes de *L'Imitation* sur les bienfaits de l'adversité : « Une épreuve t'est souvent plus utile que si tout se réalisait constamment selon tes désirs. » Ou encore : « C'est dans l'adversité que l'on discerne le plus clairement la vertu d'un homme, car c'est là qu'il se montre sous son vrai jour. »

La France des bouts de ficelle

Malgré le sol carrelé, j'ai dormi comme un prince. Presque douze heures de suite. Il fallait au moins cela pour éponger les efforts de la veille et apaiser les morsures du soleil. La nuit est un acquittement. Clémente, elle efface le fardeau des peines.

Dans la nuit, des orages ont rafraîchi l'atmosphère ; on respire.

Nous sommes dimanche, jour de repos. À la faveur de cette pause, je découvre que le plus dur, dans un voyage, c'est de s'arrêter. Lorsque le désir nous porte chaque jour vers un nouvel horizon, ne rien faire, se forcer à l'arrêt réclame de l'effort. Ce matin, je ressens comme jamais l'appel de la route. J'ai des fourmis dans les jambes, l'envie d'empoigner mon sac et de disparaître dans l'horizon. L'immobilité est une continence, une ascèse.

Hier soir, nous avons défini notre stratégie pour les dimanches. Elle est claire comme l'eau de source : rejoindre la communauté chrétienne locale pour la messe dominicale, faire en sorte que Parsac la célèbre et acquière ainsi de la visibilité, et nous présenter les mains vides, comme deux pauvres pèlerins qui demandent l'hospitalité à des frères, en espérant que de bonnes âmes offriront le gîte et le couvert, la messe dite.

Dans l'église Saint-Jean-Baptiste, place de l'hôtel de ville, nous sommes accueillis comme des prodigues. Je n'avais jamais vu Benoît accoutré de la tenue de prêtre : il ne manque pas d'allure ! En le voyant nager dans son aube, je prends conscience qu'en une semaine, nos corps ont fondu.

L'assistance, très clairsemée, est composée d'une poignée de gens simples aux cheveux gris. Un prêtre africain, du Cameroun, officie au côté de Benoît. On aperçoit aussi quelques religieuses âgées, les derniers vestiges de ces bonnes sœurs qui sont restées présentes dans le moindre recoin de souffrance jusqu'aux années 1960, piquant les fesses des mécréants, calmant les gosses intenables, soulageant les grabataires et les filles perdues.

J'éprouve de la sympathie pour cette petite communauté réduite comme peau de chagrin, pour ces miettes de chrétienté, ce petit reste. À l'image de Parsac avec sa soutane, ces chrétiens épars ont l'air de flotter dans cette église immense comme dans des habits trop grands.

Il faut être aveugle pour ne pas voir qu'en France le christianisme connaît une éclipse, un passage par le vide, une traversée des tombeaux. Je ne sais plus quel prélat a écrit que Dieu est devenu comme ces vieux parents en maison de retraite auxquels on oublie de rendre visite.

Les vocations se raréfient, les paroisses se vident, le catholicisme n'est plus un fait majoritaire. La fuite massive des fidèles menace l'Église d'extinction. Bientôt, des curieux entreront dans des églises semblables à celle-ci. Avec l'état d'esprit d'ethnologues découvrant une tribu exotique, ils considéreront ces cierges tremblants dans une demi-lumière, ces êtres à genoux devant un prie-dieu, et se demanderont : quel est le sens de ces rites étranges ?

Parsac a fait le job. À la sortie de la messe, c'est une pluie de demandes pour nous héberger, nous avons l'embarras du choix. Peut-être l'Évangile du jour, qui parle d'accueil, d'hospitalité, de rencontre, a-t-il joué en notre faveur ? Il raconte l'envoi des disciples en mission, deux par deux, et rappelle étrangement notre situation : « N'emportez ni argent, ni sac, ni sandales. Dans toutes les maisons où vous entrez, dites d'abord “Paix” à cette maison. Restez dans cette maison, mangeant et buvant ce qu'on vous servira. »

Pour le déjeuner de midi, nous voici au bord du lac de Vassivière, à la table d'un vieux couple qui a célébré ses noces d'or pendant la messe. En disciples obéissants, nous mangeons et buvons ce que ces honnêtes gens nous offrent : une purée maison et un rôti de porc, arrosés par un whisky et du vin… Christian et Françoise appartiennent à la grande bourgeoisie lyonnaise, et la maison où ils nous reçoivent ressemble à un petit château. Au cours d'un repas de fête, ces gens, qui ont lié leur destin il y a cinquante ans, effeuillent leur traversée commune d'une vie de joies et de peines. Les résistances ébranlées par un vin millésimé, je suis à deux doigts de verser une larme. C'est beau un amour qui dure, et deux êtres qui vieillissent ensemble !

Pendant le café, au pied du lac, sous la frondaison immense d'un vieux châtaignier, Christian nous raconte l'histoire de ce lieu enchanteur. Après la Seconde Guerre mondiale, les besoins en énergie augmentaient. Les trente glorieuses étaient gourmandes en électricité. Pour alimenter la région, le gouvernement de l'époque décida la création d'un lac artificiel et d'une usine hydroélectrique, en utilisant une cuvette formée par un affluent de la Vienne. La mise en eau, au seuil des années 1950, fut un traumatisme pour les habitants du coin. Des villages entiers furent noyés, engloutis. Comme tant d'autres, le père de Christian fut exproprié. Dans la maison de chasse qu'il fit bâtir sur les rives du nouveau lac, il planta une rangée d'arbres pour ne pas voir ce qu'il appelait, comme la plupart des gens ici, le lac « satanique »…

Dans l'après-midi, Christian nous conduit à la rencontre du couple qui a consenti à nous héberger pour la nuit, quelque part au nord du plateau de Millevaches. La traversée de cette étendue couverte de landes sèches, de tourbières et de forêts dégage une puissante mélancolie. En circulant dans ce désert qui dessine une frontière, une marche, au nord du Massif central, j'imagine le héros du *Désert des Tartares* en train d'attendre à ce poste d'où il monte la garde des événements qui n'arrivent jamais. À Millevaches, l'histoire souffle moins souvent que les vents qui rabotent les coteaux et s'engouffrent sous les portes, soulevant les lauzes et faisant claquer les volets. On raconte que pendant la guerre de Cent Ans, malgré son absence d'intérêt stratégique, le plateau fut le témoin de la chevauchée de Jean de Lancastre. Depuis, il ne s'est pas passé grand-chose...

Le passage de relais s'opère à Soubrebost. Christian nous livre comme un paquet à Bertrand et Isabelle, nos hôtes du soir. Que c'est bon de se laisser conduire !

En passant devant La Martinèche, le village natal de Martin Nadaud, ce célèbre maçon élevé à la dignité de député de la IIIe République, j'ai une pensée émue pour l'épopée des migrants. Comme moi, les Creusois sont des fugueurs. Depuis des temps immémoriaux, ils tournent le dos aux hivers rigoureux, à la misère, à la pauvreté d'un sol où ne poussent que les ajoncs et la bruyère. Au XIXe siècle, ces départs se sont faits en vagues continues. « Parcourez nos villages, vous n'y trouverez pas un enfant, tant soit peu robuste, arrivé à l'âge de treize à quatorze ans, qui ne rêve d'abandonner les travaux de l'agriculture pour se sauver, soit à Paris, Lyon, Bordeaux ou ailleurs », écrit Nadaud, dans ses Mémoires. Avec un baluchon sur l'épaule, ces gosses s'en allaient à pied vers les grandes villes de France où ils étaient embauchés comme cochers, scieurs de long, marchands de vin, mais surtout ouvriers du bâtiment et terrassiers. Pendant qu'ils construisaient Paris, ne restaient au village, pour les travaux des champs, que les femmes, les vieillards, les éclopés. Car ces migrants saisonniers partaient au mois de mars et ne revenaient qu'en novembre, creusant des vides immenses dans les communautés. Pendant leurs hivernages, on les écoutait comme des oracles. La capitale les avait déniaisés. Dans leur sac, ils ont rapporté au pays les idées républicaines, le zut au comte et au curé, et cet esprit frondeur qui fait encore aujourd'hui le fond de caractère des habitants.

— Ces migrations ne sont pas étrangères à l'image de « pôle répulsif » qui colle au Massif central, ajoute Parsac. C'est à cette époque, sous l'influence du géologue Élie de Beaumont que s'est imposée la représentation d'une terre austère, rebutante, qui rejette tout vers les villes : les eaux, les routes et les hommes.

Au dîner, Bertrand, le patriarche, électricien et diacre, nous confie que la situation ne s'est guère arrangée. Il nous décrit un département au bord de la rupture. La Creuse est la grande oubliée de l'accumulation illimitée du capital. Un endroit où la crise se répercute plus rudement qu'ailleurs. Un territoire proscrit, hors service, marqué par un délaissement, une sorte de vacance. Dans les villages, il n'y a plus de bureau de poste ni de médecins. Les petits commerces ont déserté. Les classes moyennes sont parties s'entasser dans les zones pavillonnaires du périurbain. Dans les hameaux, tout est fait de bric et de broc, les maisons semblent délabrées, les voitures surgies de la casse. Malgré tout, les Creusois ont l'air de tenir bon. Les crises en série et les désertions de l'État leur ont tanné le cuir. On dirait qu'ils ont choisi de se tenir en dehors du flux, de pratiquer une sorte de dissidence, de se bricoler une autre existence. Entre chômage et petits boulots, ils vivent d'expédients, tissent des réseaux d'entraide, cultivent la solidarité. C'est la France des bouts de ficelle. Dans l'adversité, on se serre les coudes et on picore toutes les miettes de bonheur qui se présentent.

— Jusqu'ici les gens pensaient : « L'État nous abandonne, mais l'Église, elle, au moins, elle tient bon », observe Bertrand, en nous servant une bière. Mais cette institution aussi se défait à vue d'œil. Pendant des siècles, ce coin de terre était quadrillé par près de trois cents paroisses. Il n'y en a plus que six. Du christianisme, il ne reste que des lambeaux : le culte des morts, les enterrements, la Toussaint, les Rameaux… Quelques femmes fidèles, souvent âgées, maintiennent la lampe allumée de leur petite église de village. Elles veillent quand tout s'éteint. Qui ouvrira l'église à leur mort ?

Dans mon lit, la conversation du soir tourne dans ma tête. Je me demande ce qu'un habitant d'un hameau creusois possède en commun avec un autre qui vit à Paris ou à Garges-lès-Gonesse ? Ils vivent à la même époque, mais sont-ils contemporains ? Qu'est-ce qui nous relie ? Une histoire commune ? Les historiens appointés par nos impôts s'évertuent à la « déconstruire ». Une religion ? La majoritaire prend l'eau de toute part. Un passé ? Il ne fait plus consensus. La présence de services publics ? En Creuse, ils s'exilent, comme les maçons au XIXe siècle. Un horizon partagé ? Les politiques ont perdu le sens de la longue durée. Restent les émotions… De temps à autre, nous formons une communauté émotionnelle, secouée et soudée par des affects et des spasmes. La ferveur qui a accompagné l'enterrement de Johnny, cette manière de panthéonisation populaire, la mort de Chirac, la victoire des Bleus ont été le signe de ce besoin de pleurer et de rire ensemble. Mais ce type de communion ne repose-t-il pas sur un ciment bien friable ? Par définition, l'émotion est fugace, évanescente, fragile. Elle surgit, s'énerve, s'emballe, puis retombe aussitôt comme un soufflé au fromage...

Les âmes granitiques

À l'aurore, un concerto à plusieurs voix me tire de mon sommeil. Dans une ferme voisine, un coq, des chiens, des ânes, des oiseaux, des vaches célèbrent à l'unisson le jour qui se lève. C'est quand même autre chose que d'être éveillé par la voix de Ruth Elkrief sur BFM TV ! Cette chanson du matin est une gorgée médicinale, un élixir, elle rend léger et joyeux.

« Au bois, il y a un oiseau, son chant vous arrête et vous fait rougir », écrit Rimbaud dans les *Illuminations*. Il a raison : devant le chant des bêtes, toute trivialité s'efface. C'est aussi cela que je suis venu chercher dans ce voyage : le baptême des choses simples. Le miroitement d'une eau lustrale, un bain d'innocence et de beauté.

Adieux déchirants à Isabelle, la femme de Bertrand et à la gracieuse Myriam, leur fille. Cette dernière, atteinte d'une déficience mentale, est un soleil. Nous nous embrassons tendrement, sous le regard du terre-neuve de la famille qui me lèche amicalement le visage.

Avant de nous laisser filer, Bertrand tient à nous conduire à la petite église romane de Thauron dont il détient les clés. Chaque matin, il y célèbre les laudes, seul. Les incroyants du village apprécient, paraît-il, cette présence silencieuse. L'édifice, dont le clocher s'est récemment effondré, est perché sur un oppidum. À l'intérieur, un vieux baptistère repose sur une pierre gallo-romaine. Cet empilage des siècles me fascine. Dans *L'Identité de la France*, Braudel explique que l'identité d'un pays est le résidu, l'amalgame de ce que le passé a déposé par couches successives. Ici, cette pâte historique est tangible, on respire le temps. Le moindre hameau a sa chapelle du XIIe siècle. On ne peut pas faire un pas sans buter sur un vestige. Le Limousin est une coupe géologique qui met au jour les strates de l'histoire, ses sédimentations, sa profondeur.

Pendant les laudes, où ma prière est embrumée par le rêve, je me dis, en regardant Bertrand, que j'ai de la sympathie pour ces chrétiens de Creuse, pauvres, exsangues, aux mains nues. Le temps les a dépouillés de tout pouvoir, de tout bien. Renouant avec la légèreté évangélique des débuts, ils apportent le témoignage d'une présence d'amitié, et un peu d'espérance, ce dont les hommes ont le plus besoin. Pour moi, l'Église n'est jamais aussi resplendissante que lorsqu'elle s'avance ainsi dans le dénuement des béatitudes. Celle qui racole, organise des shows à l'américaine, des congrès comme le Parti socialiste, floque des tee-shirts, agite des banderoles, et transforme le christianisme en marque de savon, me met mal à l'aise. Je tiens de vieux moines avec lesquels j'ai vécu que plus on a de religion, moins on en parle, et que les choses de l'Esprit se manifestent toujours de façon discrète, à bas bruit.

Nous voici à nouveau sur les routes, le long du Taurion, où Martin Nadaud pêchait le goujon et la truite. Après une journée d'arrêt et de parlote, les retrouvailles avec les chemins silencieux procurent une ivresse indicible. Au commencement, il faut un effort pour se taire. Mais peu à peu, comme l'écrivent les chartreux dans leurs statuts, du silence même naît quelque chose qui nous attire vers plus de silence.

À la différence de la semaine dernière où la marche était hystérisée par la canicule, le temps est devenu plus clément, et c'est avec une « petite laine », comme disait ma grand-mère, que nous zigzaguons à travers les sombres pistes forestières, humant l'odeur enivrante des douglas semblables à de grands cierges qui flambent. Rien n'est plus digne d'admiration qu'un arbre qui a pris le temps de déployer sa forme. Sa beauté rappelle que les grandes choses ne se font pas en courant. Les arbres sont des vieux patriarches. Ils incarnent des vertus démodées : la lenteur, la patience, la mémoire, la prise en compte des cycles. Leur présence maintient éloigné de l'empressement du monde.

En surprenant les notes d'un pouillot véloce niché dans un de ces arbres, ces châteaux aériens, Parsac s'interroge :

— Pourquoi les oiseaux chantent-ils ?

À cette période de l'année, ces chants atteignent la perfection, et leurs modulations sur deux ou trois notes jettent dans l'air une gaieté contagieuse. Il faut dire que les oiseaux ont eu tout l'hiver pour exercer leur gosier, chercher le ton, faire leurs gammes. L'ornithologue Jacques Delamain, qu'on appelle l'Homère des oiseaux, a écrit dans un livre admirable que ce chant est la « détente libératrice d'une plénitude vitale que l'oiseau ne peut contenir ». « L'art musical, poursuit-il, est né de la satisfaction qu'éprouve l'être à traduire sa vie par un son. » C'est cette pure joie d'exister que traduisent les notes métalliques, cristallines et mélodieuses des volatiles.

Après Soubrebost, nous suivons des chemins paisibles qui épousent les ondulations du plateau de Millevaches. Longtemps ces hautes terres sont restées chauves et dénudées : c'était le domaine de la lande, un territoire inculte où pâturaient sur d'immenses étendues vierges des troupeaux de moutons. Avec l'exode rural, la forêt a pris sa revanche.

Des sources innombrables, qui font ruisseler une eau froide, argentée, coupante comme le verre, s'écoulent à travers les prés. Dans des encaissements dévalent des ruisseaux vifs comme des couleuvres. Sur ce toit du Limousin, où de nombreuses rivières trouvent leur origine, l'eau, cette humble et chaste sœur, est partout. C'est à elle, paraît-il, que ce coin doit son nom étrange : « Millevaches » viendrait d'un terme gaulois qui signifie « source ». Selon une autre étymologie, le vocable serait issu du gaulois *melo* (« la montagne ») et de l'adjectif latin *vacua* (« le vide »). Cette dernière piste me séduit davantage. Millevaches est la montagne du vide, le domaine de la nudité, de la vacuité. Dans le *Tableau de la géographie de la France*, Vidal de La Blache en parle comme « d'une sorte de Highlands de la France centrale ».

— Où sont passés les gens ? me demande Parsac, en contemplant ces paysages ensauvagés.

Il est vrai qu'on peut faire des lieues sans croiser une habitation. Les rares hommes vivent dans des fermes isolées, ou bien ont essaimé dans des hameaux qui portent des noms où s'entendent encore les dialectes des tribus barbares qui ont déferlé sur l'Europe – Loudoueineix, Gioux, Le Chioux… L'aspect sévère de ces écarts rappelle certains villages armoricains, avec leurs maisons en granit, leurs toitures d'ardoise ou de lauzes. « Nous sommes les disciples du sol », observe le géographe Vidal de La Blache, encore lui. De fait, les rares êtres qu'on rencontre semblent taillés dans le granit. Ce sont des insoumis, des réfractaires, les héritiers des Croquants.

En ce moment, la bruyère, violette, est en fleur, on a l'impression que le plateau, ainsi drapé de mauve, porte le deuil. Il n'y a guère que les gentianes, qui éclaboussent la lande de jaune, et le camaïeu vert des fougères pour apporter un peu de réconfort. Avec leur allure de crosse abbatiale, ces dernières semblent bénir les hommes qui gâchent leur existence sur ces terres voilées de tristesse. Car ici, des gens se sont obstinés et continuent de le faire. Des murets de pierres sèches témoignent des siècles d'efforts pour « tenir » la montagne. J'admire le courage qu'il faut pour vivre là, l'hiver surtout, lorsque la pluie et les brouillards prennent possession des lieux. Un tel désolement trempe le caractère, et dépouille de toute illusion de vanité ou de grandeur. Le plateau de Millevaches est un traité de philosophie stoïcienne. À fréquenter cette terre impromise, on réalise qu'on est peu de chose, comme disent les vieux paysans devant les cortèges funèbres.

À Lanjouy, un hameau avec quatre maisons, une croix posée sur un muret de pierre attire mon attention. Construite avec le fer de vieilles faux et du fil barbelé, elle exprime une souffrance insupportable, comme un râle, un cri surgi des profondeurs de la désespérance.

Originaire de Belgique, une certaine Abigaëlle, qui me surprend devant l'objet, me prie de la suivre.

— Je vais vous présenter celui qui l'a fabriquée. C'est Joël, mon beau-frère. C'était un marathonien. Un accident l'a rendu hémiplégique.

La rencontre avec cette gueule cassée se passe de mots. À travers un intense échange de regards et une poignée de mains silencieuse, je comprends que cet homme, autrefois si mobile, maudit l'ankylose de ses membres qui lui refuse ce qu'il a toujours aimé : la hâte, la vivacité, le mouvement. La chaise roulante, pour lui, c'est la fin de l'errance, l'installation définitive dans un lieu, la mort qui rôde, la solitude, le silence.

Et cet incroyant a exorcisé tout ce calvaire dans cette croix de fer qui symbolise la souffrance du juste.

En disant adieu à cet homme, j'ai une pensée pour Rimbaud. Lui aussi a été frappé par l'absurdité du malheur. En 1891, à la suite d'une tumeur au genou, il subit une amputation de la jambe droite. Il a seulement trente-sept ans. Les lettres à sa sœur, où il raconte sa vie de « tronçon immobile », donnent des frissons : « Quelle tristesse en pensant à tous mes anciens voyages, et comme j'étais actif, il y a seulement cinq mois ! Où sont les courses à travers les monts, les cavalcades, les promenades, les déserts, les rivières et les mers ? » Et cette autre lettre, datée du 15 juillet 1891 : « C'est un vrai supplice. Je voudrais faire ceci et cela, aller ici et là, voir, vivre, partir : impossible, impossible au moins pour longtemps, sinon pour toujours ! Vous restez assis comme un impotent complet, pleurnichant, et attendant la nuit, qui rapportera l'insomnie perpétuelle, et la matinée encore plus triste que la veille. »

En reprenant la route, je me rends compte de la chance que j'ai : la vie perfuse dans mes jambes. En l'honneur de Joël, d'Arthur, et de tous ceux qui ne peuvent plus marcher ou qui se sentent à l'arrêt dans l'existence, j'accélère le pas. Désormais, ce voyage, c'est aussi pour eux que je le fais !

La conversation avec Joël m'a fait perdre de vue Parsac qui détient toutes les cartes. Je le retrouve à l'entrée d'une forêt, qui se referme sur le Taurion, l'affluent de la Vienne. Dans ce cloître végétal règne un recueillement de cathédrale. Instinctivement, nous baissons la voix. Les chênes et les hêtres moussus conservent la fraîcheur de la rivière qui cascade. L'air est pénétré de douceur, de paix, comme si un ermite ou un barde avait enchanté les lieux. Nous écoutons religieusement le silence qui règne sous le dôme des grands arbres. Devant un tel spectacle, les mots ordinaires sont dérisoires, seuls siéent ceux des poètes. Aussi, avec l'accord de Parsac, j'ouvre ma Pléiade à la page de « Soleil et Chair » : « ... Et, dans les bois sacrés, dans l'horreur des grands arbres/ Majestueusement debout, les sombres Marbres,/ Les dieux, au front desquels le Bouvreuil fait son nid,/ – Les dieux écoutent l'homme et le Monde infini ! »

— Charles de Foucauld aimait la poésie. Dans le Sahara, il a recueilli des milliers de vers touaregs. Mais connaissait-il l'œuvre de Rimbaud ? A-t-il subi le sortilège de ses mots ? demande Parsac, en train de se convertir au poète de Charleville.

— Tu me poses une colle, mon vieux. Une chose est sûre : Rimbaud et Foucauld étaient contemporains. Arthur naît en 1854, Charles quatre ans plus tard. On sait aussi que l'adolescence de Foucauld fut une orgie de lecture. C'est en dévorant la bibliothèque de son grand-père qu'il perd la foi, au contact des classiques grecs et latins, de Rabelais, Érasme, Voltaire, Montesquieu, mais aussi de Taine et Renan, les philosophes du scientisme triomphant. Les poèmes de Rimbaud sont-ils passés sous ses yeux ? C'est peu probable, car au moment de la sortie des *Illuminations*, en 1886, Charles, qui a vingt-huit ans, a quitté l'hédonisme et l'espèce de dandysme lettré de son adolescence. Il va bientôt entrer dans l'église Saint-Augustin et se convertir. Et puis lorsque Rimbaud meurt en 1891, à trente-sept ans, Foucauld ne se tient plus au courant des actualités littéraires. Reclus dans une trappe, il est définitivement passé à autre chose.

Le village de Banize nous surprend au milieu de ces exégèses rimbaldo-foucauldiennes. Il est l'heure de manger. En contrebas de l'église, un potager rempli de tomates et de nains de jardin m'aimante. Je sonne. Un petit homme en marcel se présente. Je lui chante le refrain habituel.

— Patientez, je vais aviser ma femme, dit-il.

Deux minutes plus tard, il rapplique, ouvre le portail, nous devance jusqu'à sa maison, où sa femme, une vieille dame élégante, déroule avec le sourire une nappe blanche, en déclarant :

— Installez-vous, on vous attendait.

Liliane et Jean traitent les étrangers que nous sommes comme des rois : salade et tomates du jardin, sardines à l'huile d'olive, restes de chou-fleur, pastèque, le tout arrosé d'un vin de table de bonne tenue. Plus touchant encore, ces gens nous ouvrent leur cœur. Sans retenue. C'est le miracle de ces rencontres éphémères ; on frappe à une porte, une tranche de vie s'ouvre. Celle de ce couple qui s'aime depuis soixante-quatre ans n'est pas banale. Liliane et Jean sont des enfants d'ouvriers d'Alfortville. Ils se sont rencontrés grâce à l'athlétisme qu'ils pratiquaient à haute intensité, encadrés par des fédérations ouvrières acoquinées avec le parti communiste. Pour nous faire plaisir, Liliane a ressorti ses vieux albums. Sur plusieurs clichés pris dans des pays de l'Est, on la voit, jeune et fringante, en tenue de sport, au milieu d'officiels portant les insignes du parti. En 1952, en République populaire de Roumanie, elle est titrée championne du cent mètres, la première de l'histoire. Liliane et Jean ont cru aux lendemains qui chantent. Ils se sont donnés corps et âme au parti qui, en échange, leur a offert une certaine ascension sociale, une vie de découvertes, de voyages. Et puis il a fallu ouvrir les yeux ! Ces gens au grand cœur se sont remis de la désillusion en se repliant sur le cercle familial, et sur ces choses simples qui ne déçoivent jamais : leur complicité amoureuse, les racines creusoises de Jean, l'accueil de leurs petits-enfants, et une générosité exercée envers quiconque frappe à leur porte.

En une heure, l'air de rien, Liliane et Jean nous ont confié ce qu'ils ont de plus profond, ce qui les fait vivre. Un concentré de vie. En les embrassant sur le pas de la porte, je me dis que le voyage est un exhausseur d'émotions. Il accroît l'intensité des expériences. Sur la route, joies, tristesses, détresses, tout est haussé d'un ton.

Au lieu-dit de la Vallade, des charolaises, indifférentes à notre passage, broutent dans un pré. En les regardant parcourir le champ à petit pas, et chasser nonchalamment les mouches qui les harcèlent comme des mauvaises pensées, je sens monter en moi une profonde quiétude.

— Nous avons besoin des vaches, dis-je à Parsac, qui hausse les épaules. Ces bêtes détiennent un secret, une sagesse. Leur pas lent est un recours contre l'épilepsie permanente.

Autrefois, dans les campagnes, les femmes craignaient qu'à force de vivre près des vaches, leurs hommes ne déchoient de leur humanité. Pourtant, c'est le contraire qui se passe : les bêtes ne nous font pas retourner à l'état d'animalité, elles nous humanisent. Ces animaux tendres et pacifiques souffrent d'un discrédit dont témoigne le langage : peau de vache, grosse vache, vacherie, regard bovin. J'avoue ne pas comprendre cette disgrâce. Pour moi, ces bêtes sont des maîtres. Des professeurs en vie mystique. Dans les prés, elles regardent d'un œil étonné le passant s'agiter, avec l'air de se demander :

— Insensé, après quoi cours-tu ?

Contrairement à ce qu'on pense, elles ne font pas que ruminer des touffes d'herbes, elles ruminent aussi le temps. De fait, les vaches ouvrent à une autre temporalité. Elles enseignent la lenteur et l'art de tendre l'oreille, de rêver, de flâner. Avec leurs gracieux mouvements musculaires, leur nonchalance, la fluidité de leurs déplacements, l'absence de toute tension, leur regard qui se perd parmi les fleurs des champs, elles sont le meilleur tranquillisant.

— Pendant un mois, dis-je à Parsac, mon observance religieuse, ma liturgie, ce sera les vaches, le pas lent de leurs courses dans le pré. Je m'efforcerai d'entrer dans la même cadence, le même calme, la même indifférence aux aléas, le même contentement d'être, la même profonde détente.

À La Borne, commune de Blessac, nous nous mettons en quête d'un toit. L'affaire s'engage mal. Certains villageois opposent des refus expéditifs, d'autres, plus avenants, prétextent pour nous éconduire un manque de place, des travaux dans leur maison, ou un dîner chez des amis. Nous reportons tous nos espoirs sur une demeure bourgeoise, où nous nous imaginons déjà à la table des notables locaux, rompant par le récit de nos aventures leur ennui bourgeois. Comme des clochards devant la vitrine d'un traiteur, nous salivons à la grille, mais personne n'ouvre. Après avoir sillonné les trois ruelles de long en large, nous nous asseyons au pied d'une croix de chemin, aux confins du village, où une dame, surgie de nulle part, vient à notre rencontre.

Élise habite seule l'ancienne école communale. Cette femme douce, intérieure, n'est pas insensible à notre sort, mais hésite à faire entrer chez elle deux inconnus, mâles de surcroît. Un jus d'orange offert sur sa terrasse est prétexte à nous observer, à nous jauger, à nous sentir.

Pendant ce temps d'apprivoisement, nous apprenons qu'elle fut autrefois une artiste réputée dans le tissage sur fil – Aubusson, le royaume de la tapisserie, est tout proche. À la disparition de son mari, elle a laissé la création de côté, il fallait bien qu'elle gagne sa croûte. Un poste de femme de ménage s'est présenté dans un ehpad. La Creuse est un département qui n'en finit pas de vieillir. Les services à la personne, à domicile et en établissements, sont l'un des principaux gisements d'emplois, notamment pour les femmes. Élise ne se plaint pas de ce déclassement. Elle pense même que ce travail humble, au contact des plus fragiles, est l'aboutissement de sa recherche d'artiste, une façon d'avoir une action concrète sur le monde.

Une fois encore, le charme de Parsac a opéré : Élise accepte de nous héberger. Nous dormirons dans l'ancienne salle de classe où sont entreposés son métier à tisser et une collection des pièces qu'elle a exposées dans le monde entier. Parsac et moi jubilons : nous sommes au musée !

Le vin ouvre le cœur. Pendant le dîner, notre hôte lève un coin de voile sur un chapitre tragique de son existence. Un jour, sans prévenir, son mari est parti. C'était il y a près de quinze ans. Depuis, il n'a donné aucun signe de vie, la laissant, elle et ses enfants, face à un point d'interrogation. Les archives des commissariats sont pleines de ces disparitions mystérieuses. Des gens ordinaires qui s'éloignent de la berge. À la lisière de la conscience rôde un autre nous-même toujours prêt à nous faire chavirer dans la folie. Au fil de la conversation, j'apprends que son mari était affligé de troubles bipolaires et accusait de sérieux penchants suicidaires. Il est probable qu'il a mis fin à ses jours. Mais Élise refuse ce scénario. Elle croit qu'il est en vie. Chaque jour, elle guette son retour. Tant que le corps n'est pas retrouvé, elle veut y croire. En l'écoutant s'acharner contre l'évidence, je pense au pauvre colonel Chabert qui eût aimé que sa femme manifestât une fidélité comparable et un amour aussi grand...

À cette femme qui vit dans les ténèbres, j'aimerais parler du Christ, lui qui est venu ouvrir les enfers, briser les verrous de la douleur, et poser sa main fraîche sur le front brûlant de ceux qui souffrent, mais ce n'est ni le lieu ni le moment. Élise, elle, s'est accrochée à tout pour apprivoiser son fantôme. Elle a consulté des magnétiseurs, des voyants, toute une litanie de charlatans qui ont monnayé son deuil impossible. Je ne lui jette pas la pierre : chacun fait comme il peut avec ses disparus. Aujourd'hui, les magazines féminins disent qu'il faut s'engager dans « le travail de deuil », conjurer la perte par une activité de tous les instants, et puis rester « positif » en attendant de « refaire surface » et de « devenir plus fort ». Moi, je ne crois pas à ces niaiseries volontaristes, ni d'ailleurs à la résilience, comme s'il suffisait d'appuyer sur « reset » pour que tout revienne à la normale. Or les choses ne sont plus jamais pareilles après la perte d'un proche. On reste sonné, amoché, inconsolable. Finalement, les hommes sont comme les terres du Massif central : lézardés de cicatrices, balafrés d'ecchymoses.

Après le dîner, Parsac et moi improvisons une marche digestive jusqu'à l'église du village, l'un de ces sanctuaires sans âge, au clocher trapu, avec des contreforts aux angles. Des arbres ont pris racine sur le toit qui brinquebale. Nous nous asseyons sur une marche du perron. La lumière du soir d'été touche toute chose avec grâce. Devant nous, deux chevaux de labour écoutent notre conversation en se frottant le derrière, une façon de dire le peu de cas qu'ils accordent à nos bredouillages. Nous évacuons la tension de cette soirée grave par un fou rire interminable.

« La liberté libre »

En me retournant, j'aperçois Élise qui agite le bras sur le pas de sa porte. J'ai la gorge nouée. On ne s'habitue pas à ces séparations brutales. Chaque soir, nous sommes les réceptacles de cœurs qui s'épanchent. Des gens nous livrent leurs secrets. Puis le matin, nous disparaissons comme si de rien n'était, en nous apercevant qu'ils ne savent rien de nous, ou seulement quelques bribes. Avec le recul, je crois que cette ignorance les arrange, que c'est elle qui leur permet de se déboutonner : demain, nous ne serons plus là. Pour nos hôtes, nous sommes les confesseurs d'un soir, des êtres qui se dérobent, qui partent sans laisser d'adresse.

Ce matin, Parsac a l'art de m'agacer. Il se plaint d'avoir manqué de tartines au petit-déjeuner. Tandis que je m'émerveille de la générosité des gens, lui ne voit que le bien que nous faisons. Il considère que tout nous est dû. Son besoin de confort, sa difficulté de lâcher la maîtrise me barbent. Après deux cents kilomètres dans les guiboles, il est clair que dans une marche à deux, le vrai point de côté, c'est l'autre. Benoît est un petit caillou dans la chaussure. Il m'empêche d'être tranquille, de me laisser aller à la marche aléatoire de mes désirs. Après tout, il est peut-être bon qu'il en soit ainsi. *L'Imitation*, dont je m'octroie un shoot matinal, me rappelle que l'apprivoisement des manies de l'autre vaut dans les deux sens : « Tâche de supporter patiemment les défauts d'autrui, quels qu'ils soient, parce que toi aussi, tu as beaucoup d'imperfections que les autres doivent supporter. »

C'est le neuvième jour du voyage. Je sens que le chemin opère peu à peu en moi un travail de métamorphose. La longue marche n'est pas seulement un sport, c'est une ascèse, une hygiène du cœur, un chemin de transformation. Elle éclaire le regard, débarrasse des scories, débroussaille notre fouillis intime, fait venir à la vérité. Et puis elle est le lieu où s'éprouve intensément la liberté, « la liberté libre », selon la belle expression de Rimbaud.

Le poète de Charleville, lui aussi, avait besoin de la marche. Isabelle, sa sœur, parle même d'une « passion ». Animé d'une bougeotte qui est le fait d'une personne qui ne connaît pas le repos dans son âme, Arthur a fait de l'errance une sorte de principe de vie. En Abyssinie, alors qu'il est perclus de dettes et de fatigue, il s'interroge : ne doit-il pas revenir en France auprès des siens ? Mais dans une lettre, il écarte l'hypothèse d'un revers de manche : « Je suis bien trop habitué à la vie errante et gratuite. » Plus tard, alors que sa mère cherche à le ranger dans un mariage, c'est ce même besoin viscéral d'arpenter les routes qu'il lui oppose : « Il y a une chose qui m'est impossible, c'est la vie sédentaire. Il faudrait que je trouve quelqu'un qui me suive dans mes pérégrinations. »

« L'homme aux semelles de vent » aimait l'enthousiasme des départs, le saut vers l'inconnu, l'ivresse des horizons. « Je m'en allais, les poings dans mes poches crevées ; [...] – Petit Poucet rêveur, j'égrenais dans ma course/ Des rimes. Mon auberge était à la Grand Ourse » (« Ma Bohème », *Illuminations*). Selon Yves Bonnefoy, son biographe, jamais il ne donne autant l'impression d'avoir touché « la vraie vie » que dans la poignée de poèmes inspirée de ses périples. Et les heures passées sur la route – la fugue vers Charleroi, les courses à travers les Vosges et les Alpes – semblent avoir été les seules éclaircies de sa jeunesse, de rares instants de bonheur. Le reste du temps, à Charleville, auprès de sa mère, Rimbaud étouffait. « Je meurs, je me décompose dans la platitude, dans la mauvaiseté, dans la grisaille », écrit-il en 1870. Il y a chez ce « piéton de la grand'route » (« Enfance IV », *Illuminations*) une rage de fuir, un désir de s'affranchir de l'emprise familiale, du conformisme de sa ville natale et d'une vie sociale sans perspective. Pour lui, la marche est une brèche dans les ténèbres. Elle le sauve de la langueur de la province, de l'ennui des sous-préfectures.

Charles de Foucauld, lui aussi, a connu cet ennui, ce vague à l'âme. Il vient de quitter la foi, tranquillement, sans révolte – à la différence d'Arthur qui inscrit « merde à Dieu » sur les bancs de l'école. Peu à peu, les dogmes du christianisme lui paraissent des sornettes, et les articles du credo tombent comme des écorces mortes. « Je restai douze ans sans rien nier et sans rien croire, désespérant de la vérité, aucune preuve ne me paraissant assez évidente. Je vivais comme on peut vivre quand la dernière étincelle de la foi est éteinte », écrira cet agnostique. Dans la foulée, le jeune homme s'émancipe, se « lâche ». Ce cheval fou mène une vie d'excentricités, cultive un certain raffinement, le goût précieux. « Je passais toute la journée au lit à fumer mon narghilé », dit-il. Pour faire plaisir à son grand-père, militaire de métier, il se lance à reculons dans la carrière des armes. Lui qui déteste les groupes et la discipline n'est pas fait pour ce métier. En vrai, il n'aime que les grands larges, l'exploration solitaire, et rêve d'être marin. Évidemment, Saint-Cyr est un pensum. Il y nourrit une haine tenace de la caserne et de l'embrigadement. Puis l'année de ses vingt ans, c'est la mort de son grand-père adoré. Charles reçoit un rude choc affectif. Il hérite aussi d'une fortune colossale, qu'il flambe en donnant des fêtes fastueuses pour ses camarades de Saint-Cyr, puis de l'école de cavalerie de Saumur – évidemment, cet impétueux a choisi la cavalerie, c'est-à-dire la vitesse, l'exploration, l'aventure. Plus tard, en garnison à Pont-à-Mousson, où il s'attire une réputation de dandy provocateur, le fêtard fait venir des cocottes pour égayer les soirées du mess. Mais en vérité, la nuit, les mondanités lui laissent au cœur un grand vide et à la bouche un goût de cendre. « La tristesse me revenait chaque soir lorsque je me trouvais seul dans mon appartement, écrit-il. Elle me tenait muet et accablé pendant ce qu'on appelle les fêtes : je les organisais, mais le moment venu, je les passais dans un mutisme, un dégoût, un ennui infinis. » Foucauld est ce jeune homme triste au milieu des fêtes. Un ennui profond, proche de celui qui accablait Rimbaud à Charleville, l'enténèbre. Un ennui métaphysique, existentiel. Le sentiment de ne pas être comblé. Une pénurie d'être.

Avant d'arriver à Aubusson, d'imposantes machines de défrichage remuent des souches mortes. L'intercommunalité a lancé un programme d'extension immobilière. Bientôt, au lieu des champignons, des barres pousseront dans cette ancienne futaie. J'ai le cœur serré. Comme Idéfix, je fais partie de ceux que la mort d'un arbre plonge dans la peine.

Dans la bonne ville d'Aubusson, les vieux toits entassés pêle-mêle ont l'air de dégringoler jusqu'à la rivière dans un élégant dégradé de bordeaux. Sur une place, des touristes boivent des grenadines à l'eau, tandis que des forains remballent des manèges, et que la Creuse coule paisiblement sous un pont de pierre. Dans la troisième ville du département, il n'y a pas foule. Au dernier recensement, on comptait 3 800 habitants, l'équivalent d'un pâté de maison à Paris.

— Voir Aubusson et mourir, plaisante Parsac, tandis que nous laissons la cité de la tapisserie derrière nous, en longeant une départementale harassée de voitures et de soleil.

Au milieu des bruits des moteurs, je me surprends à tourner dans ma tête des bouts de phrases dénués de la moindre signification. Sans fin, des mots arrivent comme si l'on avait désensablé une source, ils jaillissent dans un véritable chaos. La marche fait venir à l'esprit ces bribes étranges. Les moralistes français ont raison de dire qu'il y a de l'arbitraire à construire des systèmes ordonnés, achevés : le vrai mode de la pensée est le discontinu, le fragmentaire, le non-linéaire.

À la sortie d'un sentier forestier, avachi dans un pré vert, un troupeau de vaches blanches. Les bêtes sont d'une blancheur telle qu'on les dirait passées à la machine.

Un randonneur, le premier que nous croisons depuis notre départ, se présente. Luc est agriculteur en Haute-Vienne. Il suit le GR4 comme nous, mais en sens inverse. Parti de Grasse, sur la côte d'Azur, il y a plus d'un mois, il est à quelques jours de marche de sa maison. Les mille kilomètres déjà parcourus l'ont rendu sec comme un haricot.

— Je suis parti parce que ma femme ne m'aime plus. Nous sommes en instance de divorce, lâche, avec la simplicité d'un enfant, cet homme qui a le visage émacié de quelqu'un qui a beaucoup souffert.

— Alors, mon pauvre, dis-je en plaisantant, vous vous êtes trompé de chemin. Pour faire des rencontres, c'est vers Saint-Jacques qu'il faut aller. Le chemin de Compostelle est une agence matrimoniale. Sur le GR4, il n'y a que des vaches à qui conter fleurette.

On s'embrasse en riant.

Puis Parsac et moi faisons halte sous la frondaison d'un arbre pour le déjeuner. L'auteur de *L'Imitation* écrit qu'on reconnaît un homme avancé dans la vie spirituelle à ceci : « Alors une prière fervente te réjouira plus qu'un repas délicieux. » En croquant avidement dans mon sandwich au thon, force m'est d'admettre que je n'en suis pas là…

À Saint-Pardoux-le-Neuf, à un vieux paysan qui remplit nos bouteilles d'eau, je ne trouve rien d'autre à dire que « c'est beau, hein ? », en pointant du doigt le paysage devant ses champs.

En le voyant hausser les épaules, embarrassé, je mesure l'incongruité de mon propos. La posture courbée du cultivateur est peu propice au regard panoramique. Pour l'autochtone, la campagne est moins un objet de contemplation qu'un sol nourricier dont il faut tirer sa subsistance. Les dégagements sur le charme des vieilles pierres, ce sont des marottes de citadins. Le paysan nous confie d'ailleurs qu'il est en conflit avec des voisins venus de la ville : ils ne supportent pas l'odeur de son purin. Décidément, ce n'est pas facile d'être un paysan. En plus de suer sa peine pour trois francs six sous, son territoire est envahi par des nouveaux arrivants qui font l'éloge des légumes oubliés, de la butte de permaculture et de la station d'épuration en bambou, mais qui dénoncent, devant les tribunaux, la nuisance des cloches, la puanteur du fumier ou la présence des vaches sur la départementale. Comme s'ils avaient oublié que la campagne n'est pas seulement un cadre bucolique, un vague décor pour se « ressourcer », mais d'abord, comme le savait Rimbaud, une « dure réalité à étreindre ».

En passant au lieu-dit du Mazeau blanc, dans le jardin d'une résidence secondaire, une femme se prélasse sur une chaise longue, une grille de mots fléchés sur les genoux. Dans la maison, son mari, en sueur, passe l'aspirateur.

— Voilà le destin des hommes contemporains, dis-je à Parsac, qui rit de bon cœur.

Néoux, Londeix... Notre itinéraire relie des villages dont les sonorités évoquent les camps des légions romaines dans les albums d'Astérix. Les débroussailleuses et les moissonneuses font rugir leur moteur, la France est en train d'être tondue. Bordé par d'antiques murets de pierre, notre chemin slalome entre de vertes forêts de châtaigniers et des champs de blé où des tracteurs crachent des bottes de paille à la chaîne.

J'ai l'impression étrange que les paysages commencent à entrer en moi, à m'investir, à me saisir. Dans son *Journal*, Thoreau délivre ce conseil : « N'allez pas à l'objet, laissez-le venir à vous. » Il a raison. Lorsqu'on se vide de toute convoitise, de toute avidité de saisie, qu'on laisse les choses être, les yeux flâner, et qu'on n'oppose plus au paysage notre poussée personnelle, alors ces choses viennent à nous et exhalent leur secret, leur intériorité. On acquiert une vue perçante. Le monde s'illumine. On s'aperçoit qu'autour de nous, c'est un festin de lumière, de beauté, une profusion de formes, de saveurs, de couleurs. Tout est là, donné, en abondance, il suffit de cultiver une attention aimante, une fraîcheur de regard, et de se servir.

Ce soir, la loterie du bivouac s'est arrêtée sur Saint-Pardoux-d'Arnet. Pardoux, Arthème, Menélé, Sidoine, Privat, Saturnin, Priest, Eulalie..., les villages du Massif central sont souvent placés sous le patronage de saints affublés de noms qu'on ne donnerait plus aux enfants. Venus du fond des âges, ces saints obscurs tiennent parfois en main une bêche, une serpe, un pain. Ils incarnent une forme rustique du christianisme, une sainteté des champs.

Au moment d'aborder les habitants, une angoisse nous étreint. En vérité, tous les soirs, c'est la même inquiétude : trouvera-t-on un logement ? De quoi bouffer ? L'avancée vers le dépouillement est une marche lente et difficile. En décidant de ne rien posséder, de vivre au jour le jour sans amasser de réserves, nous nous exposons au mirage du manque. Pourtant, chaque jour, nous renouvelons l'expérience que les choses dont on a besoin arrivent au moment opportun, mais la peur est un tyran impitoyable.

Ce soir, une nouvelle fois, nous recevons copieusement. Dans une vieille bâtisse dédiée à l'accueil de groupes, où des gosses du 9.3 découvrent le vert, la sympathique fille de la propriétaire nous offre le coin d'un vieux préau. Certes, nous ne serons pas abrités du froid de la nuit, et coucherons à même le sol, mais quand trente kilomètres de marche vous ont éreintés, vous trouveriez le sommeil sur des clous...

En tâtant le sol dur comme du fer, Parsac me dit :

— Dans ses *Constitutions*, au chapitre sur « l'expériment de pèlerinage », Ignace de Loyola écrit que les novices qui ne savent pas

« demeurer ou marcher un jour sans manger et sans bien dormir » ne sont pas aptes à rejoindre les jésuites. Mais je ne crois pas que son propos soit de nous endurcir ; il veut plutôt qu'on cultive la vertu d'indifférence. Un jour, on crèche dans un lit double, le lendemain dehors, sur un banc. Le but de ce voyage est de s'habituer à l'aléatoire. Se contenter de ce qu'on reçoit, parfois le maximum, d'autres fois le minimum, et s'en réjouir de la même façon. Peut-être est-ce cela la vraie pauvreté ?

— La vraie pauvreté, mon vieux, c'est celle des clochards ! Nous, on n'a rien, pas de stocks, pas d'argent, pas de filets, mais on a tout : des têtes potables, surtout toi..., un capital culturel, un talent social. Au fond, notre pauvreté est une mascarade. À la fin du mois de juillet, nous retrouverons nos costumes d'enfants gâtés.

Dans la soirée, notre hôte nous apporte une assiette des cuisines. Cette marque d'attention nous touche. Le contenu du dîner est frugal : de la salade de riz, des bâtons de crabe, un peu de pain, et un morceau de bleu d'Auvergne que je troque contre le crabe de Parsac. Je ne sais plus quel Père du désert soutient que l'endurcissement du cœur provient de l'excès de nourriture. De fait, après ce repas sobre, j'ai l'impression d'avoir le cœur liquéfié. Sous notre préau de fortune, c'est la paix du soir. Un soleil rouge ensanglante de hauts chênes. Les taillis sont vivants d'une multitude d'oiseaux qui s'agitent avant le grand silence. Dans les bosquets, des étourneaux éclatent de joie, puis tout à coup s'envolent comme des bombes qui explosent.

Puis la campagne devient sourde. Doucement, la nuit nous tombe sur la tête. Un quart de lune se pointe dans un ciel aux teintes violacées, mauves et pourpres. C'est l'heure indicible, indécise, incertaine. Je suis gagné par une joie paisible. Tout est à sa place. Et c'est très bon.

La doctrine des forêts

Parsac se frotte les yeux. Mais non, ce n'est pas un rêve. À peine sortis du sac de couchage, la marque du sol encore imprimée sur les joues, nous voilà accoudés à la table de Sophie, la patronne du lieu d'accueil, qui nous a conviés à son petit-déjeuner – du café noir et un gâteau aux noix, une spécialité creusoise. Cette jolie blonde, une ancienne championne de ski à l'autorité naturelle et au charme enivrant, est entourée d'un aréopage de pépées – sa fille Julie, une cousine, une amie, l'amie d'une amie, toutes plus belles les unes que les autres. Parsac et moi sommes aux anges. En écoutant avec révérence deviser ces êtres étranges qui figurent l'altérité radicale, je me dis, comme Jacques Chardonne dans *Claire*, que « les femmes ont sur l'existence des informations qui nous échappent ».

— Cette guirlande de bombes a fait passer le froid de la nuit, dis-je à Parsac, de retour sur les sentiers.

— Heureusement que nous avons eu notre enseignement sur le vœu de chasteté il y a peu !

À Saint-Maurice-près-Crocq, où nous aidons un veau égaré à regagner le troupeau, nous retrouvons avec joie le bon vieux plateau de Millevaches, abandonné hier vers Aubusson. Selon la carte d'état-major, nous devrions l'arpenter sur une dizaine de kilomètres, avant de filer vers un autre pays, les Combrailles, dont le nom mystérieux, quand je le fais rouler dans la bouche, fait advenir des images de chevaliers, de ruines et de batailles rangées.

En attendant de plonger dans ce décor de cape et d'épée, nous faisons halte à Crocq, une ancienne place forte du comté d'Auvergne, où nous terminons le sachet de fruits secs qu'Élise nous a offert.

En haut du village, deux tours médiévales, massives, intimidantes, veillent sur les habitants, dont on se demande où ils sont passés.

À la chapelle de la Visitation trône une Vierge à l'Enfant, en bois, au pied de laquelle, sur un petit cahier, des gens ont déposé leurs combats et leurs joies : « Notre-Dame de Crocq, merci pour la famille. » Juste à côté, un triptyque, l'ancêtre des bandes dessinées, raconte en images la vie de saint Éloi. Il date du XVe siècle. Jusqu'à une date récente, le moindre bourg avait ainsi son chef-d'œuvre d'art sacré… Je profite que Parsac fait ses dévotions pour gagner discrètement les toilettes. On ne parle jamais de cela dans les livres. Pourtant, c'est la préoccupation majeure du marcheur, la matière d'un souci quotidien. Surtout pour moi qui, sur ce chapitre intime, suis assez à cheval sur l'hygiène. Mais après dix jours dans la nature, les critères de tolérance baissent, et d'humbles toilettes publiques font figure de trône royal. Situées sous d'anciennes arcades, celles de la commune de Crocq, à la propreté irréprochable, sont hautement recommandables.

De retour, je fais part à Benoît de la théorie que j'ai échafaudée sur le lien entre la vie intérieure et la vie intestinale.

— Sais-tu que c'est aux toilettes que Martin Luther, ce moine crispé sur ses ascèses et ses études, a connu l'expérience de la grâce ? Au fond, ce jour-là, cet homme tendu, obsédé par la maîtrise, a compris que tout passait et se décomposait, et qu'il n'y avait rien à retenir. Le terme *sacrum* qui désigne ces régions obscures aurait dû nous mettre sur la voie : il se joue des choses sacrées dans nos épaisseurs les plus triviales…

— Après la mystique des vaches, celle des intestins ! Tu n'as pas de limites, ricane Parsac.

— Tu peux rire, mais je tiens là un sujet de best-seller. Cela s'appellera *Métaphysique des tubes digestifs*. J'y décrirai le pot comme un haut lieu de révélation, de théophanie.

Le voyage maintient sans cesse l'âme en haleine, me dis-je en laissant la bonne ville de Crocq dans mon dos. Il serait bon que la vie ait toujours l'intensité des premières découvertes. Puis je me ravise, en songeant à un aphorisme du moraliste de l'étape, Marcel Jouhandeau, l'héritier creusois de La Rochefoucauld et de saint Jean de la Croix : « On ne peut vivre dans un paroxysme constant. » De fait, n'est-ce pas plutôt dans le consentement à l'humble répétition des jours, dans les épousailles avec l'ordinaire, qu'il faut rechercher les clés du bonheur, à l'image de cette grand-mère affairée dans son potager à prélever les mauvaises herbes ?

Comme les jours précédents, le soleil nous poursuit obstinément de ses ardeurs. Sous son empire intraitable, chaque kilomètre est une épopée, une marche dans le désert. Décidément, la nature est indifférente à notre sort. Je m'en suis rendu compte le jour où j'ai perdu ma grand-mère. Je me suis senti si seul : il faisait un soleil radieux, la création n'en avait rien à faire de mon chagrin.

Parsac déniche un refuge sous des arbres, près de la chapelle Saint-Alvard, un édifice roman flanqué d'un cimetière piqueté de croix en granit. Au-dessus de nos têtes, les branches des vieux chênes sont onduleuses comme des tresses. Les ramures s'intriquent, s'épousent, s'enchevêtrent. Et puis chaque arbre compose une forme unique, une merveille digne d'admiration.

Inspiré par cette profusion de formes, je demande à Benoît :

— N'est-ce pas en regardant les branches décharnées des vieux chênes en hiver que les cerfs ont senti des bois leur pousser sur le front ?

— Désormais, c'est donc deux fois par jour que j'aurai droit à tes théories fumeuses…

— L'idée n'est pas si bête ! Songe à ces figures de vieux moines qui rappellent les icônes devant lesquelles ils ont prié toute leur vie ! Je crois qu'on finit par ressembler à ce qu'on regarde, que les objets, les paysages contemplés moulent notre visage. D'ailleurs, au lieu de les entasser dans le béton des prisons, on devrait immerger les délinquants dans la beauté du Massif central : la vue des grands horizons désarmerait leur violence et apaiserait leurs cœurs.

— Les arbres ont des vertus morales, rebondit Parsac. Observe celui-là, dit-il en désignant un hêtre, vois le balancement de ses cimes, la douce inclinaison de ses feuillages. Dans la bourrasque, il ne s'oppose pas, mais manifeste une extraordinaire souplesse, comme s'il composait avec l'adversité, avec les contingences. C'est une leçon d'indifférence, d'abandon. On dirait le Foucauld arrivé à maturité spirituelle, lorsque, à Tamanrasset, il vit dans l'acception joyeuse du réel, et consent à tout ce qui lui arrive, le meilleur et le pire.

Cette grande détente, il faut savoir que le vicomte l'a acquise avec patience et longueur de temps. Car Charles a d'abord été un homme d'une volonté de fer, d'une énergie farouche, d'une turbulence explosive. Une personne tenaillée par une instabilité chronique, abonnée aux rebondissements, changeant sans cesse de condition, troquant le costume d'officier de cavalerie, pour celui d'explorateur, de moine, d'ermite, de prêtre, puis de « défricheur évangélique », enfin, dans le désert du Hoggar, auprès des Touaregs dont il devint l'ethnologue et l'ami. Dans une lettre à Henri de Castries, il parle de la « région du beau fixe, au-delà des nuages, dans l'éternelle vérité et l'éternel amour ». À nous qui sommes empressés de trouver la paix, il est bon de se souvenir que le saint du Sahara n'a atteint ces contrées qu'au terme d'un long chemin. Il faut du temps à la grâce pour investir un homme et assouplir son cœur…

D'après nos cartes, la frontière entre la Creuse et le Puy-de-Dôme passe quelque part entre le lieu-dit de Larfeuille et le hameau de Saugères… Évidemment, on ne trouve pas de douanes pour matérialiser le passage, et, sauf à considérer les vaches comme des gardes-barrières, il faut de l'imagination pour se figurer, au milieu de cette enfilade de forêts et de champs, qu'on change de département.

À Saugères, Parsac frappe à la porte d'une des rares maisons. En l'écoutant déclamer le mantra habituel qui s'est sensiblement simplifié au fil des jours – « Bonjour, nous sommes deux pèlerins, nous avons faim, auriez-vous un morceau de pain ? » –, je me souviens avec tendresse des tournures empruntées de nos débuts…

Désormais, notre phrase d'introduction opère comme un sésame. À peine l'a-t-elle entendue, une femme charmante, escortée par trois de ses petits-enfants, nous ouvre l'intimité de son jardin. Assis à une table de bois, Léon, son mari, partage une suze avec une ribambelle de voisins. Les postures sont relâchées, les rires fusent, ça ne doit pas être la première tournée… Léon sort deux verres supplémentaires pour étancher notre soif. Le « patron », comme ses amis l'appellent, est président de la société de chasse locale. Il est originaire d'Allassac, Corrèze. Son visage s'illumine lorsque je lui confie mes ascendances corréziennes. On trinque au pays. Puis par je ne sais quel détour, la conversation roule sur la politique. Léon et ses amis sont rouge vif.

— Même la poignée de mon portail s'ouvre par la gauche, sourit-il.

Le couple nous aurait volontiers gardés à déjeuner, mais ils sont déjà dix à table, il n'y a pas assez pour deux bouches supplémentaires. Mais, en l'honneur de la Corrèze, Léon et sa femme Marcelle nous offrent un pâté de chevreuil qu'ils ont eux-mêmes cuisiné et un pot de confiture aux cerises.

— C'est cela dont la France a besoin : se rencontrer, s'entraider, passer du bon temps ensemble, lâche le couple, en nous embrassant comme du bon pain.

Cinq cents mètres plus loin, nous célébrons l'entrée dans le Puy-de-Dôme et la France des copains par un pique-nique au bord de l'étang de Vernet.

La vue de ce plan d'eau est un tranquillisant. Devant nos yeux, un héron prend son envol. Par rafales irrégulières, le vent remue la surface de l'eau, fait danser les arbres alentour et ébouriffe les oiseaux. Puis il disparaît sans bruit, et tout retombe dans le silence.

— Un lac est une flaque d'eau qui a réussi, dis-je à Parsac, qui mélange le pâté et la confiture.

À force d'enchaîner ces moments de plénitude, nous commençons à comprendre que la sobriété n'est pas la vie à basse intensité. Au contraire, en se désencombrant, en s'allégeant, en limitant certains besoins qui nous distraient, on accède peu à peu aux fêtes de l'instant, ces petits riens qui, si on sait les saisir, révèlent leur poids de beauté et de mystère. La pauvreté est une voie vers la joie parce qu'elle ouvre un espace illimité d'accueil. Quand on n'a rien, on est obligé d'ouvrir les mains, et on se dispose ainsi à tout recevoir.

Pour moi, cette vie au seuil de l'instant me procure une allégresse continuelle. La joie crépite par tous les pores de ma peau. Les cellules de mon corps me font savoir qu'elles sont heureuses. Tandis que la vie urbaine, à Lyon, émoussait mon énergie vitale, la marche me rend des forces. Elle opère une densification de l'être. Chaque jour, je vois avec plus d'évidence que je suis taillé pour cette existence au grand air, en dehors des clous. Pour me tenir à l'écoute des autres et du monde, j'ai besoin de solitude, de silence, de beauté, de la présence des bêtes, des arbres, de la nature. En une poignée de jours de plein vent, d'espaces et d'horizons, tout exulte en moi, alors que je dépéris dès qu'il faut entrer dans le rang.

Je fais part à Parsac de mes doutes :

— Mon vieux, je suis incapable d'entrer dans une forme, de me faire atteler par une institution. Ma manière d'être au monde, c'est le pas de côté, le recul, la distance. Crois-tu vraiment que ma place est au noviciat ?

— Tu es le seul à pouvoir le dire. Mais l'appel à vivre la radicalité évangélique ne passe peut-être pas pour toi par une forme de vie religieuse institutionnelle. Aujourd'hui, la sainteté se cherche en dehors des cloîtres et des couvents. Hélas, l'Église n'est pas douée pour adapter ses structures aux irréguliers de ton acabit, qui sont voués à tracer leur voie en solitaire.

— C'est dommage quand on sait que le cœur de l'Évangile, c'est d'affirmer la supériorité de la personne par rapport à toute règle impersonnelle :

« Le sabbat est fait pour l'homme, non l'homme pour le sabbat. »

— En tout cas, si tu partais, je serais bien triste : avec qui aurais-je mes fous rires aux offices ?

À partir de Parsanges, on entre dans un autre pays. Les Hautes Combrailles sont une succession de grands plans d'eau encadrés par des bosquets de bouleaux et des prairies marécageuses. L'atmosphère a des faux airs de Scandinavie. Des sapins géants, auprès desquels on se sent minuscule, dégagent d'enivrantes odeurs de résine brûlée. La chaleur fait remonter du sol des brumes qui donnent à ces régiments de conifères des allures de spectres. Nous traversons ces bois et ces eaux en célébrant « l'Évangile de l'instant présent », selon l'expression de Thoreau dans *Les Forêts du Maine*. Puis, tout à coup, la campagne est envahie par des fleurs à clochettes violettes que ni Parsac ni moi ne savons nommer – en fait, des digitales pourpres. Je songe au vers de Rimbaud : « ... dans le sentier déjà empli de frais et blêmes éclats, une fleur qui me dit son nom » (« Aube », *Illuminations*). Avec nous, les fleurs n'ont pas eu cette politesse. Faute de connaître leur petit nom, j'ai le sentiment qu'une intimité m'est interdite, que la conversation ne peut pas s'engager. Comme la plupart des citadins, je souffre de ne pas savoir reconnaître les arbres, les plantes, les oiseaux. Cette ignorance, je l'éprouve comme une perte tragique.

« Ta demeure est au ciel et rien sur la terre ne t'appartient. » Manifestement, les chiens de Condat-en-Combrailles, qui hurlent comme des loups quand on approche de la propriété de leurs maîtres, n'ont pas lu *L'Imitation*.

À côté de l'église de pierre sombre, une « épicerie alimentation générale » à l'ancienne. L'intérieur fait penser aux commerces de l'époque soviétique. Sur des étagères à moitié vides, des bocaux de cornichons voisinent avec quelques bouteilles d'huile, des sucettes Pierrot Gourmand et des boîtes de lait concentré. L'épicière, une dame à la voix rocailleuse, nous offre ce qu'il reste d'une tourte, et part dans ses réserves personnelles chercher des tomates et des pêches. Nous la remercions du fond du cœur et partons dans les rues désertes à la recherche d'un toit. Sur le pas de porte de sa maison, une vieille grand-mère sans dents nous confond avec ses enfants. À quelle heure, demande-t-elle, lui servirons-nous sa soupe au cresson ?

Dans le quartier des maisons neuves, une camionnette blanche où est inscrit en lettres bleues « Peyral, plâtrerie peinture » se range. Le dénommé Peyral, également agriculteur à ses heures perdues, nous fait visiter sa grange, à dix minutes à pied. L'édifice en tôle est rempli de bottes de paille. Ce sera notre couche pour la nuit. Parsac se douche au jet d'eau froide dont le fermier se sert pour nettoyer l'étable, tandis que j'improvise une lessive dans le Tyx, le cours d'eau qui arrose le village. Avant de nous souhaiter bonne nuit, Peyral arrache pour nous une salade de son potager. Pour compléter le dîner, j'entreprends le tour du voisinage. Chez une dame à qui notre virée rappelle « Nus et Culottés », une émission de télé, je récolte deux tranches de rôti sous vide.

Puis, après un dîner avalé à toute allure, accablés par la fatigue du soir, nous nous endormons sur la paille.

La grande clarté

En sortant une tête du duvet, j'aperçois des cernes gris sur un visage pâle. C'est Parsac qui émerge péniblement de son grabat de paille. Un froid de montagne s'est engouffré dans la grange, nous avons grelotté toute la nuit. Le Massif central n'est peut-être pas l'Everest, mais le moindre bourg y culmine à sept cents mètres, et à ces hauteurs les soirées sont frisquettes, même au cœur de l'été.

À défaut de café, nous partons transis de froid dans un demi-sommeil sur un chemin qui zigzague le long du Tyx, entre forêts et brandes. Avant le hameau de Meneix surgit un vieux manoir abandonné, surmonté de tourelles bâties avec des pierres sombres. Sur le linteau d'une vieille porte en bois cloutée est gravée la date de 1738. L'envoûtement est tel que je me frotte les yeux pour être sûr que ce n'est pas un rêve. Ce rendez-vous de chasse perdu dans les bois évoque le « domaine mystérieux » du *Grand Meaulnes*. J'imagine une fête étrange, les fenêtres illuminées de lampions, et une jeune fille sous une ombrelle me faisant signe de la rejoindre dans le grenier d'un vieux pigeonnier plein de courants d'air…

— Tu me barbes avec tes songeries, m'interrompt Parsac. Regarde plutôt là, devant toi, l'apparition…

Voici le puy de Dôme, le puy de Sancy et toute la cour majestueuse des volcans et des monts qui se tient avec déférence autour de ces monarques. Le surgissement de cet horizon nous plonge dans une euphorie indescriptible. Avec un smartphone en poche, nous aurions bombardé ce point de vue de photos, puis craché un cliché sur Instagram en y accolant des pouces et des émoticônes. Mais nous sommes démunis de ces prothèses numériques, et pouvons laisser mijoter notre joie vive, conscients que les grands sentiments mûrissent toujours dans le secret.

Après les causses, les bocages, les collines, les gorges, les landes, les monts, voici désormais les volcans… Le Massif central est une telle marqueterie de paysages qu'on se demande qui a eu l'idée étrange de les réunir sous une appellation commune. En fait, il a fallu du temps pour que ces hautes terres intérieures soient reconnues comme un ensemble géographique à part entière, désigné par une même expression, comme les Alpes ou les Pyrénées. Dans les livres de géographie du XIXe siècle ou les guides Joanne, on trouve des chapitres sur l'Auvergne, les Cévennes, la montagne limousine, mais rien sur le Massif central. Les habitants, eux, se disaient du Morvan, du Velay, de la Margeride, de la montagne ou de tel village, mais jamais de ce plateau intérieur qui restait innommé.

L'invention du « Massif central », on la doit à Élie de Beaumont qui, dans son *Explication de la carte géologique de la France* (1841), est le premier à avoir décrit les montagnes du Limousin, de l'Auvergne, du Forez, du Vivarais et des Cévennes comme une île immense, l'énorme fragment du vieux bâti hercynien, une terre dotée d'un tempérament. À la fin du siècle, les cartes murales des écoles primaires ont entériné cette existence, et des formules ont fixé la personnalité du Massif dans l'imaginaire : la « tête chauve de la France », à cause du déboisement de ses élévations, le « château d'eau » du pays, d'où s'écoulent fleuves et rivières, l'image du « pôle répulsif », qui rejette les émigrants vers les plaines riches et les villes moins austères. Je me réjouis que des savants aient décelé que les caractères communs l'emportent sur les différences, qu'il y a une unité derrière le bariolage de paysages, de climats, de pays. Car depuis le début de notre périple, je sens entre toutes ces terres une parenté mystérieuse, une affinité. Oui, en sillonnant le Massif central, j'ai l'impression étrange de rencontrer un « être géographique », une personne.

— C'est la Saint-Benoît aujourd'hui, lance Parsac, en soulageant sa vessie près des ruines d'un vieux cloître.

Depuis notre départ, nous ne pouvons faire un pas sans buter contre des vestiges de prieurés clunisiens ou de monastères trappistes. L'empreinte monastique se manifeste partout, dans l'architecture, la toponymie, le tracé des parcelles. Je savais vaguement que les fils de saint Benoît avaient été les réceptacles de la culture classique à l'époque des invasions barbares, et que si l'on pouvait lire César, Cicéron ou Tacite dans le texte, c'est à eux que nous le devions. Je savais aussi qu'avec la *lectio divina*, les bibliothèques et l'enseignement, les moines avaient fécondé la culture européenne. Mais j'ignorais que leur influence s'était fait sentir jusqu'aux déserts que nous foulons. Au Moyen Âge, toute la France s'est couverte d'un manteau de prieurés. Dans le Massif central, la vie s'organisait autour de ces maisons closes qui ont semé l'Évangile dans le moindre hameau. Mais ces hommes de prière avaient aussi les pieds sur terre. Un peu partout, ils ont introduit la charrue, amélioré les terres incultes, diffusé la culture du vin et du fromage, défriché les forêts, donnant naissance aux paysages qu'on regarde aujourd'hui. Et puis avec le temps, les frères sont partis, les cloîtres sont tombés en ruine, et le monachisme a été enseveli, comme les moines dans leur bure, sous le linceul de l'oubli.

Après Riberolles, une futaie de sapins referme son ombre fraîche et sombre sur nos têtes. En progressant parmi cette enfilade de douglas que l'on dirait fabriqués à la chaîne, je me dis que la nature a tout inventé, même le fordisme, et que le Créateur, s'il existe, allie les talents de l'industriel, capable de répliquer ses inventions à l'infini, et le coup de main de l'artisan, donnant à chaque arbre une forme unique.

Dans cet écrin épais, opaque, silencieux, on imagine la cabane d'un ermite. Depuis toujours, les forêts attirent les esprits frondeurs. Ces marges végétales sont le refuge des proscrits, des amants, des inadaptés, des fous, des saints. J'ai de la sympathie pour ces adeptes de la *fuga mundi*, qui disent zut à la société et mettent entre eux et les sommations du moment l'écran d'une futaie.

Le monde actuel a beau être quadrillé, il subsiste heureusement des échappatoires pour se soustraire aux credos de l'époque : la connexion, l'accélération, l'accumulation des objets… Les forêts en font partie. Dans ces arrière-pays, on peut respirer un air plus pur et mener sa vie comme on l'entend.

Il y a quelques années, j'ai franchi le pas. Pendant un an, je me suis retiré pour une réclusion perdue dans les bois de la vallée de Chevreuse. Mes voisins les plus proches étaient des biches. Tous les dimanches, j'allais me dégourdir les jambes près des ruines de Port-Royal-des-Champs, où la France a connu l'un de ses derniers moments d'intériorité. Je ne pouvais pas pénétrer dans ce vallon sacré sans être étreint par une émotion. Les fantômes des moniales et des Solitaires, qui avaient tourné le dos aux futilités de la cour et opposé au pouvoir du Roi-Soleil l'absolu de Dieu, irradiaient encore les lieux de leur présence. « Ne laisse jamais aucun pouvoir empiéter sur le sanctuaire de ta conscience », avais-je l'impression qu'ils me soufflaient à l'oreille.

Le recours aux forêts n'est pas une désertion hautaine, une fuite orgueilleuse, une dérobade ; c'est une tactique de l'esprit critique, une hygiène de la pensée, une façon de rester clairvoyant. Et puis se retirer ne signifie pas dire adieu. En fait, le solitaire ne rompt pas le lien, il desserre son étreinte. Pour mieux agir sur le monde, il fait un petit pas de côté. Un détour pour reconquérir sa liberté.

Une épaisse moiteur s'est déposée sur la campagne. Le ciel, bas et voilé, ressemble à un suaire sans visage. Dans les fermes désertes, où des corbeaux perchés sur des corniches déguerpissent à notre passage en jetant des cris lugubres, la pierre de basalte, noire comme la suie, assombrit l'atmosphère et notre moral, encore glacé par la nuit d'hier.

— Nous avons besoin d'un café pour nous sortir de ce crépuscule, dis-je à Parsac, en pénétrant à La Rodde, un lieu-dit coupé par la D941.

À la première porte, une dame aux yeux bleus, dans la cinquantaine, nous sert un expresso et des « Petits-beurre ».

— C'est pour tordre le cou au cliché de l'Auvergnat pingre, dit-elle avec le sourire.

— Contrairement à ce qu'on croit, surenchérit son mari, les gens, ici, ne sont pas avares. Ils sont animés par un esprit d'économie, ne veulent rien laisser perdre. Car ce coin de terre pauvre n'a pas été favorisé par les dieux. Vous connaissez le mot de l'écrivain Alexandre Vialatte ? L'Auvergne a été créée le huitième jour, « avec les restes, en ramassant les miettes ».

La pause chez ce couple de commerciaux, qui vendraient des peignes à un chauve, nous a requinqués.

— Un Petit Lu et ça repart ! On est peu de chose, philosophe Parsac.

Comme des dents irrégulières alignées le long d'une mâchoire, les monts Dôme, les puys du Sancy et les volcans du Cantal crêtent le point de vue. Nous avançons à bon pas, hypnotisés par cette *skyline* qui n'a rien à envier à celle de New York ou de Houston. Dans *En lisant, en écrivant*, Julien Gracq soutient que « tout grand paysage est une invitation à le posséder par la marche ». Il y a, de fait, quelque chose d'érotique dans la poursuite d'un horizon, le désir d'un accouplement, d'une étreinte.

L'excitation qui nous gagne n'est sans doute pas éloignée de l'ivresse que devaient éprouver les aventuriers, les explorateurs, les géographes, lorsqu'ils partaient à la découverte de terres inconnues, en Afrique, en Indochine, outre-mer.

Sur le sentier, je pense à Rimbaud et à Foucauld qui ont connu cette euphorie, ce tressaillement. Fils d'une époque emportée par l'aventure coloniale et une fringale d'horizons vierges, tous deux ont cinglé sur les lignes orientales des Messageries maritimes, où les paquebots avaient des coques blanches qui leur donnaient l'allure de yachts de milliardaires, avec le désir d'effacer des blancs sur la carte et de se faire un nom dans l'exploration.

À vingt-et-un ans, Arthur ferme définitivement ses cahiers d'écriture, range sa vie dans une valise et s'en va. « L'art n'était qu'une sottise », écrit-il. Pendant cinq ans, il sillonne le monde, marche, navigue, vit de hasards et d'expédients. Un jour, il est débardeur au port de Marseille, bonimenteur de cirques, un autre, volontaire dans l'armée coloniale hollandaise sur l'île de Sumatra, déserteur, ou ouvrier dans une carrière de pierre sur l'île de Chypre. En 1880, à Aden, que l'ouverture du canal de Suez a hissé au rang de grand port de commerce, il se fait embaucher dans une agence qui vend du café, de l'ivoire et des peaux. Puis son patron l'expédie dans sa succursale du Harar, au centre de l'Abyssinie, où le poète rêve d'être le premier Français à pénétrer dans les contrées où vivent les tribus somalies, encore jamais visitées. Repousser les limites du connu, explorer des territoires vierges, rechercher la terre promise, l'exploration géographique est pour lui la poursuite de la création poétique, l'autre modalité d'une même quête. De France, il se fait envoyer des équerres, du papier à dessin, un appareil photographique. « Je vais faire un ouvrage pour la société de géographie, avec des cartes et des gravures sur le pays Harar et les pays Gallas. Je rapporterai des vues de ces régions inconnues », écrit-il aux siens. En 1882, il s'exécute. Son exploration solitaire est un succès. Arthur est un précurseur. Aucun Européen avant lui ne s'était aventuré dans la région du Wabi. Son « rapport sur l'Ogadine », publié par la Société de géographie de Paris en 1884, révèle de grands talents de géographe chez celui qui rêve maintenant à d'autres voyages.

Charles de Foucauld, lui aussi, aurait pu devenir l'un des grands ethnologues de son temps, le Lévi-Strauss de la Belle Époque, un autre Durkheim ou Marcel Mauss. À vingt-trois ans, au cours d'une campagne militaire dans le Sud oranais avec le 4e chasseur d'Afrique, son régiment, ce lettré fêtard brave le danger et se révèle un soldat et un chef. Dans le feu de l'action, un autre homme apparaît : énergique, courageux, ascétique, animé par le goût du risque et de l'action d'éclat. Un Lawrence d'Arabie avant l'heure. L'expédition terminée, Charles prend congé de l'armée. Il s'en explique à son ami d'enfance : « Je déteste la vie de garnison. Je trouve le métier des armes assommant en temps de paix. À quoi bon traîner sans aucun but une vie où je ne trouve aucun intérêt : j'aime bien mieux profiter de ma jeunesse en voyageant. » L'Afrique lui a fait comprendre que sa vocation n'est pas d'être soldat, mais explorateur pour arpenter une mappemonde encore trouée de *terræ incognitæ*. À vingt-quatre ans, tournant le dos à son passé de jouissance, il décide de se lancer en solitaire dans une exploration clandestine. Fasciné par l'Orient et le monde musulman, il jette son dévolu sur le Maroc, pays encore « insoumis » et interdit aux Européens. Pendant un an, il prépare cette aventure périlleuse. « J'apprends l'arabe et à me servir du sextant », écrit-il. Puis en 1883, déguisé en rabbin pour passer inaperçu, il parcourt trois mille kilomètres à travers le Maroc. Chaque soir, en cachette, il prend des notes, établit des relevés, des croquis. Ce voyage d'exploration scientifique est un exploit. *Reconnaissance au Maroc*, sa relation, lui vaut la célébrité et la reconnaissance du monde scientifique. La Société de géographie de Paris lui décerne même sa prestigieuse médaille d'or.

— Arthur et Charles auraient pu se rencontrer à la Société de géographie, observe Parsac, songeur.

— Oui, d'ailleurs ces frères d'âme ont tous deux été en correspondance avec le grand explorateur du Sahara, Henri Duveyrier, qui y faisait la pluie et le beau temps.

— Plus je t'écoute, plus Arthur m'apparaît comme le double de Charles, sa version profane.

— Ou Foucauld, comme un Rimbaud qui aurait cru aux Évangiles !

Nous longeons désormais une allée irriguée par le Sioulet. Le silence est tel qu'on se surprend à baisser d'un ton, puis à se taire. Tandis que nous progressons ainsi, sans dire un mot, dans la crainte que l'effraction d'un son ne déchire la plénitude, je ris en trouvant que nous formons un drôle d'attelage. Des sortes de Laurel et Hardy lancés sur les routes du Massif central. Si les hasards du noviciat ne nous avaient pas réunis, jamais nous n'aurions eu l'idée de passer des vacances ensemble. En vérité, tout nous oppose, jusqu'à nos caractères, tout à fait inconciliables – Benoît est aussi simple, bavard, joyeux et sociable que je suis compliqué, taiseux, ténébreux et sauvage. Et pourtant nous voici tous les deux, le long des sentiers tranquilles, goûtant le plaisir de nous taire ensemble et de partager ce silence qui est la plus haute forme de communion, comme le savent les amants et les moines.

À Landogne, nous nous octroyons une pause à l'église. Selon des feuilles d'information dispersées sur un présentoir, la paroisse s'appelle « Saint Benoît sur Sioulet-Volcans ». C'est chic ! Tandis que Benoît prolonge ses dévotions, je file aux toilettes turques avec *L'Imitation*. « Nous ne possédons qu'une parcelle de lumière », écrit l'auteur. Cet aphorisme, déchiffré dans la pénombre des latrines, réveille en moi la nostalgie d'une pleine lumière. Au fond, pour un chrétien, un pèlerinage est une remontée du cours de la lumière, à travers les épreuves et les nuits obscures, jusqu'à cette grande clarté où les étoiles viennent s'allumer, ce pays intérieur où brille plus que le soleil la lumière irradiante du Christ ressuscité.

— T'as bientôt fini ? s'énerve Parsac, qui me sort de ma pseudo-mystique en tambourinant à la porte des W.-C.

Une heure de marche plus tard, voici Miremont, où Parsac frôle l'arrêt cardiaque en tombant nez à nez sur un pantin déguisé en paysan. Prise de cette fièvre de commémorations qui n'épargne plus aucun bourg, la municipalité a eu l'idée étrange d'installer des mannequins en costume d'époque, censés redonner vie à un village des Combrailles des années 1940. Mais à la longue, ces personnages effrayants, postés à chaque coin de rue, suscitent un climat de terreur. Parsac et moi rions : tout le village semble vivre dans la peur, hystérisé par ces épouvantails, à l'image de la belle Auvergnate qui sursaute lorsqu'elle nous surprend au pas de sa porte où nous sommes venus lui demander de l'eau.

Gagnés à notre tour par l'épouvante, nous trouvons refuge à l'épicerie qui fait office de poste et de dépôt de presse. Derrière le comptoir sévit une charmante Sabrina, mariée et mère de deux enfants. Son commerce est un lieu de vie pour les gens dans le coin, affirme-t-elle fièrement, en servant du fromage à des Hollandais. D'autant que la marchande prend aussi les commandes des petits vieux confinés à la maison, et part plusieurs fois par semaine dans des tournées ambulantes pour approvisionner les villages. Sabrina trime dur pour un maigre butin, mais se montre envers nous d'une générosité merveilleuse, remplissant notre sac de fruits frais, d'un gros morceau de Cantal, de canettes de Coca et d'un paquet de pain de mie. Le geste de cette femme qui a pris sur son indigence me fait penser à l'obole de la veuve dans l'Évangile…

— Vous avez de la chance, vous avez la foi ! lâche-t-elle timidement, en nous disant adieu.

Pour le déjeuner, Parsac débusque une étendue d'herbe au bord du Sioulet, en ayant vérifié au préalable qu'il n'y avait pas de pantins alentour. Puis épluchant une orange, il rebondit :

— C'est curieux : les gens disent « vous avez la foi » comme si on possédait un compte en banque, et comme si la foi était une assurance tous risques ! Je ne sais pas pour toi, mais la mienne est soumise à des éclipses. Elle ne me laisse pas tranquille.

— D'accord avec toi, mon vieux, dis-je en déshabillant une banane. Pour moi non plus, elle ne s'exprime pas en termes de possession. C'est plutôt une inquiétude, une brûlure. Les gens croient que le christianisme est une machine à asséner des vérités définitives et des consolations toutes faites. Mais il est là pour nous fouetter le sang, nous empêcher de dormir, nous tenir éveillés.

Comme je vais mettre les déchets à la poubelle, un autre mannequin embusqué derrière une butte manque de me faire défaillir. Pas question de rester une minute de plus dans ce village où l'on ne peut pas faire un pas sans tressauter ! À toute allure, nous rassemblons nos effets, puis déguerpissons à travers une forêt, où une biche surgit à l'improviste, nous regarde étonnée, puis disparaît en quelques foulées légères et gracieuses, laissant dans nos cœurs l'impression d'une manifestation divine.

Égarées entre Pontaumur et Pontgibaud, les Combrailles forment un grand plateau granitique, déchiré par l'activité volcanique et entaillé par les gorges de la Sioule. C'est une terre scarifiée, couverte d'incisions, d'hématomes. Une gueule cassée. En nord occitan, le mot désigne à la fois un « trou », un « escarpement », et un « obstacle », un « barrage ». Autant dire qu'il faut des forces pour aborder ce réduit à la beauté âpre et sauvage. Pendant deux heures, nous escaladons avec peine des ravins qui ressemblent à des canyons. Puis, après le hameau des Besses, où nous subissons l'embuscade de six chiens de ferme, nous débouchons au lac des Fades-Besserve, une retenue d'eau enfermée par d'abruptes falaises. Avec la sécheresse, le lac a fondu. De pauvres toboggans gonflables flottent pitoyablement sur ce réservoir à moitié vide. À la plage, des garçons désœuvrés regardent la maître-nageuse qui regarde le plan d'eau sans eau... On se croirait dans une base de loisirs moldave.

Dans une marche au long cours, la perception du temps subit des altérations. Le rythme des pas fait oublier la durée. Aussi ne saurais-je dire précisément combien d'heures il a fallu pour effacer les dernières gorges jusqu'à Saint-Jacques-d'Ambur.

Sur la place de ce village déployé à l'ombre d'une ancienne chartreuse règne un silence de plomb. Pas la moindre trace d'activité humaine. Nous patientons sur un banc, amorphes. La traversée des Combrailles nous a éreintés. Une demi-heure plus tard, un Kangoo jaune se gare. Parsac rassemble ses dernières forces pour haranguer le conducteur, un homme dans la cinquantaine avec un pantalon crotté.

— On n'est pas des sauvages, entrez ! dit-il, en ouvrant le portail de son jardin.

François est agriculteur. Il revient d'une visite à ses bêtes. La sécheresse le préoccupe. Bientôt, il n'y aura plus de foin. Je ne saurais dire pourquoi cet homme à la timidité maladive m'émeut tant. Il parle en se cachant le visage derrière des mains aux ongles noircis par la terre. Avec son sabir indigeste, Bourdieu dirait que ce langage du corps trahit une « honte de classe intériorisée »...

— Les Auvergnats sont méfiants, mais quand ils donnent leur cœur, ils ne font pas semblant, prévient François, en nous servant un panaché et des palmitos.

Dans cette contrée, la terre est pauvre. Longtemps, des petits propriétaires ont survécu en pratiquant l'autosubsistance. Quand François a repris la ferme de son père, il y avait seulement cinq vaches et deux hectares. Depuis, son affaire a prospéré, mais notre hôte ne roule pas sur l'or. Comme beaucoup de gens ici, il a même été obligé de s'embaucher un temps à l'aciérie d'Ancize pour compléter ses revenus.

— Les Combrailles sont une sorte de trou entre les dômes et le plateau de Limagne, explique l'agriculteur. Or personne ne désire habiter dans un trou ! Aspirés par Riom, Clermont et Issoire, les habitants s'en vont les uns après les autres.

— Mais vous, vous êtes encore là !

— Ma femme, qui s'octroie de temps à autre des bols de civilisation à Clermont, dit que les Combrailles ont déteint sur moi, que je suis devenu farouche, solitaire et sauvage. Farouche et sauvage ? Je ne sais pas. Mais solitaire, assurément. Comme tous les paysans, seuls sur leurs tracteurs et avec leurs vaches...

Comme son père et son grand-père, François est né à Saint-Jacques-d'Ambur. Il a fait ses classes à l'école communale, et a rencontré sa femme au bal de la fête patronale. Tous les copains avec lesquels il descend des canons viennent des villages limitrophes. Chaque jour, il croise le cimetière où une place lui est réservée au caveau de la famille. Jamais il n'est monté dans un avion, et ses rares incursions à Clermont-Ferrand, il les considère comme des odyssées.

— Mon grand-père me disait que la déportation en Allemagne avait été le seul voyage de sa vie, poursuit-il, gagné par l'émotion. Avec un autre prisonnier, il avait réussi à s'échapper, puis à passer la ligne de démarcation au pont Régemortes, à Moulins. Toute mon enfance, je l'ai entendu dire : « Je veux revoir ce pont. » Peu avant sa mort, nous l'avons accompagné, mon père et moi, dans ce pèlerinage. C'est la seule fois où je les ai vus pleurer.

En écoutant François, dont l'existence a renoncé à la fuite en avant, je songe à l'inscription retrouvée sur la tombe de Thomas a Kempis, l'auteur de *L'Imitation* : « J'ai cherché partout le repos et ne l'ai trouvé que dans un coin avec un petit livre. »

Si ça ne tenait qu'à lui, François nous aurait gardés pour la nuit, mais il craint que l'invitation ne lui coûte les réprimandes de sa femme. Au nom de la paix des ménages, nous saluons ce seigneur, et passons, à son initiative, dans les mains d'une certaine Lucette. À sa façon de faire cliquer un trousseau contenant toutes les clés des installations de la commune, Lucette nous fait comprendre qu'elle est importante, qu'ici, elle fait la pluie et le beau temps. À l'aune de cette femme qui doit figurer au conseil municipal, nous sommes un cas d'école, un problème intéressant à résoudre, une façon d'élargir la palette de ses compétences techniques : quelle est la procédure à suivre lorsque deux errants se présentent à l'improviste, et réclament l'hospitalité dans la commune ? Après avoir multiplié les coups de fil et s'être beaucoup creusé la tête, Lucette rend sa copie :

— Le maire est d'accord avec moi, la seule chose qu'on peut vous offrir, c'est le préau de l'école communale.

Avec des tapis de judo qui traînaient sous le panier de basket, nous installons notre campement de fortune. À cette altitude, il faut se préparer à une nuit froide, encore plus glacée que la veille. C'est notre troisième jour sans une vraie douche, nous sommes acculés à faire une toilette de chat dans les lavabos des toilettes publiques. Nous commençons à être reçus et regardés comme des clochards, des vagabonds.

Dans la soirée, Lucette, que nous avions jugée trop hâtivement, revient généreusement nous apporter des œufs de ferme, du saint-nectaire, trois abricots et un peu de pain.

Ce soir, nous sommes un peu l'attraction du village. Devant la table de ping-pong où nous avalons notre dîner, un défilé de villageois passe en jetant vers nous des regards indiscrets.

En avisant la place de ce village où chacun est cantonné chez soi, nous éprouvons le sentiment d'une occasion manquée. Il eût été si bon de goûter ensemble la joie de la rencontre ! On se serait rassemblés chez untel, on aurait ouvert une bouteille de vin qui réjouit le cœur de l'homme, on aurait ri et pleuré en échangeant des banalités sur la difficulté de faire son œuvre d'homme…

De mon tatami, j'aperçois le grand ciel moutonné où des volées d'étourneaux font des figures de danse. Puis, en tendant l'oreille, j'entends Benoît fredonner la chanson de Brassens dans un demi-sommeil : « Elle est à toi cette chanson/ Toi l'Auvergnat qui sans façon/ M'a donné quatre bouts de pain/ Quand dans ma vie, il faisait faim… » Et malgré la nuit mauvaise qui se profile, et la grande fatigue du soir, je suis envahi par une paix surgie de je ne sais quelles profondeurs.

Les heures solitaires

Soudain, dans la forêt assoupie, la voltige d'un cerf...

Ces bêtes merveilleuses sont comme les « visites du Verbe » dans les traités mystiques de Bernard de Clairvaux : on ne pressent pas leur survenue, on ignore d'où elles viennent et on ne sait pas où elles vont...

Ébranlé par cette apparition furtive, je fais signe à Parsac de s'arrêter.

— Es-tu certain de vouloir poursuivre la progression dans ces bois ? Dans la littérature médiévale, on ne croise pas un cerf impunément. Avec sa ramure qui évoque le feu solaire, cet animal est le guide des âmes égarées, celui qui conduit les hommes vers leurs vérités ultimes, un passeur vers le monde spirituel. Il faut se méfier des passages en forêt : souvent, ils provoquent des métamorphoses...

Benoît balaie mes sornettes d'un haussement d'épaules et s'enfonce dans la forêt domaniale de la chartreuse, où je ressens aussitôt comme un saisissement. L'air est chargé de silence, dense de présence. Dans ces bois, des moines ont semé tellement d'oraisons que la prière semble coller aux arbres, exsuder des écorces, affleurer dans la rosée. Rarement j'ai rencontré une qualité de silence semblable à celle de ces vieilles frondaisons. Dans vingt ans, de tels sanctuaires préservés de l'intensité du bruit et de la connexion se négocieront en kiloeuros. Parsac et moi en profitons tant que c'est gratuit…

Enfermée par de profondes vallées closes et des régiments de sapins qui ressemblent à des cierges, la chartreuse du Port-Sainte-Marie, que l'on atteint en sautant par-dessus la Sioule, est un vrai désert. Il ne reste plus grand-chose de cette vieille dame : quelques fondations de l'église, les ruines d'un grand cloître où ont poussé des arbres dont l'allure pieuse évoque des hommes en prière, une grande tour fortifiée bâtie pour se protéger des Anglais qui, déjà à l'époque, faisaient des razzias dans nos campagnes… Il y a dans cette architecture du vide une atmosphère de simplicité et de rusticité, une harmonie du dénuement qui touchent en moi des cordes profondes. Cette pauvreté radicale est une invitation à se dépouiller du vieil homme…

À la Révolution, le bâtiment a été pillé de fond en comble. Les villageois des environs se sont accaparé tous les meubles. La famille de François a hérité d'une armoire en bois massif frappée de la devise des Pères – *Stat Crux dum volvitur orbis* : « Roulent les mondes, la croix demeure. » Elle trône encore dans un salon…

Près de la porte principale, un encart pédagogique enseigne que le monastère a été fondé en 1219 par deux frères, Guillaume et Raoul de

Beaufort. En courant le cerf, raconte la légende, les chasseurs ont vu saint Bruno leur apparaître et les exhorter à fonder à l'endroit même de leur vision.

— Tu vois ce que font les forêts ? dis-je à Benoît. On s'y enfonce, on s'y égare, et on en revient transformé. Auprès des arbres se forgent des secrets capables de changer des existences.

Les seigneurs de Beaufort, poursuit la notice informative, ont obéi aux songes et cédé sur-le-champ leurs terres aux chartreux, en leur imposant toutefois une condition : si l'aîné de leur famille venait à tomber dans la pauvreté, les religieux seraient tenus « de lui fournir heaume, cuirasse et bonne lance, et de lui entretenir un écuyer, un cheval de bataille, deux lévriers et trois faucons ».

— Tout de même, les contrats de l'époque avaient de la tenue ! dis-je à Parsac.

— C'est autre chose, dit-il en riant, que la souscription à une offre de téléphone, avec 4G et SMS illimités !

Désormais, nous cheminons silencieusement à flanc de vallée, le long de la Sioule, sous le couvert de cette forêt que la présence ancestrale des chartreux a enchantée. Dans ce cocon végétal, enveloppé par le feuillage de hêtres où des mésanges jettent des notes cadencées, on oublie le monde. De temps en temps, des rayons de lumière percent à travers les arbres denses. Parfois aussi, le chemin s'ouvre sur de petites clairières, comme des trous de verdure où le dormeur de Rimbaud pourrait être endormi. Puis de nouveau, c'est l'obscurité silencieuse avec des odeurs de mousses fraîches, relevées par des parfums de salsepareille, de fraises des bois et de menthe poivrée. La Sioule, qui fait un bruit de déflagration, est vive, presque insolente. Son déferlement inocule une énergie qui donne envie de croire à l'impossible. Sur ce petit chemin de terre où l'esprit cartusien est palpable, on pressent le voisinage de l'éternité. Quelque chose résonne dans le silence. D'outre-tombe, les vieux moines qu'on imagine ici en spaciement semblent nous dire à l'oreille que tout ce qui n'approche pas de Dieu déçoit un jour ou l'autre.

Après Montfermy, le franchissement d'une ribambelle de gorges, faisant alterner les montées raides et les descentes à pic, chasse notre quiétude monacale. Nos forces sont à plat. Nous avons un peu faim. Les deux pauvres biscottes déposées ce matin par Lucette devant nos tatamis ne nous ont pas calés. Pour nous remettre de ces montagnes russes, Parsac tire de son grabat la confiture aux cerises offerte par Léon et Marcelle.

— Ce pot est un mystère, dis-je. Plus on en mange, plus il y en a !

— Il en va de même avec l'amour ou avec la joie. En fait, tous les vrais biens augmentent à mesure qu'on les partage.

Les griottes ont fait leur effet. L'énergie perfuse à nouveau dans nos jambes qui se jouent des aspérités de la route. Avec un enjouement d'écolier, nous effaçons les villages et les kilomètres. Au hameau de Trimoulet, un ballon en mousse roule sur un gazon tondu, signe que les résidents secondaires sont arrivés.

Le christianisme a peut-être déserté les cœurs, mais il continue de quadriller l'espace : des calvaires en pierre de volcan coiffent chaque carrefour.

Tout à coup, un retentissement rauque de marteaux-piqueurs frappe nos tympans. Une carrière de pierre a éventré une vallée ; à travers une crevasse béante, on croit voir les entrailles de la terre, sa chair à vif. Le lieu-dit des Barras efface le souvenir de cette désolation. Au loin, devant nous, la flèche effilée du puy de Dôme. Et au premier plan, posé dans un écrin de verdure, le viaduc de l'A89, où les camions semblent rouler dans le vide. De cet angle, on a l'impression, comme dans un tour de magie, que la chaîne des puys repose sur ce prodige de technicité, de finesse et de beauté métallique.

Puis c'est un enchevêtrement de forêts où le vent achemine la rumeur de l'autoroute, et avec elle les vieux vers de Rimbaud : « Le vent chargé de bruits – la ville n'est pas loin –/ A des parfums de vigne et des parfums de bière… »

Avant Barbecot une montée se présente, sans doute plus abrupte, la plus pénible depuis le début du voyage. Trois quarts d'heure d'ascension d'un raidillon qui coupe le souffle et pique les jambes. Une sorte de propédeutique aux puys qu'il faudra escalader dans les prochains jours. Mais, en haut de la côte, le surgissement d'un renard récompense cette suée. La bête est aux aguets, sur le qui-vive, comme la plupart des animaux qui ne sont jamais tranquilles car tout ce qu'ils possèdent est sans cesse menacé. À force de vivre au milieu de la nature, Parsac et moi renouons avec cette inquiétude archaïque. Les traversées des forêts, les nuits à la belle étoile, l'immersion dans l'univers sauvage réveillent en nous des forces instinctives, des réflexes oubliés. En quinze jours de grand air, nous avons affûté un senti des choses et des personnes, un art de la perception. Au premier coup d'œil, nous savons détecter la dangerosité d'une situation, jauger la pertinence d'un lieu pour la nuit, ou sentir venir les tempêtes. Sous le vernis de l'homme de la ville percent le trappeur, le terreux, l'homme des bois.

À Villelongue, ce flair nous mène devant une maison envahie par des fleurs. Dans le jardin, des carillons à vent pendent aux branches des arbres où sont accrochés des écriteaux avec des phrases définitives : « Être dans le vent est une ambition de feuilles mortes », « On trouve rarement le bonheur en soi, jamais ailleurs »... La maison est un balcon sur le puy de Dôme et la chaîne du Sancy ; nous sommes aux premières loges.

Je frappe. La porte s'ouvre sur un volcan en éruption. Une fulguration d'énergie, une tornade, un feu. Vraiment, il faut s'accrocher à la rambarde pour ne pas être emporté par le souffle de Suzanne, puisque c'est le prénom de la jeune femme de quatre-vingt-deux ans qui se présente avec une longue chevelure rouge et de beaux yeux bleus.

Avec le temps, une division du travail s'est installée entre Parsac est moi. Tandis qu'il s'est spécialisé dans la trouvaille de nourriture, je suis passé maître dans l'art de susciter les confidences, de délier les langues. Mais avec Suzanne, cette qualité est superflue. Séductrice en diable, fantasque, charismatique, notre hôte est aussi fort bavarde… Dans un flot de paroles, elle nous balade à travers son antre où les murs sont couverts d'articles de presse, de photos officielles et de diplômes. Des pièces de laine, de mohair, d'alpaga sont également accrochées ici ou là. On finit par apprendre qu'elle est l'inventeur d'une technique de tricotage sans crochet, uniquement avec les doigts – « le crochet sans crochet » –, qui lui a valu les honneurs du Guiness des Records et le passage dans des émissions de télé. Un petit musée atelier, derrière sa cuisine, prolonge le souvenir de ce quart d'heure de célébrité. Parsac se pince les bras pour ne pas rire. Les circonstances ont de l'humour, me dis-je, en signant le livre d'or : en trois heures de temps, on est passé de l'austérité d'une chartreuse à l'extravagance la plus absolue.

Suzanne insiste pour nous garder à sa table. Le déjeuner est un festin : salade périgourdine, blanquette de veau, tarte aux abricots, cru bourgeois. À l'époque où l'on se sent coupable de zieuter l'étal d'un boucher, et où il faut manger des graines germées, des tourtes aux légumes bios et du pain sans gluten, ce gueuleton est une réjouissante transgression.

L'ivresse aidant, la maîtresse de maison nous confie comment elle a perdu pied à la mort de son mari, qui a creusé dans son cœur un vide atroce. Pour se ressaisir, cette incroyante s'est même fendue d'une retraite silencieuse dans un monastère.

— Il était temps que je parte, rit-elle. À mon contact, les sœurs étaient devenues bavardes comme des pies, et tout au couvent était sens dessus dessous…

Malgré ses huit décennies, Suzanne n'a pas renoncé à l'amour. Avec son talent de conteuse, elle nous décrit par le menu ses déconvenues avec les hommes rencontrés *via* une agence matrimoniale. Parsac et moi sommes au théâtre. Mais derrière les facéties, on discerne un besoin abyssal d'être aimée.

En l'embrassant tendrement, je lui glisse en souriant que de toute façon, elle finira au couvent.

— Dieu m'en préserve ! pouffe-t-elle, avant d'ajouter : Priez pour ma conversion !

Décidément, le marcheur est l'homme de l'occasion, un flâneur qui fait provision de surprises au fil du chemin. La Sécurité sociale devrait prescrire ce genre de voyages à tour de bras. À cette école buissonnière, on apprend la joie de la rencontre, l'art de saisir les circonstances et de s'amuser de tout.

À cause de l'ivresse, nos jambes sont si chancelantes qu'une rafale de vent nous emporterait. Titubant sur des chemins de fortune, nous devisons sur la « conversion » de Suzanne.

— Les gens ont une vision un peu magique de ce phénomène, observe Benoît. Comme si tout était sombre avant ce coup de grâce, et tout rose après.

— Moi aussi, mon vieux, j'ai succombé à cet imaginaire. Je pensais que ma conversion allait me libérer de mes défauts, de mes limites, qu'un homme nouveau allait advenir dont je me disais qu'il serait parfaitement charitable et qu'il aimerait le fromage... Comme s'il s'agissait d'une refonte de la personnalité ! Mais non, on ne change pas, on reste tragiquement, désespérément le même... Si je ne crois pas être devenu un « autre » homme, j'ai toutefois le sentiment d'être devenu plus moi-même. C'est peut-être cela une conversion : le lent exhaussement de la personne.

— Tu causes bien pour quelqu'un qui a vidé la moitié d'une bouteille de Bourgogne... Ce que tu racontes fait penser à Foucauld. Que de pieuseries ont été écrites sur son passage dans le confessionnal de l'église Saint-Augustin, en 1886 ! Pour imposer l'image du rebelle terrassé par la grâce, les vendeurs de littérature sulpicienne ont présenté la chose comme une rupture radicale avec sa vie d'avant, censée n'avoir été que débauches, mondanités, égarement dans l'extériorité. Charles devait être ce mécréant qui se prenait un coup de grâce comme on reçoit un coup de massue. En vrai, ce qui se passa dans le confessionnal de l'abbé Huvelin n'a pas été le foudroiement d'un débauché. Le retournement du cœur de Charles fut l'aboutissement d'une longue recherche. Entre sa vie de désordre et ce matin de l'an de grâce 1886, il y a eu l'ascétisme de son exploration marocaine, puis des années de recherches philosophiques, de quête de la vérité.

— Et puis, au fond, dans son itinéraire spirituel, 1886 n'est qu'un coup d'envoi. La conversion est l'œuvre d'une vie, un travail de chaque jour. Foucauld en vivra toute une série, jusqu'à celle de l'hiver 1907, peut-être la plus déterminante. À Tamanrasset sévit une sécheresse terrible :

sans l'hospitalité de ses voisins nomades qui récoltaient le lait de chèvre dont ils auraient eu besoin pour leurs propres enfants, Charles serait mort. Jusqu'à cet épisode, il se voyait en sauveur, mais c'est lui qui est sauvé par ces Touaregs à qui il pensait apporter le progrès ! À partir de là, il abandonne toute idée de prosélytisme, de conquête. Au lieu de chercher à ramener les autres à soi, il se décentre de lui-même, entre dans une démarche d'hospitalité, se met à étudier leur culture, à pratiquer envers eux un amour gratuit, débarrassé de tout intérêt, de toute arrière-pensée. C'est l'éclosion du frère universel…

— On devrait picoler plus souvent, dit Parsac en riant, pris de hoquet. Tu ne trouves pas que cela élève le niveau de nos échanges ?

À Saint-Ours, où Parsac nous a paumés, je tombe par hasard sur une feuille de chou éditée par l'intercommunalité. Il y est question de « e-territoires pilote », « de communes en capacité », « d'optimisation des atouts », « de synergies au service de l'attractivité »… En déchiffrant ces hiéroglyphes, je songe à Casanova. On ignore souvent que ce grand vivant était aussi un merveilleux styliste de la langue française. Dans un petit livre méconnu, intitulé *À Léonard Snetlage*, où il s'en prend aux révolutionnaires coupables d'avoir violenté la langue, ce coureur de jupons parle de la France comme d'une nation « toujours folle de nouveautés » et victime d'un invincible penchant « à enfanter des mots », alors qu'il ne faudrait se servir « que de paroles couronnées par l'usage ».

— Notre *process* de marche n'est pas assez *speed*, dis-je, gagné à mon tour par cette maladie. Il faut qu'on *performe* davantage si l'on veut arriver à Pontgibaud avant la nuit...

Pour moi, cette ville est une madeleine. Elle me rappelle l'époque où je me promenais dans les allées du pouvoir. Car avant qu'un ministre de Chirac s'adjuge les services de ma plume, j'ai commencé ma « carrière » par un exil en province, dans le cabinet d'un sénateur où j'étais chargé de la rédaction des discours et du suivi des dossiers de médailles, un merveilleux poste pour observer la comédie sociale et le cœur de l'homme. À chaque vacance, je passais par Pontgibaud pour rejoindre la maison de famille, en Corrèze. Puis des élections écourtèrent ce début de notabilité...

— Ta notabilité, se lamente Benoît, elle nous aurait fait du bien ce soir !

Il faut dire que nous enchaînons les refus violents. Pour les mendiants, les villes sont des épouvantails. Chacun est claquemuré dans son entre-soi. Toute tentative de contact est regardée comme une ingérence. De toute façon, des barrières et des codes rendent le contact impossible. À force d'être dans la forêt, de dormir à la belle étoile, d'habiter parmi les nuages, on finit par être étonné que des gens vivent ainsi, barricadés dans leurs maisons.

Pendant deux heures, nos tentatives se soldent toutes par des refus. Les gens nous toisent comme des vagabonds, nous claquent la porte au nez, ou nous jettent à la figure des paroles méprisantes.

Pas d'autre choix, ce soir, que de contrevenir à l'esprit du voyage en frappant à la porte du presbytère Saint-Benoît. Un prêtre burkinabé nous tire de la détresse en nous confiant les clés d'une salle défraîchie qui sert aux réunions de la paroisse. Au milieu de livres et de dessins des gosses du caté, on trouve deux lits de camp, un vieux réchaud à gaz, et une toilette turque qui peut se transformer en douche. Pour nous, c'est l'opulence !

En sortant un paquet de pâtes d'une remise, le père Maurice, qui découvre la France, nous fait part de sa surprise devant l'ampleur du décrochage religieux.

— Vous avez des églises magnifiques mais elles sont vides. Nous, on dit la messe sous de vieux baobabs, mais avec des foules entières qui dansent !

Tandis que Parsac fait cuire les spaghettis, je me rince les cheveux, en veillant à ne pas tomber dans la cuvette, puis j'attends le repas avec presque autant de hâte que le Messie.

Une nuit noire vient effacer l'ardoise de la journée.

Demain est un autre jour.

La dame au saucisson

Le Christ se retire au désert, Robinson sur une île, Tintin sur la Lune. Moi, je m'enfonce au cœur d'une forêt pour y retrouver les enchantements que la ville, avec ses odeurs, ses bruits, ses complications et ses trépidations, a mis entre parenthèses.

Avant de partir, à l'aurore, le sympathique père Maurice nous a consenti un petit-déjeuner expéditif. Le prêtre burkinabé comprend mal la tradition française des repas interminables qui l'empêchent de faire la sieste. Avant que Parsac ait terminé sa tartine, il nous a bénis à la hâte, en nous demandant de ranimer l'espérance dans les bleds que nous traverserons, rien que cela ! Puis il a tourné les talons et claqué la porte.

Plus tôt, dans la bibliothèque du presbytère, une vieille biographie m'a fait de l'œil – *Vie de Charles de Foucauld*, par J.-F. Six, Livre de Vie, 1962. J'y ai découvert un épisode mystérieux, méconnu : une fugue accomplie par Charles lorsqu'il était étudiant à Saumur. Pendant plusieurs jours, le cavalier a eu les gendarmes à ses trousses. On a fini par le retrouver dans un village du Maine-et-Loire, déguisé en clochard, loqueteux, misérable. Charles errait dans la campagne. Il mendiait son pain.

Évidemment, cette échappée me réjouit. Elle me rend ce frérot encore plus proche. Comme nous, il a connu les galères et les joies du dépouillement. Lui dont l'ambition sera de « passer obscur sur la terre comme un voyageur dans la nuit » pourrait être à nos côtés sur les routes d'Auvergne, riant de bon cœur à nos blagues de potache.

En même temps, comment ne pas déceler dans cette histoire de déguisement la manifestation d'un mal-être ? Un désir de changer d'identité et de rechercher une sorte de virginité sociale de la part d'un jeune homme que des deuils précoces, l'absence d'une vocation claire et une perpétuelle insatisfaction rendaient mal dans sa peau ? Charles sera longtemps un homme aux visages changeants, à la recherche hésitante. Pour truquer une identité qui ne le satisfaisait pas, il se camouflera dans divers accoutrements religieux. Mille fois, il se métamorphosera en faisant valser les signatures au bas de ses lettres – frère Marie-Albéric, frère Charles, frère Charles de Jésus… Puis, dans les années 1910, comme réconcilié avec son histoire, voici qu'il abandonne le scapulaire, le signe du Sacré-Cœur, et le visible rosaire à gros grains qui encombraient sa gandoura. Désormais, il porte une discrète tunique blanche, comme celle de ses amis touaregs. Il renoue aussi avec son nom de naissance et signe sa correspondance d'un simple « Charles de Foucauld ». Fini les accessoires religieux, plus besoin de toute cette plâtrerie identitaire ! Grâce à l'Évangile, Charles est enfin devenu lui-même...

Une coulée de lave boisée me soustrait à ces cogitations foucauldiennes. Au pied des volcans de Dôme et de Louchadière, la forêt du camp du maquis des Cheires est une curiosité géologique. Dans l'obscurité forestière, un chemin file au milieu d'un empilement de blocs de pierre. Ces chaos de rochers, sur lesquels des arbres ont pris racine, sont les vestiges d'anciennes éruptions. Ils viennent des cratères des volcans qui les ont projetés avec une rage à glacer le sang. On dirait une scène de guerre désertée, un feu d'artifice éteint.

— Quel âge ont ces paysages ? feint de se demander Parsac pour me confronter à mon inculture géologique.

Face à mon silence embarrassé, il enfonce le clou :

— Bravo ! Tu débites à la chaîne des théories fumeuses, tu causes comme un livre de l'inhabitation de Dieu en nous, tu connais la liste des livres sélectionnés au prix Renaudot, mais tu ne sais pas dater un caillou...

Il a raison : je suis un analphabète de la nature. Décidément, notre progrès marche à reculons. D'un effleurement du doigt, on peut déclencher des processus, mais on ne sait plus nommer l'oiseau qui nous gratifie de son chant. Or une chose non nommée existe-t-elle vraiment ? Je suis le fils d'une génération bardée d'écrans et d'appareils, mais j'ai perdu le savoir élémentaire, la connaissance basique, la litière des choses.

Une atmosphère de fin du monde se dégage de cette forêt secrète et mystérieuse. Pendant la guerre, ce paysage lunaire abrita des réfractaires au STO. Puis la forêt est devenue une cachette pour les résistants. Des centaines de maquisards se sont planqués dans les creux de cette terre tapissée de taillis. Sans le savoir, ces jeunes rebelles renouaient avec une vieille théorie militaire qui soulignait le rôle majeur du Massif central dans la défense du pays. Après la défaite traumatisante de 1870, cette terre est devenue pour les états-majors le réduit suprême de résistance à une invasion, une forteresse imprenable, le dernier repli où nos armées battues pouvaient se retirer et se reconstituer. Alors que les Pyrénées, les Alpes, le Jura et les Vosges forment des montagnes frontières facilement prenables, les hautes terres intérieures forçaient les lignes ennemies à se diviser, gênaient leurs liaisons.

— Les Monts-Français, comme les a désignés le géographe Onésime Reclus, n'ont rien perdu de leur valeur stratégique, dis-je à Parsac. C'est toujours une zone franche, un vaste camp retranché, un grand Gergovie qui résiste encore et toujours à l'envahisseur : le bruit, la laideur, l'agitation…

À la sortie de la forêt, un chemin longe pendant une heure la chaîne de Dôme. Jamais nous n'avons été aussi près des volcans.

— Et s'ils se réveillaient ? demande Parsac, qui presse le pas.

— Il faut toujours régler sa conduite sur les vaches. Or, observe bien ces ballerines dans le pré : elles n'ont pas l'air plus inquiètes que cela !

Dans la grande famille des volcans d'Auvergne, les monts Dôme sont les petits jeunes, les derniers-nés, les bizuts. Les feux du puy de Sancy et du plomb du Cantal étaient éteints depuis belle lurette lorsque de violentes convulsions soulevèrent le vieux plateau hercynien, qui avait besoin d'un coup de jeune après des millénaires d'érosion. L'activité souterraine piqua la surface d'une multitude de buttes, de cônes, de dômes, de pitons, et de soupiraux. Une suite de quatre-vingts volcans, alignés du nord au sud, à l'ouest de Clermont-Ferrand et du plateau de la Limagne, prirent position. On pense que des hommes ont assisté à ces feux d'artifice – les dernières éruptions sont relativement récentes : 7 000 ans avant notre ère. D'où l'allure soignée de ces puys, notamment celui de Côme, qui figure un volcan idéal, avec des lèvres bien dessinées, un cratère de carte postale, et une forme conique parfaitement régulière soulignée par le manteau forestier découpé à ses flancs en lanières rayonnantes.

— Son sommet ressemble à un trou dans un green de golf, observe Parsac, avec un sens personnel de la poésie.

— Et le puy de Dôme ?

— À un dé à coudre.

Dans la plupart des traditions, la montagne a partie liée avec le sacré, comme si les hauteurs attisaient les aspirations spirituelles. Les cimes sont des décors de théophanie. Des lieux où souffle l'esprit. Le puy de Dôme ne déroge pas à cette exaltation religieuse. Un temple dédié à Mercure trône encore à son sommet.

Les Gallo-Romains venaient y conjurer la colère de leur dieu en rabâchant des prières. Au XVIe siècle, les sorcières du pays arverne s'y donnaient rendez-vous. « Les mercredis de chaque semaine, le chapitre général se tenait là-haut », écrit un chroniqueur qui raconte par le menu les sortilèges imaginés pour rafler les faveurs des esprits.

— Dans presque toutes les religions, observe Parsac, la divinité inspire l'effroi. Pour se la mettre dans la poche et apaiser son courroux, on pratique des sacrifices, des expiations. C'est un rapport de commerce et de crainte. Je ne veux pas plaider pour ma crémerie, mais dans le christianisme cette violence est désamorcée. En définissant Dieu comme « amour », l'évangéliste Jean accomplit une révolution anthropologique. Désormais il n'y a plus de menace. Dieu est « l'ami des hommes », comme disent les orthodoxes. Et puis, de toute façon, le Dieu des béatitudes n'a pas d'autre puissance que celle de l'amour désarmé…

Voici Mazaye, où nous faisons halte. Avec ses teintes sombres, ce petit village du Puy-de-Dôme dégage une certaine sévérité, une mélancolie. Des maisons construites avec des moellons de basalte et de lave sont rangées sans ordre autour d'une église du XVe siècle. L'édifice a été badigeonné d'un crépi blanc, on dirait de la crème pâtissière.

Je profite de la pause pour donner à mes pieds une permission. À la longue, ils souffrent de l'incarcération que les chaussures leur infligent. Assis dans l'herbe, Parsac grignote des fruits secs, tout en lisant une carte au pied d'un calvaire doloriste. En détaillant ce Christ sanguinolent, je m'interroge : pourquoi la souffrance a-t-elle été ainsi portée aux nues ? D'où vient cette célébration de la douleur ? *L'Imitation* est un bon témoin de cette dérive qui a défiguré le christianisme. La vie est une vallée de larmes, dit-il en substance, on n'est pas là pour s'amuser ! Mais l'auteur a une excuse : il a écrit son texte à une époque crépusculaire. C'est l'automne du Moyen Âge. En se décomposant, la civilisation médiévale allume ses derniers feux, semblables à ces fleurs d'automne magnifiques mais mélancoliques. Les gens sentent alors qu'un monde s'achemine vers la fin. Ils broient du noir, accablent la vie de reproches. Maladies, épidémies, guerres accentuent ce pessimisme. D'autant qu'il faut affronter ce tragique à mains nues, sans anesthésie, sans Doliprane, et sans le maternage d'un gouvernement faisant la promotion des « gestes barrières »... Il ne faut jamais oublier ce contexte lorsqu'on reproche à *L'Imitation* son dolorisme. Le livre vient d'un temps où les vies connaissaient plus d'heures de malheur que de bonheur. Il n'empêche que la souffrance n'a pas de sens, et ne sert qu'à envenimer les existences. Elle est aussi contre nature : nous sommes faits pour le bonheur. L'Évangile, qui orchestre le passage des larmes du Vendredi saint à la joie du dimanche de Pâques, de l'humilié du Golgotha au Glorifié de la Résurrection, ne dit pas autre chose.

Entre Mazaye et Olby, un jeune couple de randonneurs harnachés d'un équipement sophistiqué aux couleurs fluo s'arrête à notre passage.

— On « fait » les monts d'Auvergne. On aime bien : c'est « roulant » !

À défaut de comprendre ce charabia, je leur demande leur prénom – Parsac trouve ridicule ce penchant à vouloir mettre un nom sur les visages de tous les gens qu'on croise. Chloé et Anaël sont les troisièmes marcheurs rencontrés depuis notre départ. Le GR4 est le royaume des solitaires. C'est aussi celui des vaches puisque dans ces contrées les bêtes sont plus nombreuses que les habitants. D'ailleurs, le tintement des cloches d'un troupeau retentit à mes oreilles. La robe acajou foncé, le poil long et frisé et les cornes en forme de lyre ne laissent aucun doute : ce sont des salers, les premières depuis Angoulême. J'observe ces chercheuses d'or prélever dans l'océan de verdure la touffe d'herbe rêvée. Les vaches sont de vraies botanistes, elles s'y connaissent : d'un coup de langue, elles cueillent la fleur aromatique et écartent la mauvaise herbe.

En rejoignant Parsac qui ne partage pas ma ferveur de franciscain pour les bovins, je bute sur un fragment de quartz et je pense à Teilhard de Chardin, le grand jésuite. Né à quelques encablures d'ici, au pied du puy de Dôme, le futur géologue était fasciné par les pierres du pays. En détaillant les cristaux de quartz ou d'améthyste qu'il trouvait par terre, il s'était senti attiré par la matière ou plutôt, écrira-t-il, par « quelque chose qui luisait au cœur de la matière ».

— Au fond, résume Benoît, il a vu le mystère du Christ là où les autres ne voyaient que des cailloux.

Pour désigner les spiritualités païennes qui se contentent du monde, et les distinguer de ce qu'il appelle les tartuferies monothéistes, obnubilées par l'au-delà, Sylvain Tesson écrit dans *Un été avec Homère* : « Est divin ce qui se tient dans la présence pure, dans l'explosion du réel. Le divin miroite dans la complexité immanente de la nature. Il y est incorporé. » Mais les chrétiens ne disent pas autre chose ! Pour eux aussi, la terre est sacrée, et le cœur de Dieu vibre dans la matière. L'incarnation est une incorporation de Dieu à la réalité du monde. Dans *Le Milieu divin*, Teilhard de Chardin parle d'une « diaphanie de l'univers », c'est-à-dire d'une transparence de Dieu dans l'étoffe du cosmos, au cœur de toute chose.

Il est émouvant de savoir que ces fulgurances mystiques sont nées en contemplant ce pays des volcans. C'est vrai qu'ici on ne peut pas faire un pas sans se dire que ces paysages d'Auvergne possèdent un esprit, un cœur, un visage…

À Olby, un tilleul qui remonte à l'époque d'Henri IV et de Sully relativise l'importance de nos existences.

Parsac ressort les mains vides et la mine défaite d'une supérette. Il s'est fait violemment rejeter par l'épicier devant une pléiade de clients. Moi aussi, je n'ai récolté que des refus, dont celui, touchant, d'un vieux couple :

— Avec nos retraites, on n'a pas de quoi se payer des fruits ! Sinon, on vous aurait donné de bon cœur.

Conformément à notre tropisme châtelain, on se présente à la porte d'une maison de maître où sont stationnées des berlines aux vitres teintées. Les propriétaires, qui vivent à Clermont-Ferrand, sont adorables. Ils veulent nous garder à déjeuner et nous communiquer des lettres de créance afin d'être introduits chez les aristos des environs. Mais pressentant dans cette générosité quelque chose de surjoué, d'affecté, de mondain, je décline l'offre poliment, sous le regard noir de Parsac, qui se voyait déjà faire une brasse dans la piscine au milieu du gotha du coin occupé à singer les élégances parisiennes.

Tournant le dos aux volcans de Dôme, nous marchons encore trois longues heures en direction du massif du Mont-Dore.

Dans l'allée du château de Cordés, sous le couvert de vieilles charmilles, Parsac lève un coin de voile sur sa vocation de jésuite, du moins ce qu'on peut en dire : la vocation est le secret d'un homme.

Puis soudain, au détour d'un chemin, l'édifice surgit. Au premier coup d'œil, la basilique d'Orcival ressemble à une fusée parée pour le décollage. Puis, avec le temps, c'est une impression d'aplomb, d'assise qui se dégage. Les pierres volcaniques donnent un air d'austérité à cette église solide, trapue, massive, impression renforcée par les teintes sombres des toits de lauzes qui coiffent les maisons blotties autour d'elle comme des poussins sous les ailes d'une poule. Cette basilique n'a pas été conçue pour en mettre plein la vue, sidérer, fasciner, susciter « l'effet waouh », comme on dit dans le marketing. Elle vient de ces temps romans où l'on appliquait à l'architecture ce que saint Benoît enseigne à propos de la prière : « Il faut prier Dieu en toute humilité, utilisant peu de mots, avec un cœur pur. » Rien de superflu dans ses lignes, pas une pierre de trop, mais une beauté forte et simple, qui naît du dépouillement, de la contention, de la recherche de l'harmonie dans l'épure. Avec son étagement et la parfaite imbrication de ses formes, le chevet, un pur joyau du style roman auvergnat, illustre cette sobre élégance, cette noblesse contenue.

L'édifice a poussé au XIIe siècle sur les ruines d'un lieu de culte druidique au creux d'un vallon. Les bâtisseurs ont eu la sagesse de suivre les recommandations de Grégoire le Grand qui, au VIe siècle, écrivait : « Ne détruisez pas les temples, baptisez-les d'eau bénite, dressez-y des autels ; là où le peuple a coutume d'offrir des sacrifices aux idoles, permettez de célébrer à la même date des festivités chrétiennes. » Il me plairait que les chrétiens d'aujourd'hui retrouvent l'inspiration hospitalière de ces temps !

Je marque un moment d'arrêt devant le portail. Comme avec une fiancée, il ne faut pas aller trop vite. Le plus important, en amour, ce sont les préliminaires.

À l'entrée, un chapiteau sculpté attire le regard. Il met en scène le « riche insensé » décrit dans l'Évangile de Luc. Sur la sculpture, cet être serre de toutes ses forces une bourse qu'il porte à son cou, pendant qu'il est enfourné en enfer par deux êtres à l'aspect démoniaque. C'est la figuration du châtiment de l'avare. Au regard de l'homme pour qui être c'est avoir, la mort est une épouvante car elle lui arrache tout. Orcival nous prévient d'emblée : elle ne livrera ses charmes que si l'on accepte d'entrer dans une attitude de dépossession, de renoncement à l'esprit propriétaire. Se dessaisir de soi pour s'ouvrir à autre chose.

Parsac a plongé dans la crypte, moi je m'installe sur un banc dans le fond de l'église, et me laisse pénétrer par le langage symbolique des pierres. La basilique est un chemin de lumière. Un itinéraire pour passer du narthex sombre jusqu'au chœur lumineux, où trône une statue de Marie, qui appartient à la grande famille des Vierges reliquaires d'Auvergne.

Par leurs espaces, leur élévation, leur clarté, les cathédrales gothiques transportaient les fidèles dans un autre monde. Ces structures d'air et de lumière, qui semblaient déjouer les lois de l'apesanteur et tenir par enchantement, voulaient aspirer les fidèles au-delà des contingences du monde, et les projeter vers le ciel, comme des flèches pressées. Orcival exprime une autre théologie. Dans l'architecture romane, il s'agit d'abord de chercher Dieu en soi. L'enveloppement des voûtes, la pénombre, l'accent mis sur les lignes sobres, la densité du silence, tout invite à l'intériorité, au recueillement. En franchissant son portail, on pensait grimper dans une fusée, mais on est fermement maintenu au sol, plaqué à terre, invité à s'enfouir comme une graine de moutarde. Voilà le message d'Orcival : la contemplation n'est pas une évasion. Pour monter haut, il faut garder les pied sur terre et le sens du concret…

La beauté est un rapt : elle nous tire de nous-même et ouvre sur un au-delà. De fait, je sors du sanctuaire en clignant des yeux. Après cette parenthèse hors du temps, le monde contemporain paraît presque irréel. Dehors, des cantonniers balaient mollement la voirie, sous le regard de grands-mères aux yeux rieurs qui papotent sur un banc. Au bar « Le pays arverne », des touristes vident des panachés. À côté, un magasin propose des spécialités d'Auvergne, des produits « authentiques ». Mais existe-t-il vraiment une Auvergne authentique ailleurs que dans les romans d'Henri Pourrat ? Tout pays ne procède-t-il pas de nos songes ?

Ce soir, la récolte de nourriture est un four. Je reviens piteusement de mes explorations avec deux riz au lait « La Laitière », Parsac avec une pauvre tomate. Pour le gîte, ce n'est guère mieux. Personne n'a daigné nous écouter, ni même nous regarder. Or nous savons maintenant d'expérience que pour espérer quelque chose, il faut accrocher le regard. Quand une personne prend le temps de nous envisager, tout devient possible, y compris de dormir dans sa chambre d'ami. Le philosophe Lévinas a écrit de belles pages sur le visage comme une vulnérabilité, un dénuement, une misère, qui supplie celui qui le regarde d'en prendre soin, d'en devenir responsable.

Parsac, qui préférerait se nourrir d'aliments plutôt que de considérations phénoménologiques, est crispé. La perspective de dîner d'une tomate ne le laisse pas serein. Sans doute ressasse-t-il aussi l'occasion manquée chez les châtelains d'Olby qui augurait des repas copieux, des conversations policées et une nuit confortable ! Je décide de me racheter une conduite en prenant les choses en main.

— Ne nous épuisons pas à chercher un logement, dis-je avec autorité. C'est trop touristique, on ne trouvera pas. Dormons à la belle étoile, au pied de la chapelle, là-haut, sur la butte. La vue sur la basilique est imprenable, on sera bien.

Benoît acquiesce sans enthousiasme, et me suit à l'épicerie où je tente le tout pour le tout.

— On est deux pèlerins, dis-je à bas bruit pour ne pas m'afficher devant les clients. On traverse le Massif central sans argent. Auriez-vous des produits périmés, des invendus ?

La dame, un peu sourde, me fait répéter trois fois… Puis, profitant du fait que son mari a disparu dans les réserves, nous donne en douce deux saucissons du pays, et nous invite à nous servir en fruits frais. On se confond en remerciements, émus aux larmes.

À cause de la présence de Parsac, je n'ose pas demander à l'épicière son prénom, mais je la baptise dans mon cœur « la dame au saucisson ».

La nuit tombe sur notre campement de fortune qui surplombe le village. De là, on peut veiller sur la basilique, à moins que ce soit elle qui veille sur nous. Avec le foin fauché par les cantonniers, on s'est taillé une sorte de paillasse pour affronter le froid.

Avant de me coucher, je me brosse les dents à une source qui donne son eau au compte-gouttes, sous le regard d'une vingtaine de brebis qui exercent leur liberté folâtre dans le champ d'à côté, chaperonnées par un âne. Je me réjouis de la présence des bêtes dont les cloches berceront nos songes.

La lumière du soir est pure et tendre. Les arbres, posés là comme de vieux messieurs patients, se balancent dans un mouvement qui évoque une respiration calme. Dans le grand silence de la nuit, les étoiles ont l'air de célébrer quelque chose. J'ai l'impression ce soir que tout consent, que la nature dit « oui ».

— Que de clarté il y a dans la nuit ! me dit Parsac, enfoui dans son duvet, en citant je ne sais plus qui.

Je lui réponds avec ce vers d'« Ophélie » : « Un chant mystérieux tombe des astres d'or. »

Puis, alors que nous tombons de sommeil, un homme à la barbe hirsute surgit sur le chemin, nous observe, puis s'enfonce dans la forêt sans dire un mot.

— Notre-Dame d'Orcival, protégez-nous, psalmodie Parsac en riant jaune.

— Ne me dis pas que tu as la frousse ? dis-je, tout en glissant discrètement mon couteau suisse dans le duvet...

Une France en miniature

Qu'il fait froid dans cette église ! Voilà au moins une heure que je patiente dans la pénombre. La messe devrait commencer dans quelques instants. Parsac est parti à la sacristie, en éclaireur. Ce matin, nous avons décidé de rejouer la stratégie des dimanches, avec son protocole désormais bien huilé : Benoît enfile l'aube du prêtre, célèbre la messe, harangue les fidèles à propos de notre voyage, et récolte à la sortie des cascades d'invitations… Cela a porté ses fruits à Bourganeuf, il n'y a pas de raison d'échouer à Orcival.

En attendant, moi, j'ai la tête des mauvais jours. Je n'ai pas eu de café au réveil après une nuit hachée, sous les étoiles. Et puis le dimanche est synonyme de repos. Or je m'habitue toujours aussi mal à cette ascèse de l'arrêt. Je n'ai qu'une seule envie : reprendre la route, avaler les horizons, déguerpir. D'où vient cette difficulté à rester en place, cet insatiable appétit de l'étendue ? Dans *Le Crépuscule des pensées*, Cioran écrit : « Pour demeurer quelque part, pour avoir sa “place” dans le monde, il faut avoir accompli le miracle de se trouver en un point de l’espace, sans plier sous l’amertume. » Peut-être le désir de partir est-il le fait de ceux qui ne connaissent pas la paix dans leur âme, et qui attendent des chemins un réconfort, une consolation ? À moins que cette avidité de l’espace soit métaphysique, spirituelle. L’infini des horizons viendrait réveiller chez le pèlerin la nostalgie de ses propres profondeurs, le désir de parcourir les immensités qu’il y a en lui. Disons pour moi que c’est un mélange des deux : un soupçon de mystique et une forte dose de névrose…

Pour me changer les idées, j’observe le petit théâtre des gens. Sous les voûtes romanes, certains affichent l’œil froid du touriste, d’autres sont étreints par l’émotion. La cloche sonne 10 h 30. Une poignée de femmes s’engouffrent dans une petite chapelle latérale où brûlent des régiments de cierges. Tandis qu’elles récitent le chapelet à voix basse, des vacanciers défilent au pas de course en actionnant des perches à selfie. Un guide suggère de ralentir le pas. Pour sentir le lieu, dit-il, il faut laisser l’espace déployer ses nuances. Dans la nef, un Japonais baragouine un sabir qu’un traducteur déchiffre : « À quelle heure commence le spectacle ? » Comme lui, beaucoup de visiteurs semblent étrangers à l’esprit des lieux, comme perdus dans cet écrin de silence dont ils n’ont pas les codes. Pressentant cependant qu’ils ont pénétré dans un espace sacré imposant la déférence et le respect, ils font comme Johnny dans ses concerts : ils soignent leurs entrées et leurs sorties…

La messe vient de commencer. De l'autel, Parsac me jette un regard inquiet. Manifestement, le scénario ne se passe pas comme prévu. Le desservant du jour, un père guinéen, l'a relégué derrière un pilier, invisible. Dans son mot d'introduction, le prêtre n'a pas daigné justifier la présence auprès de lui de ce jésuite en goguette, qui reste pour toute l'assistance un inconnu. En outre, pendant l'offertoire, Benoît s'est mélangé dans les formules, avant de se prendre les pieds dans son aube, suscitant la méfiance du curé africain. J'apprendrai plus tard que ce dernier a exigé que Parsac lui montre son « celebret », une espèce de passeport qui atteste l'identité des prêtres et les autorise à célébrer en dehors de leur diocèse d'appartenance. Évidemment, Benoît, qui voyage léger, ne s'est pas encombré de cette paperasse.

La liturgie du dimanche propose l'Évangile du bon Samaritain. Je me dis que cette aubaine attendrira les cœurs les plus cadenassés. D'autant que le curé prêche avec éloquence sur le service du prochain, exhortant à ne jamais laisser sur le carreau un être qui réclame assistance. Mais à la sortie de la messe, tout le monde détourne le regard. Pas un quidam pour se soucier des deux pauvres vagabonds affamés que nous sommes ! C'est une peine de l'avouer : jusqu'ici, ce n'est pas chez les chrétiens patentés que nous avons reçu le meilleur accueil...

En remisant son étole, Parsac finit toutefois par obtenir les faveurs d'un certain Albert, qui fait ce jour-là office de sacristain.

Campé sur le siège arrière de sa voiture, je contemple dans le rétroviseur intérieur la moustache soignée comme un gazon anglais de cet Auvergnat pur sucre. L'écrivain clermontois Alexandre Vialatte, qui est ici une institution au même titre que *La Montagne*, le quotidien auquel il a fait don de sa plume, soutient que ces bouquets de poil sont un attribut du pays. D'après lui, on ne peut pas aller dans un village d'Auvergne sans trouver l'un de « ces petits vieillards barrés d'une grosse moustache qui tombe de chaque côté de la bouche comme une branche d'épicéa ». Albert est un de ceux-là.

Avec sa femme Madeleine, qui a exigé qu'on l'appelle Mado, il vit depuis toujours à Nébouzat, le dernier village avant le puy de Dôme. On ne peut pas être plus proche du volcan. Quelques champs séparent leur jardin de la montagne, qui décidément joue à cache-cache avec nous. Depuis trois jours, on tourne autour d'elle comme d'une obsession. On pensait l'avoir définitivement effacée hier, et voici qu'elle réapparaît dans un tour de passe-passe.

Nous déjeunons dehors, au pied de cette souveraine. Après deux avèzes, un breuvage local, Parsac est disqualifié pour la conversation. De temps en temps, il ânonne un « ah bon ? » pour se donner une contenance, puis retombe dans une sorte d'hébétude. La liqueur de gentiane l'a pris en traître.

Albert, guilleret lui aussi, déroule joyeusement son itinéraire. Avant sa retraite survenue il y a dix ans, il était tailleur de pierre, puis fabricant de cheminée. Le slogan qu'il avait conçu pour son enseigne vaut les *punchlines* des meilleurs pubeux : « Transforme le feu en chaleur. »

Il faut dire que, dans le coin, on s'y connaît, côté combustible : l'Auvergne est un incendie éteint. Une terre formée par le feu, cette combustion qu'on retrouve partout, sous nos pas, dans l'âtre l'hiver, et jusqu'au tempérament des habitants, vif et ardent comme des flammes.

À l'heure de la fluidité, des échanges et des voyages, Albert n'a jamais quitté son village, attestant qu'il est inutile d'avaler les kilomètres pour trouver un sens à son existence. Il nous raconte son enfance, l'élevage, les rogations, les bénédictions des semailles, une vie entière qui gravitait autour de la ferme de ses parents. Gamin, il faisait brouter les brebis au pied du puy de Dôme, son terrain de jeu. À l'époque, la forêt n'avait pas encore gagné sur la lande, la montagne était pelée comme une tomate.

Mado lève son verre :

— À nos visiteurs ! Au 14 Juillet !

— Et si le volcan sortait de son hibernation pour la fête nationale ? Un feu d'artifice propulsé directement des cratères, ça aurait de la gueule ! s'exclame Parsac, subitement réveillé de sa torpeur.

— En tout cas, poursuit Albert, en bon père de famille, ce serait bon pour le tourisme.

Après une salade du jardin, une soupe aux poireaux, des pommes de terre et du saucisson, Mado revient fièrement de la cuisine avec un somptueux plateau de fromages. Avec le peu de science que j'ai en la matière, je reconnais des morceaux de saint-nectaire, du salers, du cantal, de la fourme d'Ambert et du bleu d'Auvergne, les stars du cru. Au moment où le plateau arrive devant moi, je passe mon tour, honteux. Dans ce pays, c'est un affront, presque un sacrilège, de ne pas honorer ces créatures du lait !

Je me rattrape sur la pompe aux pommes préparée par Mado pour le dessert. Décidément, ce vieux couple d'Auvergnats sait recevoir ! Simplement, mais chaleureusement. Faute d'avoir eu des enfants, le drame de leur vie, c'est dans l'accueil que se déverse abondamment le trop-plein de leur amour.

Albert et Mado s'ajoutent à la longue liste des personnes sans qui ce voyage ne serait pas possible. J'écris ce livre pour leur rendre hommage. En nous donnant une pomme, un sourire, un yaourt, du pain, un saucisson, une confession, ces anonymes ont non seulement sponsorisé, mais aussi ensoleillé notre périple. Ces gens ne passent pas dans les journaux, mais ils ont de la noblesse et du cœur au ventre. Si l'âme du Massif central existe, c'est auprès d'eux qu'il faut la chercher.

L'après-midi, après la sieste, Albert nous promène dans son village construit en pierre de volcan. Autrefois, il tutoyait les habitants de la moindre baraque. Puis, dans les années 1980, les héritiers de ses copains d'enfance, pour la plupart embauchés chez Michelin, ont fait construire des maisons neuves sur la terre que cultivaient leurs parents. L'agriculture a disparu, mais demeurait l'interconnaissance. Aujourd'hui, les terrains ont été vendus et Albert ne connaît plus personne. Nébouzat est devenu la cité-dortoir de Clermont-Ferrand. Dans le Puy-de-Dôme, comme ailleurs, les villes dévorent la substance des campagnes qui meurent ou deviennent des faubourgs.

Albert marque un temps d'arrêt devant la poste. En 1959, au cours d'un voyage présidentiel, le général de Gaulle a fait halte à Nébouzat. Une photo le montre perché devant ce bureau de poste flambant neuf. Le jeune Albert était là, parmi une foule compacte rangée derrière le maire, son conseil municipal et de nombreuses personnalités au garde à vous, dont le jeune secrétaire d'État aux Finances, Valéry Giscard d'Estaing, alors conseiller général du canton de Rochefort-Montagne dont relevait Nébouzat. Au milieu de quelques paroles qui ne sont pas à ranger parmi ses plus beaux morceaux d'éloquence – « le fromage de Cantal est de belle qualité » –, le général a lancé la fameuse adresse à Giscard, si prémonitoire : « Un enfant de chez vous, qui donne à la République pleine et entière satisfaction… »

— Vous connaissez ce mot de Vialatte ? demande Albert. « L'Auvergne produit des ministres, des fromages et des volcans. »

— Il faut ajouter « des présidents » à la liste, dis-je. C'est fou comme le Massif central semble favoriser l'éclosion des destinées élyséennes ! Pompidou est natif du Cantal, Giscard du Puy-de-Dôme. Chirac et Hollande se sont acoquinés avec la Corrèze. Mitterand, lui, vient de la Nièvre et de la Charente, deux départements frontaliers de la région. Cette dernière est une fabrique à chefs d'État, une pépinière de présidents. Quel est donc son secret ?

— Le lait de vache, plaisante Parsac, cela facilite la croissance politique.

Albert avance une piste plus sérieuse :

— Vivre sur des terres si anciennes procure un certain rapport à la pérennité des choses, le sens de la mémoire longue, le désir de s'inscrire dans l'histoire.

— « L'Auvergne est une France, en petit », a écrit l'historien Jules Michelet dans *Notre France,* un texte posthume. Je crois qu'il a raison, dis-je à mon tour. Ces terres centrales sont un concentré de notre pays. Lorsqu'on arrive à conquérir le cœur des habitants du Massif central, ces gens qui ne s'en laissent pas conter, on peut ravir celui de n'importe quel Français...

Après le dîner, je m'attarde dans le jardin, seul. Je suis hypnotisé par cette chaîne de volcans dont le spectacle offre le rappel constant des valeurs éternelles. Cette étendue silencieuse de formes millénaires avive en moi une blessure, le sentiment d'une incomplétude, d'un manque. « L'homme est fait pour l'infinité », a écrit Pascal, l'ennemi des jésuites, dans son *Traité du vide*. Et, dans ses *Essais* : « L'homme passe infiniment l'homme. » Dans sa jeunesse, le génial Clermontois a beaucoup fréquenté la montagne que je contemple ce soir. Le puy de Dôme fut son terrain d'expérimentation. Sur les cimes du volcan, il s'est livré à diverses mesures barométriques. C'est là-haut qu'il éprouva notamment l'hypothèse de « la pesanteur de la masse de l'air », l'ancêtre de la pression atmosphérique, au cours d'une expérience qui lui valut la reconnaissance du monde scientifique.

Je crois qu'on finit par ressembler aux lieux où l'on vit. Ce n'est pas anodin de vivre sous un certain ciel. Les paysages qu'on contemple, les horizons qu'on regarde exercent sur nos âmes une action secrète.

De fait, en 1654, Pascal reçoit le coup de grâce. Durant la nuit, dans son appartement parisien, il rencontre le « Dieu d'Abraham, d'Isaac, de Jacob, non des philosophes et des savants », comme il le griffonne sur le *Mémorial* qu'on retrouvera cousu dans la doublure de son manteau. Jusqu'alors, le physicien génial, le mathématicien surdoué avait pensé Dieu avec des concepts. Il croyait à un nom, à une idée. Ce soir-là, il le perçoit non plus comme la cause universelle, le moteur premier, l'Être suprême, mais comme le Dieu de Jésus-Christ, c'est-à-dire une présence aimante et vivante qui fait brusquement irruption dans son existence, entre en contact avec son « cœur ». Certes, Pascal n'est plus en Auvergne quand il vit cette nuit de feu, mais comment ne pas penser que cette visite a été préparée par le spectacle de ces terres volcaniques qui brûlent le cœur, élèvent l'homme au-dessus de sa condition, et lui font pressentir l'obscure clarté d'un mystère ?

Le souvenir de Pascal m'inquiète un peu : qu'est-ce que ces terres sont secrètement en train de faire sur moi ? Voilà plus de quinze jours que je me shoote à la beauté pure. Or je commence à comprendre que cette dernière n'est pas un jouet pour enfant. On ne s'immerge pas impunément dans tant de splendeurs. La beauté troue l'opacité du monde, elle dilate le cœur, rend vulnérable, fait se mettre à genoux. Dans la vie des hommes, elle est souvent le prélude au grand mystère de leur saisissement par l'Esprit.

Dans la chambre à deux lits mise à notre disposition par Mado, je demande à Benoît qui somnole :

— Tu ne trouves pas qu'avec sa moustache Albert a des faux airs d'Alambix dans *Le Bouclier arverne* ?

— Tu m'as habitué à de meilleures références, marmonne-t-il dans un demi-sommeil.

— Ne dénigre pas *Astérix et Obélix*, le peu que je sais de la géographie de la France, c'est à leurs aventures que je le dois ! De même, c'est en lisant les albums de Tintin que j'ai été déniaisé en matière de relations internationales. D'ailleurs, notre style de vie actuel ne ressemble-t-il pas un peu à celui du héros d'Hergé ? Comme lui, nous vivons sans obligations, libres, du jour au lendemain, d'enfourcher notre sac et de tracer la route à la poursuite de nouvelles aventures.

Dans son lit, Parsac change de côté, et s'endort.

Psychanalyse des volcans

De bon matin, Albert nous a déposés au lac de Servières.

Le jour commence tout juste à poindre. Il y a encore des étoiles. Quelques nuages s'adonnent déjà à des migrations silencieuses. Leurs formes irrégulières et étranges se reflètent dans les eaux cristallines de ce réservoir qui occupe le cratère d'un volcan. Autour, c'est le grand calme de la forêt. Des hêtres et des sapins enserrent l'étendue liquide, faisant une sorte de haie d'honneur à ces eaux argentées surgies des profondeurs.

Nous partageons ce sanctuaire d'altitude avec deux pêcheurs qui ont écourté leur nuit pour profiter du spectacle.

— La pauvre, dis-je au sujet d'une truite qui frétille sur un fil.

— Pour elle, s'amuse l'un des pêcheurs, c'est un honneur d'être capturée par des ravisseurs expérimentés comme nous !

Une brume qui sent l'épicéa, la rosée et les fleurs de montagne arrive par vagues et me saisit l'odorat. Parsac est parti dans les bois accomplir ce qu'il est inconvenant d'évoquer. En attendant, je regarde ces masses d'eaux apaisées, en me disant qu'un jour, peut-être, mon cœur sera aussi tranquille.

La semaine dernière, nous avons attaqué les monts Dôme par la ruse, en les longeant, en les contournant. Pour les monts Dore, la conquête du massif se fera par la face nord, sans détour, de front, à la diable.

— Aujourd'hui, s'enflamme Benoît, nous allons adresser une longue salutation aux altitudes !

Après le hameau de Pessade, un sentier grimpe à travers des estives.

Au Puy de la Védrine, j'égare un caleçon qui séchait sur mon sac à dos, accroché à une pince à linge. Que diront les archéologues s'ils retrouvent cette pièce au cours de leurs fouilles ? Que sur ces monts chauves, on s'adonnait à des orgies pour célébrer la beauté du monde ?

De fait, de cette tête de vallée posée à l'extrémité septentrionale du Massif, le panorama est une splendeur. C'est aussi un bon point de vue pour réviser son catéchisme freudien. Devant nous ? Une enfilade de crêtes acérées, de pics dressés, d'arêtes effilées comme des lames. Avec ses allures viriles de montagne alpine, la chaîne du Sancy évoque une immense érection. Derrière nous ? Les douces, gracieuses et féminines courbures des volcans de Dôme dont les ondulations suggèrent des mamelons nourriciers.

— Il fallait bien qu'on passe un jour du stade oral au stade phallique, dis-je à Parsac qui éclate de rire, avant de philosopher :

— En matière volcanique, comme avec les hommes, le temps arrondit les angles.

Le chemin de terre se hisse entre des plantations d'épicéas et de douglas. Des vaches, juchées sur des à-pics qui donnent le vertige, broutent paisiblement. Ces funambules semblent danser sur les précipices. Il y a dans leurs gros yeux des lueurs de joie et de la gaieté dans leur démarche. Ces bêtes, qui ont passé l'hiver dans l'écurie sombre, captives de l'alignement des râteliers, respirent maintenant la grande santé et nous toisent comme des petits êtres chétifs. Il me plairait de mener ma vie comme une salers en estive : m'octroyer des mises au large saisonnières, dormir à la belle étoile, faire des siestes sous de vieux sapins, me régaler de soleil, d'air pur et de perspectives…

Dans *Le Silence des bêtes*, la philosophe Élisabeth de Fontenay soutient l'idée qu'il existe un apparentement entre les vivants. Selon elle, entre l'espèce humaine et le règne animal, on ne constate pas de fossé, de rupture, mais une parenté, un continuum. De fait, quand je contemple ces vaches qui pâturent sur les pentes, je ressens plus qu'un vague cousinage : une concordance d'être, une communauté de destins. Oserais-je avouer que je me sens plus proche de ces ballerines que du trailer qui descend la pente à toute allure, l'œil rivé sur ses performances, et qui, dans son indifférence crasse à tout ce qui l'entoure, a manqué de renverser Parsac ?

Dans l'ascension du col du puy Morand, on souffle comme de vieux chevaux poussifs. Des lacets zigzaguent sur les flancs de cette antiquité. Une randonneuse allemande, suivie à la trace par son chien, a glané dans un guide que le strato-volcan des monts Dore se serait formé il y a trois millions d'années.

— Ça ne nous rajeunit pas ! dit Benoît, qui peine.

Le Massif central, ce continent de roches primitives, est le pays des origines. Le sanctuaire de la permanence. Un réservoir de la durée. Arpenter cette relique, c'est aller à la racine des choses et habiter le monde comme à son premier matin. Cela tombe bien : j'ai grand besoin de me rafraîchir dans le silence où tout a commencé. Je crois que je fais une overdose de ce monde bavard qui s'épanche en un flux permanent. Ici, sur les estives, on se situe avant les formulations. Plus besoin de jeter des mots entre soi et la sacralité des choses. Ces choses qui nous font signe dans l'amicale communion du silence et la simplicité élémentaire de leur être-là.

Le col de la Croix-Morand veut son homme tous les ans, répète un dicton local. Longtemps, ce sommet a été redouté, surtout l'hiver, à cause des assauts de l'écir, ces tourmentes de neige qui harcelaient les voyageurs à pied. Le fameux Morand laissa sa vie dans l'ascension. Grâce à Dieu, Parsac et moi avons survécu… De là-haut, les véhicules qui roulent sur la départementale entre Chambon-sur-Lac et La Bourboule ressemblent aux voitures miniatures collectionnées par les enfants. Le lac volcanique de Guéry, lui, a l'air d'une flaque d'eau. Quant à moi, jamais je ne me suis senti si petit. Sur les cimes, la royauté de l'ego en prend un coup. Insignifiants paraissent nos états d'âme, dérisoires les gesticulations avec lesquelles nous quémandons un peu de reconnaissance ! La montagne restitue l'homme dans ses limites. Elle redonne le sens des proportions.

Puy de la Tâche, puy de Monne, puy de Barbier, puy de l'Angle... Une ligne de crête relie ce cortège de sommets. En avançant sur ce fil, j'ai les vers de Rimbaud dans la tête : « J'ai tendu des cordes de clocher à clocher ; des guirlandes de fenêtre à fenêtre ; des chaînes d'or d'étoile à étoile, et je danse. »

— Pour moi, dit Parsac, cette progression évoque plutôt la devise de Foucauld : « Jamais arrière. »

Dans la montée du puy de l'Angle, je me dis que cette sentence familiale, Charles l'a appliquée à sa propre existence, qui fut une cavalcade incessante, un mouvement à l'infini. « Est mystique celui ou celle qui ne peut s'arrêter de marcher », a écrit le jésuite Michel de Certeau. Le saint de Tamanrasset fut un homme de cette trempe-là, sans cesse en train d'avancer, en quête d'une terre qui n'en finit pas de se dérober sous ses pieds. Ce pèlerin qui n'arrive jamais a compris que le bonheur n'est pas un arrêt, mais une marche éperonnée par un désir. Sans cesse, il faut aller plus loin. S'expatrier de ses idées, se dépayser de ses certitudes, repartir de l'avant, conformément aux intuitions des Pères de l'Église pour qui Dieu est l'éternellement recherché.

Au sommet du puy, nous nous affalons sur un sol couvert de gentianes et de myrtilles, éreintés.

— Vialatte avait raison, dis-je, en Auvergne, « il y a plus de montées que de descentes ».

— Bientôt, prophétise Benoît, des technologies permettront de modifier le degré d'une pente ou l'inclinaison d'une paroi. En attendant, le donné naturel est là, il faut faire avec. La montagne est une école de réalisme, à son contact, on retrouve une vérité du monde.

Les beaux paysages n'ayant pas de propriétaires, nous promenons librement notre regard sur l'étendue. Dans le dos, on aperçoit La Bourboule, et la Banne d'Ordanche, ce vieux puy aux allures de molaire. Face à nous, voici l'estive de la Croix-Saint-Robert où pâture, à l'ombre des nuages, un immense troupeau de brebis gardées par des patous. À l'ouest, c'est une mer de bosses qui s'échoue sur les rives du plateau de Limagne.

— À la fin de sa vie, Haroun Tazieff a confié qu'il aurait aimé faire ses classes de vulcanologue en Auvergne. Il y a ici un tel panel de formes éruptives que cela lui aurait fait gagner du temps, m'apprend Parsac qui tire de son sac le pique-nique préparé par Mado : un saucisson du pays, des œufs durs, des fruits, une plaquette de chocolat.

François Mauriac a écrit « qu'au-delà d'une certaine altitude, il n'y a plus de mauvaises pensées ». Gageons alors que je n'ai pas respiré assez de cet air pur, car, saisi d'une malice soudaine, je pointe mon doigt en direction d'un milan imaginaire, et profite de l'inattention de Parsac pour lui chaparder des carrés de chocolat...

S'il existe une illumination des hauteurs, peut-être en ai-je entrevu des lueurs au roc de Cuzeau, à 1 757 mètres d'altitude. Bien sûr, sur le papier, cette hauteur ne donne pas le vertige. Mais la mesure de l'élévation est une affaire personnelle. « Est en altitude tout lieu qui désaltère », soutient Cassingena-Trévedy dans *Cantique de l'infinistère*, son ode à l'Auvergne. Le col de Cuzeau n'est pas le mont Blanc, n'empêche que sur sa cime, j'éprouve une liesse indicible. La joie tombe sur moi comme une rosée. Je respire. Devant ce déploiement à l'infini, je me sens un résident de l'immense, léger, renouvelé, presque purifié. Si le paradis est un lieu clos, je comprends qu'Adam et Ève se soient fait la belle. Ici, rien n'assigne de bornes à la vue. Rien n'endigue la démesure. C'est une pure profusion d'espace, un festin d'infini : *l'infinistère*, selon l'expression trouvée par le poète pour désigner ce coin d'Auvergne.

Des randonneurs tentent de s'emparer de ces révélations de beauté avec un smartphone. Mais ces paysages ne sont pas du genre à se laisser capturer. En fait, ce sont eux qui nous prennent, qui s'impriment en nous. La seule attitude convenable est de se prosterner devant la majesté du réel et de se taire. De toute façon, je n'ai pas assez d'oxygène pour causer. Et puis ce qu'on ressent là-haut se passe de mots : c'est la joie toute simple d'être au monde, l'étonnement d'exister, l'émerveillement devant l'épiphanie des choses qui sont là, dans leur dénuement originel, leur transparence primordiale. Mon cœur bat tellement la chamade que je pourrais lancer des élans de louange vers les hauteurs. Quand le cœur est ainsi plein de tendresse adorante, Dieu n'est peut-être pas très loin !

Sans doute un peu grisé par cette beauté, Parsac se prend les pieds sur un caillou et chute lourdement au pied d'un couple de marcheurs qui répriment un fou rire contagieux. Naturalistes amateurs, ces randonneurs ont aperçu des mouflons dans la vallée du Chaudefour. Ils me prêtent leurs jumelles, mais je ne vois rien : le rire, qui m'a gagné, fait trembler les lentilles... Le Massif central, poursuivent-ils en pouffant, est un corridor écologique entre la péninsule Ibérique et le reste de l'Europe : beaucoup d'oiseaux migrent à travers ces hautes terres vers des contrées plus clémentes.

Puis au détour du chemin, plus loin sur la crête, voilà l'écrasante silhouette du Sancy. Le souverain des monts Dore dégage une impression d'immobilité effrayante. Son surgissement chasse d'un coup mon hilarité. Il y a quelque chose d'acerbe, d'intransigeant, de janséniste dans ces pics déchiquetés qui affrontent depuis des millénaires le harcèlement du vent, de la pluie et de la neige. À la fois majestueuse et désolée, cette montagne ramène à l'essentiel. Elle impose les seuls sujets qui comptent : Dieu, le temps, l'amour, la mort. Face à ce grand maître de vérité et de désabusement, tout le reste paraît afféterie, fioritures, encombrement.

— Nos vies sont un lent appauvrissement pour goûter les richesses du Royaume, dis-je à Parsac, gagné par la langueur dépressive de ce diamant noir dont nous entamons l'ascension.

Au sommet, des touristes mangent des parts de tarte aux myrtilles, et se tirent le portrait devant l'étendue. La plupart se sont hissés jusque-là avec le téléphérique. Parsac et moi avons beau lorgner sur les tartes et grelotter de froid et de fatigue, je crois que notre joie est plus intense, parce qu'elle était précédée par le plaisir de l'attente, la persistance dans l'effort et l'appropriation des lieux par le pas.

Rien de plus laid qu'une station de sports d'hiver l'été, me dis-je tandis que nous redescendons le Sancy à travers les pistes de Super-Besse. Les dernières neiges ont fondu il y a quelques jours, faisant ressortir les couleurs criardes des signalisations de pistes, la rutilance des remontées mécaniques et des télésièges, toutes ces installations d'ordinaire recouvertes par la splendeur ouateuse. Je n'aime pas la neige. Elle abolit les contrastes et s'impose sans façon, enveloppant tout de son autorité souveraine, mais sans cette poudre aux yeux, une station de sports d'hiver est une carcasse sans âme.

Pourtant, en bas, les cafés sont noirs de monde. Les gens sont venus de loin, attirés par la tyrolienne géante, le parapente et les descentes de pistes à VTT. Nous passons à travers cette agitation, tendus par les nécessités du corps : manger, dormir, se reposer. Dans ce royaume du divertissement et de la consommation, la démarche de deux mendiants est une incongruité. Pourtant, après une litanie de refus, et contre toute attente, une porte s'ouvre. Marc, notre hôte du soir, nous introduit dans son antre, la réplique d'un chalet tyrolien. La cinquantaine barricadée derrière des épaisseurs de muscles, l'homme a des faux airs de David Ginola, et un physique d'acteur américain qui doit faire fureur dans les parages. Fasciné comme Foucauld par le désert du Sahara, cet ancien rugbyman, qui a entraîné les juniors de l'ASM Clermont, a installé dans sa cave la réplique d'une tente de Bédouin où il prévoit de nous coucher ce soir. En jetant un œil sous la toile, j'avise des représentations du Kâma Sûtra et comprends que c'est là que Marc amène ses conquêtes d'un soir.

— Deux novices qui crèchent dans un lupanar, avoue que c'est cocasse ! dis-je à l'oreille de Parsac, qui réprime un fou rire.

Le soir, Marc débouche en notre honneur une bouteille de bordeaux. En l'écoutant effeuiller pudiquement ce qui le fait vivre, les *punchlines* de l'Évangile du jour trottent dans ma tête. « Qui vous accueille m'accueille », y proclame le Christ, avant de promettre la vie abondante à « celui qui donnera à boire, même un simple verre d'eau fraîche » aux petits et aux pauvres qui frappent à sa porte. L'agnostique Marc ne le sait pas, mais son hospitalité l'a conduit tout près du Royaume…

Le goût des vaches

Il est six heures du matin. Le petit bois de chênes où nous pénétrons est endormi. Quelques oiseaux sifflotent timidement. L'abondante rosée qui perle sur les herbes hautes transperce nos chaussures. Déjà le soleil prend de la force. Se frayant un passage à travers les frondaisons, il coule sur les fougères où des gouttelettes se détachent et tombent régulièrement. Un troupeau de vaches s'ébroue dans un pacage à l'abri de la chênaie – aux nuances beiges des robes, on reconnaît des salers, associées à des ferrandaises, identifiables à leurs mouchetures marron. Les vaches ont l'air de tenir une sorte de conseil : resteront-elles dans les bois ombragés ou s'exposeront-elles au grand soleil ? Les museaux reniflent, les têtes hochent, les sonnailles tintent. Un coup de cornes des anciennes remet dans le rang les jeunes qui s'impatientent. Puis, la palabre terminée, le troupeau se met en branle, sous la direction des meneuses, et s'en va vers le lieu qui sied le mieux aux circonstances du moment. En défilant devant nous, ces souveraines jettent un regard désapprobateur vers Parsac. Il faut dire qu'il a revêtu un tee-shirt jaune fluo contestable. Or les vaches ont bon goût, elles n'aiment pas les couleurs criardes. En fait, ces natures inquiètes craignent tout ce qui sort de l'ordinaire et violente leur environnement – les couleurs vives, les sons aigus, les odeurs inconnues, notamment les parfums. Comment leur donner tort ? C'est une profanation d'introduire de l'artificiel dans le banquet de la nature auvergnate où nous est offerte, gratis, toute l'intensité du monde, sa saveur sensorielle, sa splendeur infinie.

La chapelle Notre-Dame de Vassivière est la porte d'entrée de l'immense plateau granitique séparant le strato-volcan du Sancy, auquel nous tournons désormais le dos, des monts du Cantal, que nous devrions atteindre demain. De ce lieu de pèlerinage, la vue s'étend vers le Cézallier, les plateaux de la Corrèze, et surtout le puy Mary, dressé devant nous comme un point de mire. En contrebas, un petit abri recouvert de lauzes protège une source jaillie d'un rocher qui sert d'assise à la chapelle. Selon la légende, l'eau guérirait les malvoyants. Nous ne sommes ni des fervents de ces superstitions, ni affligés de troubles de la vue, mais, comme dit Parsac, qui y remplit sa gourde, « on ne sait jamais »...

Puis nous nous élançons sur ces étendues désertes en dissertant sur les joies du voyage.

— As-tu remarqué, relève Benoît, comme notre virée nous enseigne à ne plus faire de plans sur la comète, et à considérer chaque journée comme si elle devait être la dernière ? C'est câblé sur l'heure présente qu'il faut tenter de vivre, sinon nos plaisirs sont inquiets : combien de temps cela va-t-il durer ?

— Pour moi, ce voyage est surtout une dérobade farouche à tout carcan, une échappée des cachots, un grand bol d'air. Pour la première fois depuis longtemps, je respire. Qu'est-ce que la liberté ? Se faire dorer la peau au soleil, marcher sans un sou en poche, fraterniser avec des semblables, semer des prières, saluer les oiseaux, se saouler de lumière, jouir de tout ce qui est donné, sans mesure, à profusion, sans jamais rien s'approprier...

Parsac, qui n'en peut plus de mes débordements lyriques, me sème au niveau d'une tourbière d'altitude.

Je le retrouve deux heures plus tard au bord du lac Chauvet, qui squatte le cratère d'un volcan. L'étendue liquide est ceinturée par des bois dans lesquels nous nous enfonçons entre deux haies de fougères qui ont l'air de nous faire un triomphe. Picherande est une forêt de vieux fayards aux troncs pressés, clairs et élancés. Le vert vif de leurs feuilles légères et gracieuses est un hymne à la joie. Ces vieux hêtres effilés comme des flèches laissent poliment passer à travers leurs feuillages une lumière argentée qui donne au tapis végétal des nuances de gris métallisé. Il y a dans l'air de cette futaie quelque chose d'aérien, de léger, une lumière qui creuse le désir, et suscite la perte de soi.

— C'est une forêt foucauldienne, dis-je à Parsac.

— Maintenant, tu vois le visage de Charles dans un tronc d'arbre !

— On nous a appris qu'il fallait à tout prix laisser une trace, imposer sa présence, conquérir des positions. Ici, nous renouons plutôt avec la sagesse des Indiens, des sages et des ermites : ne pas peser, s'effacer, poser le pied le plus légèrement possible sur la terre. Et puis savoir se retirer, comme le font toutes les majestés dignes de ce nom : la mer, le soleil, la lune. À la fin de sa vie, à Tamanrasset, Foucauld est devenu l'un de ces hommes qui ne pèsent plus, et laissent les autres exister devant lui. Chez cet ancien volontariste, il y a désormais un effacement, une déprise de soi, une ténuité d'être, qui font penser à l'admirable phrase de Jankélévitch : « Le plus d'amour possible dans le moins d'être possible. » Si sainteté de Foucauld il y a, elle tient dans cet évidement de l'ego. Charles a renoncé à tous ses fantasmes de grandeur. Il ne se regarde plus, mais s'efforce chaque jour d'aimer davantage, gratuitement, sans attendre de résultats, et sans se troubler de ses échecs. Il aime pour aimer, parce qu'il sait que l'amour est l'autre nom de Dieu.

À la sortie de la forêt, une brume de chaleur voile le puy Mary. Les pâturages tachetés de violet, de blanc, de jaune semblent des feux d'artifice. Des vaches, aux faux airs de bisons, prélèvent ces fleurs qui parfumeront des fromages que je ne goûterai jamais.

Le clocher sonne midi lorsque nous arrivons en nage à Égliseneuve-d'Entraigues. Avec l'enchevêtrement de ses toitures et l'anarchie de sa géométrie, le village ressemble à une toile cubiste. L'église, où nous allons rafler un quart d'heure de fraîcheur, est dédiée à un obscur saint Austremoine. Devant son porche bâfrent deux jolies randonneuses qui ne daignent pas nous adresser un sourire. Il faut croire que la mendicité a fini par nous rendre encore moins séduisants. Hypothèse étayée par Benoît qui revient tout penaud d'une boulangerie où il s'est fait jeter comme un malpropre. Au Vival, j'ai eu plus de chance : l'épicière m'a consenti un cageot de brugnons avariés et quelques tomates déjà bien avancées. Après avoir rempli nos gourdes à la fontaine et trempé nos casquettes pour tenir le plus longtemps possible sous le cagnard, nous décampons. Désormais, on s'attarde peu dans les bourgs, juste le temps d'y faire provision de nourriture. Puis on s'en va, tenaillés par l'appel de la nature sauvage.

Depuis le départ d'Angoulême, le déjeuner aux frontières s'est imposé comme une tradition. Conformément à ce rite de passage, nous célébrons dans un champ l'entrée dans le Cantal par un gueuleton digne de ce nom. Le plaisir d'une marche, c'est aussi cela : s'arrêter quand on a faim, bivouaquer quand survient le sommeil, s'émanciper du découpage de la durée en renouant avec l'horloge cosmique et les rythmes du corps.

Nous sommes à mi-chemin entre le Sancy, qui ne paraît plus qu'une grosse bosse, et le puy Mary, dont le désir de conquête nous étreint comme jamais.

De son sac à dos, Parsac tire les bricoles que Marc a eu l'amabilité de préparer : des œufs durs, du pain, des madeleines, agrémentés des rares fruits comestibles du Vival. Ce n'est pas grand-chose, mais après quelques heures de marche, l'eau paraît la plus divine des boissons, et un œuf dur devient un vrai régal…

Après la sieste, nous suivons pendant des heures des chemins cernés par des murs en pierre sèche qui zigzaguent sur le plateau de l'Artense, dont les granites, d'après Benoît, dateraient de l'ère primaire. Autour de nous, il n'y a que des landes et des cailloux. À la longue, ces paysages dépouillés font sur l'âme l'effet d'une brûlure. À leur contact, on s'expérimente petit et démuni, les fausses constructions se lézardent, le personnage social se brise en mille morceaux. Ces terres de la grande solitude éveillent aussi des désirs d'infini, une soif de quelque chose qui ne périt pas. Les *Derniers vers* de Rimbaud trottent dans ma tête : « Elle est retrouvée ? Quoi ? – L'Éternité. »

Peu avant Condat, un panneau signale Montboudif, le village natal de Pompidou. C'est dans son *Anthologie de la poésie française* que j'ai appris, gamin, mes premières poésies d'Arthur.

— À l'époque, les hommes politiques maîtrisaient l'imparfait du subjonctif, ils collectionnaient les éditions originales et cherchaient dans les bibliothèques des refuges contre l'actualité. Aujourd'hui, ils lisent des essais de sociologie et des notes d'experts…

— C'est dommage, abonde Parsac, il y a dans la littérature des vérités qu'on ne décèle nulle part ailleurs. À force d'observer la pâte humaine, les écrivains ont affûté un coup d'œil particulier qui projette souvent sur l'époque des lumière originales.

Il est dix-huit heures quand, épuisés, nous dépassons enfin le panneau de Condat. Au premier coup d'œil, on discerne qu'il n'y a rien à attendre de cette bourgade avec son air de petite ville de province. Les quelques portes auxquelles nous frappons accréditent cette désillusion : nous ne sommes pas attendus...

Dans le parking d'un Super U, où nous louchons sur les caddies remplis, une réunion d'état-major s'improvise. L'heure est grave. Parsac, qui a la haute main sur les cartes, n'ose pas l'avouer, mais il s'est trompé dans ses calculs : après Condat, qu'on imaginait beaucoup plus proche, il n'y a guère que Lugarde où l'on peut espérer trouver un toit, mais déjà le soir tombe, et il reste au moins dix kilomètres avant d'atteindre ce bled. Or, étant donné nos erreurs de tracé, nous avons déjà avalé trente-cinq kilomètres sous un soleil peu amène. Plus que de raison, nos corps ont puisé dans leurs réserves, et nous n'avons plus rien à manger...

En bons jésuites que nous sommes, nous prenons la décision de risquer la rupture, mais d'aller de l'avant. Comme les coureurs du tour de France, nous nous relayons en tête de peloton pour imprimer la cadence. Les lieux-dits défilent : le ruisseau des Fenières, Fenier, la Santoire. Puis cinq kilomètres de côte sur cette maudite départementale 62 qui n'en finit pas de se hisser, enlacée par des bois qui étouffent nos dernières forces. Nous tenons en nous serrant les coudes, et en répétant tel un mantra les deux syllabes de cette commune, atteinte à la tombée de la nuit.

Dans le bar du village où quelques paysans éméchés vident des blancs limés, notre intrusion crée l'événement. Comme dans les westerns lorsque le shérif pousse la porte du saloon, tous les regards se tournent vers nous. Un silence de plomb tombe sur les lieux.

— On voudrait dormir dans la commune, mais on n'a pas d'argent, dis-je timidement.

L'intervention provoque une détonation de rires gras. L'hilarité retombée, la tenancière, tirant sur sa clope, nous envoie gentiment balader. Puis les conversations reprennent de plus belle, dans un nuage de fumée – le Massif central fait partie de ces contrées où les lois de la République pénètrent difficilement, quand elles ne se perdent pas en route...

Nous traînons comme des âmes en peine dans les trois pauvres ruelles de ce village désert. Puis, piqué par je ne sais quel instinct, Parsac se dirige vers une maison où un bâton est posé contre une porte. Il sonne. Un vieil homme élancé se présente.

— Bonjour monsieur, on voyage sans argent..., entame Benoît, qui n'a pas le temps de terminer ses salamalecs.

— Vous voyagez, c'est tout ! l'interrompt le Cantalou. Soyez les bienvenus, je vais allonger mon dîner.

Dans l'avant-propos de *La Comédie humaine*, Balzac parle du « difficile problème littéraire qui consiste à rendre intéressant un personnage vertueux ». Henri, quatre-vingt-deux ans, est l'un de ces modèles de vertu, un homme droit, un juste. Dans sa maison, où le temps paraît ralentir, le balancier d'une vieille horloge en bois scande le lent écoulement des heures. L'ancien nous conduit à l'étage, dans l'ancienne chambre d'une de ses filles. Sur la table de chevet du lit que Parsac et moi devrons partager, trône une photo de sa femme morte il y a cinq ans, dont le visage dégage une clarté fascinante.

Pendant le dîner frugal – une soupe et des pommes de terre sautées –, j'essaie de soutirer quelques confidences à cet homme farouchement secret. Mais Henri ne communique pas aisément ce qui le concerne. En coupant sa pomme, au dessert, j'apprends que cet ancien professeur de lettres, amateur de marathons, a semé quatre enfants, dont l'un, mort à trente ans, est enterré au cimetière du village dans le même caveau que sa mère. Sa voix se brume d'émotion lorsqu'il évoque le destin de ses trois filles, ses fiertés, l'une menuisier, l'autre commandant de bord, la troisième agent territorial. À travers ses silences, je comprends aussi qu'il livre un combat de marathonien contre la solitude et la vieillesse. À la mort de sa femme, il a cherché à refaire sa vie. Puis il a fini par apprivoiser la solitude, cette compagne exigeante et jalouse.

— Qui voudrait vivre avec moi, dit-il, lucide, à part Puncho, mon border colley obèse ?

Le peu de temps qui lui est consenti, il a décidé d'en extraire tout le suc, au lieu de ressasser son passé et sa peine. Tous les étés, cet octogénaire part ainsi dans des voyages au long cours. Les derniers en date : le Kazakhstan et la Chine. Puis l'hiver, à Lugarde, il écrit les récits de ces périples, qu'il édite à compte d'auteur et distribue à ses proches. Il y a chez ce beau vieillard, qui a traversé tant de peines, une majesté tranquille, une assurance calme, un rayonnement souverain qui imposent le respect.

— Vous avez encore un peu de force pour faire un tour ? nous demande-t-il après la vaisselle.

Dehors, le soleil se couche sur le plateau du Limon et le puy Mary. C'est l'heure, radieuse, où la lumière qui décline donne du mystère à toute chose.

— On ne se remet jamais complètement d'être né dans des lieux si beaux, confesse Henri, qui vit dans la maison de son arrière-grand-mère, tisseuse de chanvre.

Le vieil homme nous raconte l'histoire d'un village qui se meurt à petit feu.

— Dans les années 1960, Lugarde comptait huit cents âmes ; il n'y en a plus que cent vingt. Sur ces terres acides et froides, nées de la décomposition des roches primitives, rien ne pousse. Les rares jeunes essaient de survivre avec l'élevage, tandis que leurs femmes sont embauchées dans les ehpad du coin.

Avec son surpoids, Puncho a eu de la peine à nous suivre. Nous l'attendons sur le canapé du salon, où, du tiroir d'un buffet Henri II, Henri tire un cahier sur lequel il nous demande d'apposer quelques mots en souvenir de notre rencontre. Ce geste me touche : les instants de bonheur, les moments de grâce, il faut en garder une trace, sinon ils s'évanouissent dans les limbes, comme s'ils n'avaient pas existé. C'est sans doute pour cela que je passe tant de temps à barbouiller des notes dans mon carnet bleu, au grand dam de Parsac qui trouve que cette activité nous met en retard. Se souvenir d'un visage, d'un moment, c'est les faire échapper à l'ensevelissement du néant. Et puis il y aura une joie indescriptible à ouvrir ce petit journal dans un an ou deux : tout à coup, quand j'en tournerai les pages, des visages, comme celui d'Henri, s'animeront, des souvenirs reprendront vie, le passé se dressera et se mettra à danser devant mes yeux !

— Vous avez raison, dis-je à Henri, la mémoire est une arme contre l'oubli. Pour moi, c'est au christianisme que je dois cette hantise de l'effacement. Cette religion est fondée sur un devoir de mémoire : « Faites cela en mémoire de moi. » Chaque messe est un mémorial où l'on actualise la passion du Christ. On y convoque aussi le souvenir des saints et des morts, une façon de les rapatrier dans le monde des vivants, de les rendre présents.

— Vous savez, m'interrompt-il, je suis parfaitement incroyant…

Après Marc, c'est le deuxième soir consécutif que des hôtes manifestent un raidissement quand la conversation roule sur le christianisme. Depuis le début du voyage, c'est comme une rengaine, un bruit de fond : biberonnés au christianisme, passés dans les écoles religieuses, beaucoup d'habitants du Massif central ont délaissé cet héritage. Certes, la plupart disent ne pas garder un bon souvenir de leur séjour dans les établissements chrétiens, au contact de religieux qui faisaient parfois advenir le Royaume à coup de taloches. Mais le problème n'est pas là. Certains, comme Marc, reconnaissent même que les heures gâchées devant les prie-Dieu, à genoux, dans le froid, leur ont inculqué un certain goût de la rêverie et du silence, quelque chose comme une structure intérieure qui leur a permis de tenir debout. Non, les racines de l'indifférence sont plus profondes : Marc, Henri, mais aussi Élise et tant d'autres se sont retirés en silence parce qu'il leur est apparu un jour que le langage chrétien était exilé de leurs questions vitales, qu'au fond, il n'avait plus rien à leur dire. Peu à peu, un fossé s'est creusé entre leur expérience et cette parole. Le christianisme est devenu une langue morte dont les mots usés, démonétisés, ne se référaient plus aux enjeux décisifs de leur existence. Ainsi, à la mort de sa femme, Henri est allé chercher ailleurs que dans le bréviaire ou les sacrements de quoi métaboliser sa douleur, tout comme Élise, à la disparition de son mari, donnant raison à Cioran qui a pointé cette insignifiance dans un aphorisme cruel : « Dans les épreuves cruciales, la cigarette nous est d'une aide plus efficace que les Évangiles. »

J'aimerais tellement dire à Henri que la religion qu'il a rejetée n'est pas le christianisme, mais sa caricature ! Qu'il est incroyant dans le visage d'un Dieu qui n'est pas celui de Jésus-Christ, lui qui est venu jeter une torche dans nos abîmes et tendre une main ferme et amicale au cœur de nos impuissances. Que suivre les pas du Galiléen ne consiste pas à s'enliser dans des ornières dogmatiques ni à s'adonner à une passion triste. Que le christianisme, enfin, n'est pas une morale ou une idéologie, mais une voie de transformation de l'être, une doctrine de l'éveil, un chemin de liberté. Mais n'étant pas là pour faire de la retape, je ne dis rien. Peut-être d'ailleurs est-ce en apprenant à se taire, après avoir, au cours des siècles, beaucoup trop parlé, que les chrétiens redeviendront crédibles ?

— Les gens ont soif, dis-je à Parsac, qui s'est allongé dans le lit de notre chambre. Et notre société est aphasique sur les questions vitales : Qui sommes-nous ? D'où venons-nous ? Où allons-nous ? Qu'est-ce qu'une vie bonne ? Comment faire son œuvre d'homme ? Le christianisme retrouvera de la verdeur le jour où il saura faire comprendre que ses réponses ne sont peut-être pas si bêtes que cela…

Plongé dans le récit de voyage d'Henri au Kazakhstan, Parsac, qui n'a plus l'énergie de disserter sur le sens de la vie et de la mort, m'intime poliment l'ordre de me taire. Je m'endors hypnotisé par le regard limpide de la défunte femme d'Henri.

L'onction du silence

Ce matin, je me suis réveillé dans le lit d'Henri avec le pressentiment d'une journée décisive.

Pourtant, les premières heures du matin ne furent pas favorables. À trois kilomètres de Lugarde, la casquette « New York », à laquelle je tiens comme à la prunelle de mes yeux, autant pour me prémunir des agressions du soleil qu'à cause du souvenir de l'amie qui me l'a offerte, est tombée de mon sac. Un aller-retour à petites foulées pour la chercher a gaspillé des forces dont j'aurais eu besoin en prévision de la longue étape de ce jour vers le puy Mary. Plus tard, avec un sens contestable de l'orientation, Parsac nous a égarés dans un champ marécageux où les ronces ont laissé sur nos jambes d'amers souvenirs. Puis, à la sortie d'un hameau, une attaque d'oies a provoqué notre déroute. Devant la détermination agressive de ces bestiaux qui n'en finissaient pas de piquer nos guiboles, nous avons dû quitter les lieux à toute allure, dans une débâcle qui n'est pas à ranger parmi les pages glorieuses de ce voyage…

Dix heures sonnent maintenant au clocher de Saint-Saturnin, le dernier village avant la grande solitude. Après ce bled, et jusqu'au puy Mary, la carte n'indique que le tracé ténu d'un petit chemin au milieu d'un grand vide : le plateau du Limon, une vaste étendue basaltique où, vingt kilomètres durant, il ne faut pas espérer trouver une maison, un arbre, un point d'eau, encore moins un semblable... Une razzia s'impose avant d'affronter ce désert. Grâce au ciel, les habitants du bourg sont coopératifs : une famille de Flamands nous offre deux gaufres et des sardines à l'huile, un couple des Yvelines, qui s'est récemment adjugé une maison secondaire dans la commune, un saucisson et des biscuits, avant qu'une indigène nous fasse l'offrande d'un pain de campagne et de ses souhaits chaleureux pour la poursuite de l'aventure.

Munis de ce butin, nous prenons la tangente, cap plein sud, en direction d'un soleil qui n'en finit pas de prodiguer ses baisers brûlants. Dès les premiers kilomètres d'une petite route tout juste goudronnée, la couture de ma chaussure droite cède. J'ai beau trouver un peu de consolation auprès de trois chevaux percherons qui ont l'air de compatir à mon sort, c'est une déconvenue ! Comment escalader les puys du Cantal avec un soulier hors d'usage ? Si ma chaussure se disloque entièrement, n'ayant pas de sou pour acquérir une autre paire, pourrai-je parcourir pieds nus la distance qui me sépare des Neiges ? Au fond, le voyage n'est-il pas compromis par cette mésaventure ?

Pour ne pas me laisser patauger dans le noir, Parsac sort l'Évangile. À haute voix, il lit la parabole des lis des champs. Le « ne vous inquiétez pas » qui scande cet appel à l'insouciance agit comme un médicament. Le Christ a raison : les oiseaux du ciel et les fleurs des champs sont des maîtres. Comme eux, la seule chose à faire en ces circonstances est de s'abandonner. S'offrir totalement et amoureusement aux événements qui nous adviennent, qu'ils soient heureux ou plus malheureux, comme un petit trou dans une chaussure…

En progressant dans cette nudité sans bornes, je comprends mieux pourquoi Marc nous a confié l'autre soir que c'est ici qu'il amenait les Géorgiens de son club de rugby quand ils avaient le mal du pays. Le Limon rappelle les steppes d'Asie Mineure ou de Mongolie. Sur ce plateau désertique, le regard ne bute sur rien, à part des troupeaux de vaches et, ici ou là, des ruines d'anciens burons, ces petites constructions en pierre où les pâtres fabriquaient le fromage pendant les estives. Cette immense étendue d'altitude paraît se jouer de la pesanteur, et j'ai l'impression d'avancer sur une mer de lune recouverte par l'herbe, ce « clavecin des prés », comme l'appelait Rimbaud. Ou bien de marcher dans le ciel, indéfiniment, ne sachant plus très bien, à la longue, où est la terre et où est l'azur, parce que tout finit par se rejoindre dans une sorte de vertige.

« Ouvre ta bouche, moi je l'emplirai », écrit le psalmiste. En progressant au milieu de cette vacuité sublime, j'ai la sensation, moi aussi, d'absorber le monde dans sa substance, d'avaler les horizons et les nuages, de boire l'espace jusqu'à l'ébriété – oui, on peut devenir ivre d'un paysage. Si chacun possède une patrie intime, une terre intérieure, moi, c'est avec le Limon que je suis accordé. Sans doute existe-t-il ailleurs des endroits plus remarquables, mais celui-ci est de mon sang, il me ressemble. J'ai avec cette solitude des accointances mystérieuses, comme si on se reconnaissait.

À la croix dite du gendarme, perchée sur une proéminence de l'estive, je tente de repriser avec un fil et une aiguille la couture de ma chaussure, tandis que Parsac avale des biscuits. Des myriades de vaches s'offrent au regard d'un bout à l'autre de l'horizon. J'observe le manège d'un troupeau d'aubrac qui gambade à pas lents. Ces vaches sont vraiment entichées de leurs veaux, et montrent à leur égard une délicatesse dont on aimerait que les humains soient capables entre eux.

— Que faisait ce gendarme dans ce désert ? dis-je.

— On ne sait pas grand-chose de lui, à part qu'il est mort là, au milieu de nulle part, au XVIIe siècle. Les hautes terres du Limon étaient alors la seule voie d'accès reliant les villages des vallées à la foire de Murat. Peut-être s'est-il hissé jusque-là pour courser quelques contrebandiers, et s'est-il laissé surprendre par les assauts de l'écir ou les tourmentes du vent ?

— À moins qu'il soit mort foudroyé de contempler l'infini face à face !

L'étendue déserte est balayée par des rafales de vent qui assèchent la bouche. Nous avançons sur cet océan d'herbe, en nous frayant des passages parmi les troupeaux. Sur plusieurs kilomètres, le chemin suit d'étranges monticules de pierre alignés tous les vingt mètres. Benoît soutient que ces « quirous » sont les cousins auvergnats des cairns, les ancêtres de nos GPS, des repères disposés par les montagnards afin que les voyageurs ne s'égarent pas dans l'immensité. Ces érections de basalte font songer aux alignements de dolmens à Carnac, et à des cultes païens. Décidément, le Limon est le fief de puissances mystérieuses. Devant ces processions de pierre, je me sens un peu l'âme d'un grand prêtre, le célébrant d'une liturgie cosmique, d'une messe sur le monde.

La marche à pas lents, dans ces espaces infinis et cette grande aphonie, ne laisse pas indemne. La course des nuages dans le grand ciel, la profusion de lumière, l'herbe, le vent, et le silence, cet écho de l'ineffable, tout cela se saisit de moi et m'imprègne peu à peu. Je me sens plus léger, plus simple, plus vaste, comme si les paysages entraient en moi, m'augmentaient, et que tout mon être se dilatait. Des profondeurs, quelque chose se met à sourdre de l'intérieur, comme si une source, au-dedans, s'était descellée et qu'un flot se mettait à couler. Le plateau du Limon est une eau lustrale qui désaltère de tous les rêves d'infini, de toutes les nostalgies de pureté, de toutes les aspirations à la plénitude.

— Il y a une vocation mystique du Massif central, dis-je à Parsac. Ces terres attisent le feu intérieur. Elles ouvrent des avenues profondes vers ce qu'il y a d'immense en nous.

— Amen, ricane-t-il, en me montrant du doigt des salers postées au travers du chemin.

Les vaches à la robe acajou nous accordent un droit de passage, mais en nous faisant bien sentir que c'est une concession, qu'on est chez elles. Nous avançons en tremblant : un coup de corne de ces bêtes, redevenues quasi sauvages à force de pâturer sur les estives, nous ouvrirait les tripes. Le Limon est le parlement des vaches. Ici ce sont elles, non les hommes, qui font la loi. Il me plaît de savoir qu'il existe encore des coins où l'on sait ainsi honorer ces êtres dont le destin est de se donner. Car comme aucune autre bête, la vache incarne le don de soi. Avec une docilité fabuleuse, ce merveilleux compagnon de l'homme consent à ce que ce dernier lui prenne à peu près tout : sa force motrice, ses cornes, ses os, ses bouses, et surtout son lait blanc qui rougit les joues des enfants. J'aime le Massif central parce qu'il est le royaume de ces dispensatrices de prospérité et de vie.

De haute lutte, nous parvenons en haut du puy de Niermont. Le sommet est sobrement marqué d'un cairn, d'une balise géodésique et d'une manche à air qui claque comme un étendard. Étourdis par les rafales de vent, nous nous asseyons auprès de la balise pour jouir de la vue car il est bon d'offrir à l'œil de grands espaces. Tous les puys sont là, au garde-à-vous, éclairés par le soleil qui décline : le Téton de Vénus, le puy Bataillouse, le puy Griou, le puy de

Peyre-Arse, le puy Violent, le puy de la Tourte…, sans oublier le puy Mary, notre Graal du soir.

En contrebas, les champs, dans les vallées, ont l'air d'avoir été coupés dans du tissu de camouflage. De temps en temps, ce camaïeu de verts et de kakis est piqueté par des bourgs sombres agglutinés autour d'églises trapues comme des cèpes.

— Dieu est grand, lâche Parsac, inspiré par ces horizons.

— Tu ne trouves pas que devant de tels paysages, même ce mot est une profanation ? Adorer, n'est-ce pas oublier tous les savoirs ? Aller au-delà du langage, des images, au-delà de l'idée même de Dieu ?

— Alors on ne peut plus rien dire ? s'agace-t-il.

— Cause tant que tu veux, mon vieux, mais sache que cette propension à mettre « Dieu » à toutes les sauces a l'art de m'agacer. « Dieu veut ceci », « Dieu demande cela », comme si l'on croisait le principe de toute chose au coin de la rue et qu'on pouvait deviner ses intentions ! Pour parer à cette idolâtrie, il faudrait retrouver le sens de la sobriété des vieux Pères pour qui l'Insaisissable ne se laisse jamais entièrement saisir. Moi qui ne sais plus très bien à quoi je crois, si ce n'est à une présence cordiale à l'œuvre en moi, et à une sorte de donation du monde, je fais mienne la prière de Maître Eckhart : « Je prie Dieu qu'il me délivre de Dieu… »

Le col de Serre se présente à la tombée de la nuit. L'inquiétude qui nous étreint chaque soir est avivée : allons-nous trouver dans cette solitude un endroit pour nous protéger du froid et refaire nos forces ? Pour avoir arpenté ces déserts dans mon enfance, j'ai le vague souvenir qu'un buron transformé en refuge de montagne traîne dans les parages. La carte, qui pointe la présence d'une habitation, a l'air d'étayer ce souvenir. Mais si l'endroit a fermé, ou s'il n'accepte pas les pèlerins, l'heure sera grave : on ne dort pas à la belle étoile à ces altitudes, et, à part l'auberge du puy Mary, il n'y a rien à des kilomètres à la ronde… Nous cheminons tétanisés de crainte en direction de ce vieux buron déposé dans le cirque d'Eylac, au pied du puy Mary. Construite avec des pierres volcaniques et coiffée d'un toit de lauzes, la bâtisse se fond parfaitement dans la montagne. Sur la porte en bois est gravé le nom des vachers successifs. Dans la salle voûtée et sombre où le pâtre transformait le lait en fromage, un cantonnier tue le temps en regardant à travers une petite fenêtre.

— Mes pauvres, dit-il avec un fort accent cantalou, vous arrivez trop tard ! Un groupe scolaire de Brive-la-Gaillarde squatte le dortoir de dix lits.

Devant nos mines déconfites, le gaillard enchaîne, en roulant les « r » :

— Il y a bien une tente installée devant la porte ! Un montagnard la laisse là tout l'été pour dépanner les imprudents comme vous. Vous pourriez ainsi vous doucher au buron et passer la nuit avec une toile au-dessus de la tête…

Ce soir la providence s'incarne dans le visage de cet employé municipal, nommé Jean-Louis, dont l'allure sauvage accrédite ce que Michelet disait des Cantalous dans *Notre France* : « Il y a toujours une force réelle dans les hommes de cette race, une sève amère, acerbe peut-être, mais vivace comme l'herbe du Cantal. » En fait, je ne crois pas à la providence, entendue dans le sens d'une divinité qui tirerait les ficelles, d'un *fatum* qui s'imposerait souverainement à nous en réglant nos existences dans le moindre détail, mais je sais maintenant d'expérience que la vie sourit à ceux qui s'abandonnent à elle, qui lâchent toutes les sécurités.

Un abri, une douche. Puis, divine surprise, une plâtrée de pâtes au pesto offerte par les gamins de Brive, chapeautés par une sympathique animatrice dont l'accent corrézien me rappelle le pays. Le repas partagé avec cette colonie suscite une voltige de questions : à quoi servent les chrétiens ? Croyons-nous vraiment à ces vieilles lunes ? Novice, ça paie bien ? En écoutant les enfants, je mesure combien le christianisme ne fait plus du tout partie de leurs références. Dans la France contemporaine, croiser deux jésuites, c'est aussi exotique que de rencontrer des guerriers d'une tribu massaï…

— Tu verras qu'en basculant dans la minorité, on va redevenir branchés, s'amuse Parsac. Bientôt, des pétitions circuleront pour la sauvegarde des chrétiens, cette espèce menacée…

Aujourd'hui, j'ai cassé la monture de mes lunettes, ruiné ma chaussure droite, avalé des kilomètres à en perdre la tête. En me brossant les dents devant le pas de Peyrol qui ouvre sur toute l'étendue parcourue cette journée, je reçois une manière de récompense : le soleil est lentement en train de disparaître derrière les monts, mais il brille encore d'une lumière diaphane et joyeuse qui me pénètre comme un rayon et nettoie mes derniers recoins de tristesse. Le sentiment de quiétude qui se dégage de ces paysages est impressionnant. Ces vastes étendues basaltiques sont une trouée vers je ne sais quels arrière-pays. Elles esquissent la vie du siècle à venir. Devant elles, on se sent envahi par la vérité.

Dans la tente, à la lumière de ma frontale, je termine *Un cœur sous une soutane*, une œuvre de collégien où Rimbaud assouvit une rancune tenace contre le petit séminaire de Charleville. Dans ces pages virulentes, il raconte le coup de cœur d'un séminariste qui s'amourache d'une certaine Thimothina Labinette. « Aujourd'hui que j'ai revêtu la robe sacrée, raconte le narrateur, je puis rappeler la passion, maintenant refroidie et dormant sous la soutane, qui, l'an passé, fit battre mon cœur de jeune homme sous ma capote de séminariste. » En plongeant dans ce récit de jeunesse, je m'interroge : Parsac a-t-il déjà aimé ? Peut-on prétendre aider les âmes, comme le veut un prêtre, quand on n'a pas connu les frissons de l'amour, les vertiges du corps à corps, la passion qui monte à la tête ? Je sais tout de Parsac, ses goûts, ses dégoûts et jusqu'à la taille de ses slips, mais je n'ai jamais osé lui poser cette question, que j'évite consciencieusement en la noyant sous une avalanche de blagues paillardes. Ce soir, mes yeux se ferment sur la promesse de forcer ma pudeur et de faire rouler un jour la conversation sur ce sujet de l'amour. Le seul qui compte…

L'euphorie des cimes

Toute la nuit, un vent glacé a giflé la tente, et je me suis réveillé avec des petons froids comme un ruisseau de montagne.

Il doit être six heures du matin. Autour du buron règne un silence de cathédrale. Des gouttes de rosée perlent sur la toile de notre tente. Au loin, à moitié endormis, les puys quittent péniblement leurs draps de brume, tandis que le soleil se lève, si vite, qu'on le dirait tiré par un automate.

Les jeunes de la colonie, eux aussi, sont encore avachis dans le rêve lorsque nous partons sur la pointe des pieds, et à jeun, à l'assaut du puy Mary. Sur les flancs de cette pyramide, un chemin qui ressemble à une ride est préposé à notre réveil musculaire. Les jambes encore fourbues par les efforts de la veille, nous peinons comme des bagnards. Pour se donner de la force, Parsac cite à haute voix un passage de *L'Imitation* : « Le mérite et le progrès vers la perfection ne naissent pas d'une vie de mollesse, mais plutôt des épreuves supportées courageusement. »

C'est tonique, mais pas faux ! D'ailleurs, toutes les traditions spirituelles font l'éloge de l'ascèse, cette manière de s'affranchir de ce qui n'a pas le droit de nous commander : les passions, les instincts, les pulsions. Trop d'excès et de bien-être ramollit le corps et assèche la vigueur, tandis qu'une vie pauvre et simple, comme celle que nous menons depuis trois semaines, libère du somnambulisme et de la pesanteur. Il faut être aveugle pour ne pas voir que, à la longue, notre régime fondé sur l'exercice physique, des repas spartiates, un confort rudimentaire, et quelques biens qui tiennent dans un sac, clarifie les pensées, assainit le regard, et produit de la force, de l'énergie et de la vitalité.

Pour éviter les touristes agglutinés comme des mouches en haut du puy Mary, on s'engage au hasard sur une variante. Tandis que nous tâtonnons sur ce chemin incertain, un oiseau se pose, et nous escorte, de ses petites pattes, sur des centaines de mètres. De temps en temps, ce guide attentionné jette un coup d'œil en arrière pour vérifier qu'on est toujours là, puis il disparaît après nous avoir mis sur le tracé du GR, qui suit le chemin de crête du cirque de Mandailles, où le puy Mary, le puy de Peyre-Arse, et le puy Griou sont rangés sagement comme un conseil d'êtres immobiles et éternels.

Avec sa forme en auge, la vallée de la Jordanne ouvre l'horizon vers la Corrèze voisine, et il me semble que j'aperçois Auriac, le village où chaque été, depuis l'enfance, je mène avec des nuées de cousins la vie d'un poulain échappé, courant les bois, les sources et les filles. J'ai le cœur noué. Celui qui voyage à pied dans la nature n'est jamais seul avec sa solitude. Le chemin fait surgir toutes sortes de souvenirs, de visages, d'êtres chers. Étrangement, je ne me suis jamais senti aussi proche des gens que j'aime que dans cet éloignement. Au moment d'attaquer à mains nues la brèche de Roland, où la crête subit une large échancrure comme si elle avait reçu un gigantesque coup d'épée, ces ombres complices forment un cortège appréciable.

Je profite que Parsac a l'air à peu près bien disposé pour l'interroger :

— Je sais que les commencements sont toujours insaisissables, mais quel âge ont ces paysages ?

— Le strato-volcan du Cantal, formé de plusieurs volcans imbriqués les uns dans les autres comme des poupées russes, est le plus ancien des géants d'Auvergne, dit-il doctement. Les éruptions remonteraient à treize millions d'années avant notre ère. Mais comme la dette de la France, passé un certain chiffre, cela devient abstrait, n'est-ce pas ? Et puis, cela ne s'est pas fait en un jour. Le volcan a connu des assoupissements, puis de brusques réveils. C'est une terre épileptique, soumise à des poussées de fièvre. Un champ de bataille qui garde les traces des jacqueries primitives.

— D'ailleurs, on est presque gagné par un sentiment de pitié : avec ses balafres, ses meurtrissures, ses commotions, cette terre a beaucoup souffert. Les laves sont les larmes des volcans.

— Quelle force a déchiqueté ces parois, craché ces blocs de pierre, soulevé ces montagnes ? s'exalte-t-il subitement. Quelle puissance a pétrifié la lave, entaillé les vallées, crocheté les collines, puis brodé sur les pentes la robe végétale ? Devant ces pics et ces arêtes, on est comme un petit enfant bercé par une main puissante. On perçoit l'élan d'une force grandiose. Et on en ressent une crainte sacrée, un tremblement devant l'immense.

Sauf que cette expérience de transcendance n'a rien d'écrasant. Pour moi, au contraire, elle s'épanouit dans un sentiment débordant de gratitude. Sur ce chemin de crête où l'air est chargé d'une odeur de bruyère et de bouses séchées, je suis envahi par une joie intense. Les cloches des vaches sonnent à toute volée, comme pour célébrer mes noces amoureuses avec le monde. Je respire, je suis en vie, et ce simple fait, auquel on ne pense jamais, procure une joie imprenable.

Devant nous, le puy Griou, cet immense amas de cailloux, ressemble à un cône de glace italienne à l'envers, tandis qu'une brume venue des vallées écrête les sommets et se répand dans le cirque comme de la crème Chantilly.

— Toi, tu as faim ! conclut Parsac, parfois traversé par des éclairs de lucidité…

Après le col de Rombière qui relie les vallées de l'Alagon et de la Jordanne, nous bifurquons vers les télésièges de la station de ski du Lioran. En descendant les pistes, je ressasse de pauvres pensées qui tournent comme un disque rayé : « J'ai faim ! Combien de temps les coutures de mes chaussures vont-elles tenir ? Qu'est-ce que Parsac est pénible ! » *L'Imitation* appelle cela « les inepties qui occupent d'ordinaire le cœur ». Le tête-à-tête avec soi-même est redoutable.

Notre esprit est comme une meule qui tourne sans cesse sous l'impulsion de l'eau. Il faut être vigilant pour chasser ces idées encombrantes qui empêchent de jouir du spectacle du monde.

Sur la porte du Centre d'intervention et de secours du Lioran, une affiche avec tous les disparus de France est placardée. À tout hasard, je regarde si nos visages d'oiseaux échappés de la cage n'y figurent pas, au cas où la maréchaussée serait à nos trousses…

La laideur impacte-t-elle le tonus intérieur ? C'est la question que je me pose en entrant dans la station de ski, où une vague de déprime déferle soudainement sur moi. À côté du panneau « Bienvenue au Lioran », les caisses pour les forfaits sont disposées, bien visibles.

— Au moins, dis-je, on annonce la couleur. Ces villes fabriquées de toutes pièces sont des machines à cash. On ne trouvera rien à manger. Comment de la générosité pourrait-elle pousser sur un terreau si artificiel ?

Dans un restaurant où je tente une razzia sans trop y croire, le tenancier a même le culot d'exiger 1,50 euro en échange d'un pain de la veille. Parti dévaliser des camping-cars, Parsac récolte de son côté une boîte de thon, une baguette rassise et deux pommes… C'est avec cette maigre ration, l'estomac vide et une forte dose de confiance ou de folie, selon les points de vue, que nous entamons l'ascension du plomb du Cantal, le point culminant des monts cantaliens.

Sur les pentes à pic de la montagne où, perclus de fatigue, nous repoussons nos limites, je repense à la publicité pour les téléphériques qui promettaient l'atteinte de la cime en huit minutes. Nous, nous avons opté pour le détour et la peine, persuadés qu'une entreprise est plus grande des difficultés vaincues, et que le vrai bonheur ne va pas sans larmes. Au temps des remontées mécaniques, il y a de l'ivresse à escalader un sommet à mains nues...

Au bout de deux heures d'effort extrême, une ultime montée dans un alpage nous jette sur un chemin de crête étroit comme une ridule. Des deux côtés, c'est le précipice. Pris par le vertige, à moins que ce ne soit l'euphorie des cimes, je sens mes muscles se tétaniser. Sans l'aide amicale de Parsac, je n'aurais pas pu franchir les escarpements du puy du Rocher où des marches en ferraille sont fixées dans la pierre pour atténuer la difficulté du passage.

Au pas des Alpins, nous partageons avec des fourmis un pique-nique frugal. En tartinant sur du pain rassis quelques miettes de thon nature, je déchiffre ce passage de *L'Imitation* qui tombe à point nommé : « Ta chair se plaint ? La ferveur de ton esprit parlera plus haut. » Je ne suis pas du genre à penser que le « ciel » se gagne à la force du poignet, par l'éclat de ses renoncements et de ses prestations ascétiques. Dans la vie spirituelle, les prouesses de ce genre ne font progresser qu'en orgueil et en vanité : le culte de l'ascèse est un culte du moi. Mais enfin, force est d'admettre que notre pauvreté nous oblige à tirer de nous-mêmes des richesses que nous ne soupçonnions pas : de la créativité, du courage, de la résistance physique et psychique. Les mousquetaires avaient compris cela. « On est brave parce qu'on n'a rien », s'exclamait d'Artagnan dans *Le Vicomte de Bragelonne*.

Et puis, à défaut de remplir nos estomacs, nous nous nourrissons de la vue. À notre droite, dressé comme un poing serré, voilà le plomb du Cantal. Ce lambeau de basalte, qui tutoyait autrefois les 3 000 mètres d'altitude et dont Vidal de La Blache parle comme d'un « Etna découronné », était notre dernier sommet, l'ultime obstacle à franchir. D'ailleurs, tout le chemin accompli ces derniers jours est récapitulé là, devant nos yeux : au nord, les monts Dore avec, en arrière-plan, la chaîne des puys de Dôme ; au-delà de la vallée de la Cère, à l'ouest, les sommets du Griou, du Peyre-Arse, du Mary et du Violent, prolongés par les monts du Limousin et les collines du Périgord. Enfin, à l'est, c'est le programme des jours prochains qui s'annonce : les monts de la Margeride, le plateau de la Lozère et l'Aubrac...

Une page se tourne. Adieu les monts d'Auvergne. Avec une pointe de nostalgie, nous descendons les pistes de ski de Prat de Bouc, laissant dans notre dos le plomb et sa cour de puys vénérables qui nous ont causé tant de joies et de peines.

Puis c'est la plongée dans une forêt où dévale un ruisseau dont les eaux vives désaltèrent rien qu'à les regarder. Pourtant, étrangement, je suis gagné par la tristesse. L'Auvergne est la « patrie du noir », disait Vialatte. Les vaches abandonnées à leur garde, les châteaux forts en ruine, les volcans éteints, les teintes sombres des pierres dans les villages, tout incline à la mélancolie.

Depuis une semaine, j'avance tendu par l'effort, éperonné par le désir des sommets qui m'ont injecté de la vitalité et soulevé au-delà de mes ornières habituelles. Maintenant que la conquête est passée, je ressens de nouveau, dans cette ambiance ténébreuse, le fardeau de moi-même. L'énergie brusquement défaite, les vieilles questions, que l'ivresse des hauteurs avait occultées, reviennent me frapper en plein visage : faut-il rester au noviciat, au risque de perdre mon âme ? Ou tracer ma propre voie, quitte à me perdre ? Et puis n'est-ce pas complètement fou de se soumettre à une règle religieuse et de s'agréger à un corps à l'identité aussi affirmée que celui des jésuites lorsqu'on est un irrégulier comme moi, absolument jaloux de sa liberté, et rétif à toutes les figures imposées ? Ma vocation n'est-elle pas plutôt d'honorer ce que je porte de singulier, et de m'inventer une existence dans les marges des institutions, ces marges où, dans nos cahiers d'écoliers, on pouvait déployer une écriture plus libre, moins contrainte par les rigueurs de la page ?

Avec une naïveté d'enfant de chœur, on pense que les kilomètres mettront nos soucis à distance, qu'en changeant d'endroit nos vieux démons se volatiliseront. Mais le voyage est un exutoire illusoire. On ne se débarrasse jamais de ses problèmes, on ne fait que leur faire voir du pays. J'ai une pensée fraternelle pour Rimbaud, qui lui aussi a cru que la distance calmerait son mal de vivre et la mélancolie de n'être que lui-même. En fait, son désarroi l'a poursuivi et rattrapé à chaque étape. La fin de sa vie est de ce point de vue une descente aux enfers.

À trente ans, le voici sans emploi, perclus de dettes, lui qui rêvait de se couvrir d'or, ces « rondelles rédemptrices ». Enlisé dans cet « affreux trou d'Aden », il souffre de solitude et n'en peut plus de rouler le monde. L'ancien aventurier aspire désormais à une vie rangée, avec une femme et un fils qu'il rêve en « ingénieur renommé ». Comme une bête blessée, il cherche un point de chute, songe à revenir en Europe, mais n'est-il pas « trop habitué à la vie errante et gratuite » pour se fixer dans le vieux monde ? Dans une fuite en avant pathétique, il parle de convoiter des destins à Zanzibar, en Chine, au Japon… L'étau se resserre. Ses lettres deviennent des plaintes perpétuelles, des cris de souffrance. Il sent bien désormais qu'on peut changer de lieu autant de fois qu'on veut, tôt ou tard, les croix refont surface. Impossible d'échapper à son chaos intérieur.

Après cette journée sur les sommets, c'est avec des courbatures d'admiration que nous atteignons Albepierre-Bredons, un petit village auvergnat au confluent de deux vallées glaciaires. La traversée du bourg est de bon augure. Il y a dans l'air un je-ne-sais-quoi qui nous fait espérer que de bonnes âmes prendront soin de nous. Mais il n'est que dix-sept heures, il faut attendre. À l'usage, en effet, nous avons découvert qu'il existe un tempo de la mendicité, qu'il convient de ne frapper à la porte des gens ni trop tôt ni trop tard. Trop tôt, les hôtes hésiteront à ouvrir de peur de nous avoir dans les pattes. Trop tard, ils n'auront pas prévu assez large pour nous garder à dîner. Nous patientons donc sous le porche de l'église. C'est l'heure incertaine, la plus difficile : on est épuisés, à bout de forces, on rêve de se reposer, de prendre une douche, d'enfiler des affaires sèches. Mais impossible de relâcher la pression tant que l'incertitude d'être accueillis n'est pas levée. Pour passer le temps, je raconte à Parsac un vieux fait d'armes.

— Dans mon village d'Auriac, en Corrèze, l'église ressemble un peu à celle-ci. Or, devant le clocher, un soir de fête, l'idée nous est venue, à mes cousins et à moi, de lancer un concours. C'était à celui qui ferait le plus grand nombre de tours d'église. Mais pour pimenter le jeu, on décida qu'il fallait s'élancer nus comme des vers. À l'unanimité, je fus désigné président de la fédération. Mon job consistait à veiller au respect du règlement – même les chaussettes étaient interdites – et à établir les records – à ce jour : 137 tours... Au fil des étés, cette blague de potache est devenue une tradition, et sur la place de l'église, vers minuit, lorsque la nuit avait tout recouvert de son mystère, il n'était pas rare d'apercevoir, cachées derrière leurs volets, de vieilles villageoises ravies d'assister, aux premières loges, à ce championnat étrange...

Ce souvenir nous a ragaillardis, et c'est avec allant que nous partons à la recherche d'une maison. Après une cascade de refus, nous sommes orientés vers un certain Jean Rygal présenté par beaucoup comme le foyer rayonnant du village. Ce vieux monsieur affable prend l'apéritif avec des amis sur sa terrasse. Il nous installe à sa table, nous sert deux pastis. S'ensuit entre les hôtes une conversation à bâtons rompus.

— Le gars qui habite à La Valade, c'est un Chassan ou un Laboudeix ? demande l'un.

— À moins qu'il soit apparenté à la Berthe du hameau de Feintreix ? songe un autre.

Parsac et moi nous sentons un peu exclus... Nous sommes entourés d'hommes du vieux cosmos stable. Des gens ancrés dans un coin de terre, et qui peuvent mettre un nom sur le visage de tous ceux qu'ils rencontrent. Bien sûr que les existences passées dans des horizons si minuscules ont un côté étriqué. Mais il n'est pas exclu de penser qu'en se resserrant, la vie gagne en intensité et en profondeur. Les amis de Jean ont peut-être lu moins de livres que moi, mais ils sont capables de jauger la valeur d'un homme au premier coup d'œil, savent reconnaître la hulotte, discerner le temps qu'il fera demain, et trouver d'instinct sous quels chênes aller prélever des girolles. Ce n'est pas rien !

Avec un sens de l'hospitalité que nous retrouverons souvent dans le Cantal, Jean propose de nous loger gratuitement dans la pièce d'une vieille grange qu'il a transformée en gîte – « le gîte de la grange neuve ». Le reste de la baraque est occupé par des Marocains venus récolter la gentiane des environs. Dans la chambre mise à notre disposition, il n'y a pas de lumière, mais nous pourrons prendre une douche et bénéficier chacun d'un lit. Le luxe !

En nous disant adieu, notre bienfaiteur pointe du doigt un vieux couple qui marche lentement, en se tenant le bras.

— Vous savez qui c'est ? demande-t-il fièrement. C'est monsieur Souche, un fils de la commune, le célèbre spécialiste de Clovis. Chez lui, vous trouverez bon accueil !

Avec une simplicité déconcertante, le vieux professeur émérite à la Sorbonne a accepté de nous avoir à sa table. Diminué par l'âge, il a confié la préparation du dîner à sa fille Constance. Je trouve que cet homme à la vue déclinante ressemble au vieux Syméon dans les Évangiles de l'enfance. Il a la douceur, l'élégance et le visage apaisé d'un vieux sage.

Constance, également professeur à la Sorbonne, nous a cuisiné un repas convivial et simple : une ratatouille, une plâtrée de pâtes, du jambon du pays, du melon, des fruits.

Après une succession de déserts culturels, cette enclave sorbonnarde au milieu de l'Auvergne injecte une électricité mentale qui fait un bien fou. Spécialiste de la chute de l'Empire romain, Jacques est un puits d'érudition. Profitant de son savoir encyclopédique, je tente un parallèle entre l'époque qu'il a étudiée à la loupe et nos temps contemporains, deux âges descendants, deux périodes déclinantes.

— Vous qui avez scruté la civilisation romaine au moment où on l'enterre dans une pompe solennelle, qu'advient-il quand un monde s'écroule ?

— Les époques de troubles sont des temps où germent secrètement de grandes choses, répond-il, avec le regard distant de l'historien. C'est sur les ruines de l'empire qu'est sorti saint Benoît, dont la règle a été une formidable réponse à la crise. Et la Renaissance a surgi des décombres du Moyen Âge. Ne vous tracassez pas : la vie renaît toujours de ses cendres, il ne faut jamais désespérer de la nature humaine.

Sa femme Blandine, qui l'aime depuis cinquante ans, l'observe avec tendresse. Originaire d'une vieille famille de l'aristocratie vendéenne, elle confie avoir mis du temps à s'acclimater à l'âpreté du Cantal.

— Quand j'ai rencontré Jacques, se souvient-elle en souriant, ma belle-famille m'a imposé comme rite de passage la lecture de *Gaspard d'Auvergne*, le roman d'Henri Pourrat, dont toute l'œuvre est une célébration du Massif central. J'avoue avoir été effrayée par les rudes mœurs de ces pays que je découvrais dans ce livre !

Puis la conversation roule sur les jésuites, pour lesquels la famille, catholique, nourrit de l'admiration.

— Par les temps de crispation qui courent, ce n'est pas à la mode d'aller chez les jésuites qui sont des religieux réputés très ouverts. Qu'est-ce qui vous a attiré chez eux ? me demande Constance.

— Leur liberté, dis-je, et la place que la Compagnie a toujours donnée aux tempéraments atypiques. Et puis, à l'image de Teilhard de Chardin, de Pierre Ceyrac ou de Michel de Certeau, les jésuites sont des explorateurs de terres vierges. Des arpenteurs de frontières. Ces aventuriers n'ont pas peur de faire le mur, et de frayer dans les périphéries de l'Église, là où personne n'a envie d'aller.

— Et ce voyage, demande Blandine, qu'est-ce qu'il vous enseigne ?

— L'indifférence aux aléas, répond Parsac. Se réjouir également de recevoir du pain rassis ou du caviar, une couche de paille ou une chambre d'hôtel. Tout ce qui advient, l'accepter avec une même humeur !

— C'est cela la vraie pauvreté, tranche Jacques, qui nous raccompagne sur le pas de la porte. Puisque vous consentez à tout, je vous prie, en souvenir de nos rencontres, d'accepter cela, poursuit-il en nous tendant un sac plein de provisions. Merci d'être venus jusqu'à nous, et bonne route !

L'ange à la 4 × 4

Le Massif central est une mosaïque de paysages. Une demi-heure de marche, et tout est changé, reliefs, couleurs, horizons, végétations… Depuis ce matin, nous avons parcouru au moins deux carreaux dans ce damier.

À la sortie d'Albepierre, il y eut d'abord une heure de grimpette dans une forêt d'épicéas où l'on se serait cru dans le Tyrol ou le Valais. Puis passé Notre-Dame de Lescure, un sanctuaire dédié à la Vierge où toute la Margeride vient en procession le 15 août, c'est un autre pays qui a commencé. L'altitude est redescendue autour des 1 000 mètres. Les reliefs se sont aplanis. Il n'y a plus un arbre, seulement des cultures de blé et de maïs. Nous sommes sur la Planèze, une haute plaine qui s'est formée sur les lits de cendre des volcans. Ici, on appelle ce terroir nourricier la Limagne du Cantal. Nous avançons lentement sur ce plateau monotone. Le soleil cogne sans relâche, harassant les champs et nos organismes. Les étapes de montagne ont laissé des séquelles, nos corps accusent de sérieux signes de fatigue.

Vers Valuéjols, je parviens à approcher une montbéliarde qui offre son museau humide à mes caresses, et me gratifie en retour d'une léchouille râpeuse. Benoît a beau ironiser sur cette lune de miel, mon émotion est intense... Enfin, je me sens reconnu par ces bêtes, impatronisé dans leur monde ! Finalement, il m'aura fallu trois semaines pour renouer avec les forces instinctives asséchées par l'existence citadine. Désormais, je n'ai plus peur de ce qu'il y a en moi d'animal, d'archaïque, de sauvage, j'ai apprivoisé ces forces obscures que d'ordinaire on refoule, et les bêtes doivent le sentir...

Au-delà du hameau du Mons, nous nous postons devant un baraquement en tôle perdu près d'un champ. Un homme à la carrure solide et au parler sonore vient à notre rencontre. L'absence de dents lui donne une allure de vieux fou. Sa peau est si calleuse qu'il pourrait cueillir des orties à pleines mains. De ce paysan cantalou émane un mélange touchant de rudesse et d'innocence, de rusticité et d'esprit d'enfance. En remplissant nos bouteilles, Serge nous confie son inquiétude. Voilà trois jours que « Trompette », l'une de ses vaches, ne mange plus. Le vétérinaire doit arriver d'un instant à l'autre. Cet ogre s'attendrit quand il évoque le destin de ses bêtes dont chacune, à son aune, possède une individualité, un caractère, une sensibilité.

Cette année, le sort semble s'acharner sur le fermier qui s'est entaillé un tendon à l'épaule avec une tronçonneuse. Et puis il y a cette satanée sécheresse qui brûle la région et compromet la récolte des fourrages.

— La terre est en feu. Si la pluie ne vient pas sous peu, ce sera la misère.

Cette chaleur accablante nous rappelle que la Planèze, comme tout le Massif central, est un incendie éteint. Ici, le blé pousse sur la pierre ponce, le foin germe sur le basalte, et nous marchons sur de la lave pétrifiée. Les volcans se sont endormis il y a longtemps, mais on a l'impression que les vallées fument encore…

— D'une certaine façon, dis-je à Parsac, Rimbaud aussi est un volcan éteint. Ce météore a craché une œuvre fulgurante, puis du jour au lendemain le feu s'est tari, il s'est tu.

— Sait-on pourquoi il est parti et a cessé d'écrire ?

— Les professeurs ont soulevé des tonnes de théories pour justifier cet adieu à la littérature. Certains estiment qu'il a rompu parce qu'il a pensé qu'il ne percerait pas dans le milieu littéraire. D'autres prônent la piste du dessèchement poétique. Après avoir inventé le vers libre, les dérèglements métriques, puis pratiqué la poésie en prose et le poème sans ponctuation, le génie n'avait plus rien à dire. Il avait épuisé son talent. D'autres avancent des raisons plus terre à terre : faute d'argent, Arthur avait besoin de faire bouillir la marmite, d'où sa décision d'aller faire le marchand dans la Corne de l'Afrique.

— Et toi, tu crois quoi ?

— Que l'explication est sur une photo célèbre, où le disparu du Harar pose devant un bananier en Abyssinie, habillé d'une simple tunique blanche. Il a vingt-neuf ans. Sur ce cliché, on dirait le Petit Prince, ou Pierrot, l'un des zannis, ces personnages candides et badins de la comédie italienne. Arthur est un enfant qui se déguise. Un gosse débonnaire qui déjoue toutes les explications sérieuses, toutes les volontés d'arraisonnement.

— N'empêche que son passage de la poésie au commerce désarçonne. À la fin de sa vie, il aurait qualifié ses anciens écrits de « rinçures » ! Et sa sœur Isabelle écrit dans une lettre : « Depuis le jour où il brûla (très gaiement je vous assure) toutes ses œuvres dont il se moquait et plaisantait, il ne s'était plus jamais occupé de littérature. Le vieil homme s'était métamorphosé. » Si Foucauld a quitté la bure monastique, Arthur, lui, est un défroqué de la poésie.

— Personnellement, je n'adhère pas à cette théorie de la rupture. Ils sont nombreux à avoir opposé le trafiquant d'armes à l'inventeur de la couleur des voyelles, dont les vers troublèrent tellement le vieil Hugo que celui-ci imposa ses mains sur son front en disant : « Shakespeare enfant. » Pour ces gens, Arthur aurait troqué son âme de poète contre la bourse du marchand. C'est vrai qu'en feuilletant sa correspondance africaine, on se demande où est passée la poésie. Lettre après lettre, on le voit se passionner pour d'indigestes traités d'hydrographie, de météorologie, d'astronomie appliquée, ou bien pour des ouvrages sur les terrassements, les chemins de fer, les tunnels. Il ne veut plus lire que cela... Mais ce sont les lectures d'un géographe-explorateur, dont la passion, au Harar, est d'ouvrir des pistes, de défricher des terres inconnues. De ce point de vue, il n'y a pas de rupture. La vie en Afrique est un prolongement de l'inspiration poétique. Rimbaud poursuit là-bas ce qu'il a recherché dans son œuvre géniale : tracer des horizons nouveaux, créer de l'inédit, rechercher la terre promise…

Juché sur un éperon basaltique, le château médiéval du Sailhant domine de son inquiétante tristesse la petite commune d'Andelat. Notre vieux syndrome aristocratique nous a conduits à ses grilles dans l'espoir d'y boire un café, mais aucune princesse n'est apparue. Faisant une nouvelle fois le deuil de la haute, nous atterrissons chez Pierre qui vit dans l'ancienne maison de sa grand-mère, face à une église à peigne classée aux monuments historiques. Cet homme sans âge, à la boucle d'oreille, s'est longtemps occupé des espaces verts à la mairie de Saint-Flour. Maintenant qu'il est au chômage, il vit de bric et de broc, dans les interstices du système.

— J'ai jamais été dans les clous ! rit ce marginal en nous faisant visiter le potager, son royaume.

Dans un salon sombre où flotte une odeur âcre de tabac froid, un téléviseur déverse de l'information en continu. J'avais oublié comme ces boucles ressassent des infos criardes, vulgaires, obsessionnelles. En prenant le café, on apprend au détour d'un flash que François de Rugy a démissionné de la présidence de l'Assemblée nationale à cause d'une passion impénitente pour le homard, et que la veille de l'étape du Tourmalet, c'est un Auvergnat qui détient le maillot jaune…

Cela fait presque un mois que nous vivons sans Internet, ni radio, ni télé, ni journaux, sevrés des vaguelettes de l'actualité. Les bienfaits de cette cure d'inactuel sont incalculables. Quand on se coupe du vacarme ambiant, qu'on se dégage de l'écume, l'âme s'allège et se dilate. On devient attentif à ce qui compte vraiment et se produit souvent sans bruit, dans le secret, loin des caméras : un lever de soleil, l'apparition d'une bête, le souvenir d'un être cher. Pendant un mois, notre actualité, ce fut celle des reliefs, des fleurs, des vaches, des saints, des rencontres et du vent...

Après le chantier de contournement de Saint-Flour surgit une enfilade de périphéries moches. Sur le sol, des papiers gras annoncent la proximité d'une grande ville. Des jeunes, qui ne vont sans doute plus à la messe, s'affrontent sur des terrains de rugby, ces autres cathédrales où convergent désormais les foules en quête de ferveur. Puis c'est une litanie de faubourgs équipés par les mêmes éclairages, les mêmes ronds-points, les mêmes signalisations. À cause de cette uniformisation des centres bourgs, on peut désormais faire le tour de France sans être dépaysé. Tout est lissé par les enseignes mondialisées – Intermarché, But, Kiabi... – dans un même mauvais goût.

Saint-Flour est dressé sur un promontoire rocheux, et de la ville basse, où vivaient autrefois les ouvriers, on grimpe jusqu'à la ville haute par le chemin dit des chèvres.

Sur la place d'Armes, les deux tours carrées de la cathédrale gothique, édifiée avec de la pierre de lave noire, me font penser au château de Windsor ou à certaines églises britanniques par leur austérité et un aspect massif, ramassé, pesant.

À l'intérieur, un disque de grégorien fait résonner sous les voûtes sombres des notes séraphiques qui propulsent dans un état d'apesanteur et d'innocence. Décidément, cette musique, qui exprime à la fois l'humilité, la contrition, la supplication et la confiance, vaut un médicament.

Assis sur un banc, j'observe Parsac qui cause avec le curé en prévision de la messe de demain. Une nouvelle fois, son interlocuteur est un prêtre africain ! Tout le système sacramentel des campagnes du Massif central continue de tenir grâce à ces prêtres venus d'Afrique, parfois de Pologne. À cause d'une Église restée prisonnière d'un modèle militaire selon lequel il faut occuper le terrain, quadriller l'espace, ces pauvres s'exténuent dans des paroisses immenses qui sont en fait des coquilles vides. Ces curés sont des rustines, des cache-misère. On les fait venir pour ne pas regarder en face le crépuscule de la civilisation paroissiale, l'effondrement des vocations et la fuite des fidèles. Le christianisme peut-il disparaître ? Notre plongée dans les hautes terres centrales atteste en tout cas qu'il est peu vaillant... Mais est-ce une crise fatale, le prélude à une mort ? Ou une simple déconstruction, en attendant que, des décombres, quelque chose de neuf émerge ?

Dans la vieille ville, c'est l'effervescence. Notamment autour de la place de la halle aux Bleds où se tient le marché du pays. On passe en louchant sur les étals des petits producteurs qui regorgent de merveilles. Tout nous fait envie, c'est un vrai supplice.

Devant nous, dans la foule, un mari ose dire à sa femme :

— Chérie, on n'a pas vraiment besoin de ce saucisson, on croule déjà sous les provisions !

À nos oreilles de pauvres, ces conversations d'abondance sont désespérantes ! Pour ne pas souffrir davantage, nous partons, en salivant.

Tandis que nous errons comme des âmes en peine en quête de pitance, un homme tout de blanc vêtu, comme s'il sortait d'une soirée chez Eddie Barclay, nous interpelle à la croisée de la rue Du Bellay et de la rue Sorel, devant sa 4 × 4.

— Vous êtes perdus ?

— Non, on a faim.

— Vous m'êtes sympathiques ! Allez au marché casser la croûte à ma santé, dit-il en sortant un billet de vingt euros de son portefeuille.

Lorsque Parsac lui demande son prénom, l'homme avoue s'appeler... Gabriel. L'office de tourisme de Saint-Flour devrait axer sa communication sur ce fait étonnant : il y a des anges à Saint-Flour, et ils roulent en 4 × 4 BMW !

Munis de ce pactole, nous courons dévaliser les produits du marché : une part de pounti et de chou farci, ces spécialités locales, deux saucissons, l'un nature, l'autre au poivre, et deux pains complets que je tâtonne comme si c'était de l'or. Parsac complète la récolte en quémandant des tomates et des pêches chez un maraîcher qui plie boutique.

— As-tu remarqué comme les choses nous arrivent toujours au moment opportun ? dis-je à Benoît, dans le kiosque à musique d'un parc où nous ingurgitons ce festin.

— Et pourtant l'inquiétude revient tout le temps malgré les assurances données chaque jour.

— Il faudrait piger une fois pour toutes que cet affolement n'a pas lieu d'être, qu'il est même contre-productif. Souviens-toi : au marché, nous cherchions de façon active, volontariste, crispés sur notre faim, préoccupés par nos besoins. C'est quand nous avons lâché l'effort et que nous nous sommes mis à errer sans but que Gabriel est apparu ! La divine rencontre de ce matin contient un enseignement : les choses arrivent quand on ne les cherche plus. Lorsqu'on se détend, qu'on ouvre la main, tout s'ouvre, on reçoit en abondance !

À l'ombre des marronniers, des adolescents dragouillent en alternant la présence réelle et les échanges par téléphone. J'observe leurs parades amoureuses tout en reprisant mes chaussures. Les trottoirs sont de merveilleux postes d'observation.

L'après-midi, nous traînons dans la ville pour tuer le temps. Le tour de France est passé il y a dix jours, les devantures des magasins sont garnies de vélos. La chaleureuse librairie du centre a même consacré une vitrine à l'événement, où les livres d'Antoine Blondin sont en bonne place. Malice de la providence, à l'intérieur, une étagère entière est dévolue au Sahara, avec plusieurs ouvrages sur les Touaregs du Hoggar. Charles de Foucauld nous poursuit !

Saint-Flour est une création ecclésiastique. Elle procède d'un vieux prieuré bénédictin, accroché au flanc d'un rocher sur lequel la ville a ensuite prospéré. C'est une cité toute noire, bâtie de lave, ce matériau janséniste. Tout ici a la couleur de Soulages, même le Christ de la cathédrale, qui semble taillé dans l'ébène. Dans les ruelles enchevêtrées, des portes donnent sur de discrètes cours intérieures où l'on imagine des trappes, des cryptes et des passages cachés. Il y a dans cette vieille ville une atmosphère de complots et de secrets. On dirait que les gens marchent à pas feutrés, que les conversations se passent sous le manteau, que des êtres mal intentionnés nous épient derrière les persiennes... Pour échapper à cette paranoïa, nous enfilons une bière au Bar des Arcades, sur la place d'Armes. Du billet de Gabriel, il reste 2,70 euros : ils viennent enrichir un clochard éméché qui se présente sur le chemin du presbytère où, faute d'avoir trouvé mieux, nous demandons l'hospitalité.

Le père Dominique, un autre prêtre africain, nous ouvre la porte d'une bâtisse Renaissance. Originaire du Congo-Kinshasa, l'homme de Dieu se trouble quand il apprend que nous voyageons sans argent. Dans la culture africaine où les clercs sont des demi-dieux, un prêtre pauvre est une incongruité. Hélas, nous confie-t-il attristé, le presbytère est plein, mais il veut bien nous ouvrir la maison paroissiale où, à défaut d'un lit et d'une douche, nous serons abrités pendant la nuit. En nous conduisant dans les lieux, l'homme se confond en excuses. Faire coucher deux jésuites sur le lino d'une salle de réunion est à ses yeux un affront intolérable. D'ailleurs, il nous faut beaucoup de persévérance pour refuser la chambre d'hôtel quatre étoiles qu'il est prêt à nous offrir au lieu de cette couche de fortune.

Le soir, en cherchant le sommeil sur le sol dur comme une pierre de volcan, je lance Parsac sur cette maladie du cléricalisme.

— N'est-ce pas contrevenir à l'esprit du christianisme que de mettre les curés sur un piédestal, à part, comme s'ils étaient des héros ou des surhommes ? L'Évangile est une arme dressée contre tous ceux qui fondent leur pouvoir sur le sacré. Avec des accents que Nietzsche ne démentira pas, Jésus s'en prend à la vanité sacerdotale, à la volonté de parade et de puissance. Et puis il n'y a pas de tiare, de mitre, de faste dans ce texte... Son unique messe, le Christ ne l'a pas dite avec des chasubles en dentelles. Pour trois évangélistes, ce fut un repas de fête avec du bon vin ; pour Jean, un lavement des pieds. Le Galiléen est attiré par ce qui est simple : il boit l'eau des fontaines, fait cuire des poissons sur la grève, dort dans les barques, accueille dans son amitié tous les laissés-pour-compte, refuse qu'on l'appelle « maître »...

— Tout à fait d'accord avec toi, mon vieux. Cependant, en tant que laïc, c'est-à-dire subalterne du prêtre, donc à mes ordres, aurais-tu la gentillesse d'aller éteindre la lumière ?

Une sous-préfecture d'opérette

De dimanche en dimanche, Parsac a rodé son numéro, et à la messe d'hier sa prestation a été si brillante qu'elle nous a valu une journée mémorable.

Il y a d'abord eu l'invitation à déjeuner à la sous-préfecture, dans un ancien hôtel particulier où la République maintient un faste de royauté. Je pensais que ce genre de lieux, tout entourés de bustes et de citations, n'existait que dans les romans de Balzac. Dans un salon lambrissé au parquet ancien, nous avons ingurgité du champagne et des mignardises dans des banquettes Empire. Puis déjeuné comme des princes dans une salle d'apparat, égayés par la femme du sous-préfet, une sémillante incarnation de la République, native d'Uruguay, qui détonne dans l'univers feutré de l'administration. Du paysan à la sous-préfète, du professeur à la Sorbonne au chômeur, notre voyage est une balade à travers les univers sociaux, une traversée du millefeuille de la société…

Puis le dîner du soir, nous l'avons passé auprès de Julien, médecin généraliste, et de sa femme Hannah, issue d'une vieille famille aux ascendances suédoises et autrichiennes mêlées. Cette beauté digne d'une princesse de duché allemand, avec son port altier, sa classe naturelle, et son regard embué d'une tristesse à la Romy Schneider, ne m'a pas laissé insensible. Pendant le repas arrosé au crozes-hermitage, le couple nous a confié son désarroi depuis qu'il a reçu en héritage l'immeuble où nous dînons. Il appartenait à la grand-mère de Julien. Ce dernier n'a pas les moyens de l'entretenir, mais hésite à se couper de toute une mémoire familiale incrustée dans les pierres. Les biens nous encombrent, me dis-je en écoutant ces gens se débattre avec ce dilemme. Une fortune à gérer, des affaires à administrer, des biens à surveiller sont autant de chaînes dorées qui entravent la liberté. Une fois encore, l'auteur de *L'Imitation* a raison : les possessions matérielles ne « sont autre chose qu'une source d'incertitudes, parce qu'on ne les possède jamais sans crainte ni souci ».

Au réveil, Julien a insisté pour nous déposer en voiture à la sortie de Saint-Flour. Nous le couvrons de remerciements.

— C'est moi qui vous remercie, dit-il. Grâce à vous, je me suis souvenu qu'il y a plus de joie à donner qu'à recevoir.

Ce n'est pas le premier à nous dire une chose comparable. Bien malgré nous, notre passage impromptu semble éveiller chez nos hôtes la plus belle part d'eux-mêmes, l'expression plénière d'un être humain, là où éclate sa grandeur, sa noblesse, étant peut-être cette aptitude à se donner en pure générosité.

Après ces deux jours d'agapes, nous quittons Saint-Flour lourds comme des puddings de Noël. Le ciel illimité est à nouveau sur nos têtes. C'est un bonheur sans nom de quitter la ville, de retrouver le silence. Les mondanités et les péroraisons d'hier m'ont exténué. Parler, dans ces cadres cérémonieux et affectés, c'est quand même se vider de sa substance...

— Le retour à la vie sociale dans quelques jours s'annonce compliqué, dis-je à Parsac, heureux comme un gosse de retrouver le chemin des écoliers.

Plus assidu que moi aux dévotions matinales, Benoît m'apprend que nous fêtons aujourd'hui Marie-Madeleine, la pécheresse des Évangiles que la tradition présente souvent comme une ancienne prostituée. Il me plaît que le Christ ait accueilli cette femme dans son amitié, et que l'Église l'ait élevée à la dignité d'une sainte. Dans le christianisme, quel que soit son passé, chacun garde jusqu'à la fin ses droits à la lumière, rien n'est jamais perdu.

En l'honneur de cette voluptueuse, la liturgie du jour propose des textes emplis de sensualité, dont un extrait du Cantique des Cantiques, ce texte de braise : « Qu'il me baise d'un baiser de la bouche... »

— On ne dit pas assez que la vie spirituelle est une érotique, c'est-à-dire la poursuite d'un désir, d'une absence, d'un manque, dis-je. « Avez-vous vu celui que mon cœur aime ? s'écrie la bien-aimée du Cantique. Je l'ai cherché, je ne l'ai pas trouvé. » Comme les poètes et les mystiques le sentent, le vrai Dieu est un Dieu caché. Il ne se communique que dans la nuit de l'esprit, dans l'inconnaissance. Sans vouloir annexer Rimbaud à la foi chrétienne, j'ai l'intuition que le poète a fait l'expérience de ce Dieu-là, en tout cas qu'il l'a cherché de toutes ses forces.

— Rimbaud chrétien ? s'étonne Parsac. Je le voyais plutôt du côté des bouffeurs de curé !

— C'est vrai que bien des passages de ses écrits sont marqués par des imprécations antichrétiennes. Dans « Nuit en enfer », il se dit « esclave de [s]on baptême ». Il parle aussi du Christ comme de l'« éternel voleur des énergies », rêve « d'inventer [...] de nouveaux astres, de nouvelles chairs, de nouvelles langues », autrement dit de prendre la place de Dieu. Et puis il y a ce passage d'une lettre où il soutient « que cette vie est la seule, puisqu'on ne peut s'imaginer une autre vie avec un ennui plus grand que celle-ci ».

— Le sujet est clos, non ?

— Non, parce que sa sœur Isabelle, qui était à son chevet, a brouillé les pistes. Le récit qu'elle a donné de ses derniers moments a accrédité l'idée qu'il était mort en saint. « Dimanche matin, écrit-elle à sa mère, [...] l'un des aumôniers est revenu et lui a proposé de se confesser ; et il a bien voulu ! Quand le prêtre est sorti, il m'a dit, en me regardant d'un air troublé, d'un air étrange "Votre frère a la foi, mon enfant. Que nous disiez-vous donc ? Il a la foi, et je n'ai même jamais vu de foi de cette qualité !" [...] Depuis, il ne blasphème plus jamais ; il appelle le Christ en croix, et il prie. Oui, il prie, lui ! »

— Tu crois vraiment que sur son lit d'hôpital il a « reçu au cœur le coup de la grâce » dont il parlait dans *Une saison en enfer* ?

— Le récit d'Isabelle me convainc à moitié. Il fallait à tout prix apposer un brevet de chrétienté sur cette fin de vie, sauver les apparences, ne pas choquer leur bigote de mère. En fait, je n'en sais rien, je ne me prononce pas : Dieu reconnaîtra les siens ! Une chose est sûre : je me sens plus proche de cet athée christique, à la recherche ardente, que de beaucoup de chrétiens que la bienséance bourgeoise conduit à l'église pour les mariages et les enterrements... Si Arthur est devenu chrétien, c'est au christianisme des innocents et des fols en Christ qu'il appartient, pas à celui des bigots et de ces étouffeurs de l'esprit qui injectent les toxines de la morale et barrent l'accès à la source.

Une soudaine averse d'orage s'abat sur la Planèze et douche notre conversation. Nous patientons sous un arbre, en pensant à Serge qui doit se féliciter de ces gouttes même si elles ne suffiront pas à désaltérer la terre qui meurt de soif. Puis le soleil hystérique pointe à nouveau son museau au moment où l'on dépasse le viaduc de Garabit, conçu par Eiffel pour réunir deux vallées sinueuses. Sur une dizaine de kilomètres, la terre que nous arpentons hésite entre le basalte et le granit. Elle fait alterner les vastes espaces et les brusques ouvertures d'abîmes, les hauts plateaux et les gorges profondes, les socles riants et les escarpements sévères taillés par des rivières.

Au hameau du Pirou, après le pont qui enjambe l'A75 reliant Béziers à Clermont, des plaques de noms de rues ont été apposées sur les murs, comme dans les grandes villes. Il y a la rue des chênes, des frênes, du buis, des tilleuls…

— Ces dénominations qui envahissent le moindre écart sont récentes, fais-je remarquer à Parsac. Avant, on était d'un bourg, à la rigueur d'un quartier du bourg (« le Courrijou », « le Couderc »), lequel formait une masse indifférenciée, avec un caractère propre, une personnalité. Les facteurs, qui connaissaient leur monde, n'avaient pas besoin de ces repères pour distribuer le courrier. Je me demande si ce n'est pas l'essor du e-commerce qui est à l'origine de cette attribution des noms de rues. Les livreurs d'Amazon doivent pouvoir se repérer le plus vite possible…

Benoît m'écoute d'une oreille distraite. Il a faim. Pour honorer son intestin, on casse la croûte au bord de la Truyère, en avalant les plats préparés par Julien et Hannah : des restes de poulet aux lentilles blondes de Saint-Flour, et de la fouasse aux pralines, une spécialité du coin.

Après l'orage, la chaleur est revenue, plus intense. La campagne est un sauna. L'air, irrespirable, brûle les poumons. Parsac éponge sa sueur avec son tee-shirt fluo. Même à l'ombre, on transpire à grosses gouttes.

À Chaulhac, le premier hameau à l'entrée de la Lozère, Marie-Andrée nous offre un verre d'eau et des madeleines, en l'honneur de la sainte du jour. Cette paysanne parle avec un accent nouveau qui exprime la gaieté, la joie de vivre, et semble proclamer que le but de la vie, c'est la chasse au bonheur. Avec elle, on sent qu'on a franchi une frontière, que le Sud se rapproche.

Tout s'éclaircit : l'accent des habitants, mais aussi leurs yeux, la pierre, les maisons…

— D'ailleurs, professe Parsac doctement, n'en déplaise à l'appellation, le Massif n'est pas si « central » que cela ! Sur une carte, on voit bien que sa position n'est pas médiane, qu'elle décroche vers le Sud. L'accent de Marie-Andrée rappelle que par la latitude, mais aussi la langue, la civilisation, le droit, c'est aussi au Midi de notre pays que les hautes terres appartiennent…

Depuis le départ d'Angoulême, il est rare que nous entrions dans un foyer sans tomber sur un exemplaire du journal régional *La Montagne*. Haute-Vienne, Corrèze, Creuse, Allier, Cantal, Puy-de-Dôme, le quotidien emblématique du Massif central arrose presque tous les départements parcourus. Autre indice d'un changement de pays : Marie-Andrée, elle, est abonnée à *Midi libre*. Comme tous les Lozériens, c'est dans les colonnes de ce titre qu'elle prend chaque jour le pouls de la vie sociale locale – actualité des assemblées générales, des épreuves sportives, des audiences au tribunal, des commémorations en tous genres… Notre hôte est aussi correspondante de *Lozère nouvelle*. D'ailleurs, en nous disant adieu, elle promet de consacrer un papier à notre voyage sur les pas de Foucauld qui tient une place de choix dans son panthéon personnel.

La France est un immense jeu fléché. Je rêve de rencontrer l'homme qui peint les chemins en rouge et blanc, les couleurs de ce GR4 qui nous mène désormais sur les collines de la Margeride, où des chaos de granit s'égrènent parmi des forêts de sapins, des cultures de seigle et des landes à myrtilles. Sur cette mer de cabosses, des meules de foin, auxquelles le soleil donne l'allure de pièces d'or, s'alignent à perte de vue. Ces survivances du printemps sont tout ce qu'il reste d'un champ quand on l'a coupé. Un concentré de leur être, une relique.

— Quand la mort te fauchera, mon vieux Parsac, que restera-t-il de ton passage ?

— Mon ballot de foin condensera le peu d'amour que j'aurai semé dans l'existence. À la fin, c'est sur ce seul critère qu'on sera jugé. « Un homme vaut ce qu'il aime », disait Huvelin, le père spirituel de Foucauld.

Au détour d'un champ, une aubrac aux yeux fardés comme si elle allait au bal offre son naseau tiède à mes caresses. Parsac m'observe avec circonspection lui conter fleurette. Ma foi cistercienne dans le credo bovin le laisse toujours aussi sceptique.

Puis voici Saint-Léger-du-Malzieu. Ce bled entérine la fin de l'Auvergne. Nous sommes définitivement entrés dans une ambiance plus méridionale, plus accommodante, plus riante. D'ailleurs, la première maison à laquelle nous frappons est la bonne. Jean-Claude et Yvette, les propriétaires, nous laissent un petit coin sous l'auvent de leur terrasse pour la nuit. Sur le chemin de la Gruyère, le ruisseau qui arrose le village où nous allons faire un brin de toilette, nous nous arrêtons à l'église romane. La vie des indigènes s'est organisée autour d'elle pendant des lustres. Aujourd'hui, elle est posée là, inerte, hors d'usage, comme une barque immobile qui attendrait qu'on la prenne pour s'élancer vers le large. L'homme n'existe-t-il pas que dans le mouvement qui l'ouvre à l'infini ? N'y a-t-il pas dans son cœur un appel à ne jamais se contenter du rivage ?

Le grand silence de la nuit est tombé. Parsac a pris le hamac. Moi je me suis allongé sur un matelas en mousse. À travers l'auvent, les étoiles célèbrent la fête de la lumière. Leur beauté fait oublier la vulgarité d'un importun infatué de lui-même que nos hôtes ont invité à dîner. Caressé par l'air frais qui transporte de l'étable voisine des odeurs de bouses séchées, de silo et de foin, je me souviens qu'enfant je voulais être celui qui donnait le starter aux étoiles filantes...

À la lumière de ma frontale, je me plonge dans l'agonie de Rimbaud. Les lettres d'Isabelle racontent les derniers mois à l'hôpital de la Conception à Marseille, le drame de l'immobilité, la mort qui progresse, l'incroyable lutte de ce gosse de trente-sept ans qui veut vivre. Elles m'arrachent des larmes. « Il se cramponne à l'existence », écrit-elle à sa mère. « Je suis entrée dans la chambre d'Arthur à 7 heures, raconte-t-elle dans une autre lettre. Il dormait les yeux ouverts, la respiration courte, si maigre et si blême avec ses yeux enfoncés et cerclés de noir ! [...] Quand il se réveille, il regarde par la fenêtre le soleil brillant toujours dans un ciel sans nuages et il se met à pleurer, disant que jamais plus il ne verra le soleil dehors. »

Ses dernières heures, Arthur les passe « dans une sorte de rêve continuel ». « Il dit des choses bizarres très doucement », et il « demande aux médecins si eux aussi voient les choses extraordinaires qu'il aperçoit, et il leur parle et leur raconte avec douceur, en termes que je ne saurais rendre, ses impressions », écrit Isabelle. « Par moments, poursuit-elle, il est voyant, prophète, son ouïe acquiert une étrange acuité. Sans perdre un instant connaissance, il a de merveilleuses visions : il voit des colonnes d'améthyste, des anges de marbre et de bois, des végétations et des paysages d'une beauté inconnue, et pour dépeindre ces sensations, il emploie des expressions d'un charme pénétrant et bizarre… »

Je m'endors bercé par ces visions d'Arthur, ses ultimes rêveries, regrettant qu'Isabelle n'ait pas eu la présence d'esprit de les retranscrire, de se faire le greffier de cet ange.

Le pays des origines

Un être ne vaut que par le mouvement qui l'emporte en avant. C'est la réflexion qui m'est venue lorsqu'un chien lancé au galop a dévalé sur le chemin dans un bruit de cavalcade avant de disparaître à toute allure dans les bois.

Malice de la providence, l'apparition de ce chien fugueur intervient le jour de l'anniversaire de Raphaël, mon ami d'enfance. Il y a vingt-deux ans, lui et moi faisions les cent pas à la gendarmerie de Forbach où Interpol nous avait coupés dans notre élan amoureux vers nos fiancées allemandes. J'ai une pensée pour lui que je n'ai pas revu depuis longtemps. Mais c'est la vertu des amis d'enfance : on n'a pas besoin de se voir souvent. On sait dans quel terreau s'est formée la matière de nos rêves, et lorsqu'on se retrouve, après des mois d'absence, c'est comme si on s'était vus la veille…

Alors que nous étions à peine sortis de l'enfance, quelle mouche nous a piqués de grimper dans ce TGV, gare de l'Est, dont j'entends encore aujourd'hui la porte automatique se refermer sur nous ?

— Il faudrait instituer le droit de partir, de s'en aller, dis-je à Parsac. Mieux vaut enchaîner les faux pas que de rester immobile. Au fond, il n'y a que deux péchés : celui de ne pas aimer, et celui de s'arrêter, de s'établir, de s'installer...

Nous avançons lentement dans la forêt silencieuse. Depuis que j'ai abordé cette futaie, mon cerveau crépite de joie, comme s'il avait retrouvé son terreau. Il y a les gens de la mer, ceux des montagnes, du bocage. Moi, je suis un homme des bois. La lumière de l'aube détaille les feuillages qui projettent sur le sol des formes mystérieuses. De vénérables chênes verts, témoins d'âges écoulés, ont l'air de causer du bon vieux temps, j'ai l'impression d'interrompre leur dialogue. La forêt a une vie cachée. Ce matin, je ressens cette intériorité. Je me sens branché aux ramures des arbres, cet immense entrelacs de terminaisons nerveuses. Dans les tranchées du chemin creux où nous slalomons entre des blocs de granit, des pins montrent à nu leurs racines. Les buissons sont animés par des meutes de rossignols dont le chant glisse sur le velours des mousses. En contrebas, le chemin franchit un ruisseau qui apporte de vivaces bouffées de fraîcheur. Cette eau, qui vient d'un trop-plein et qui se donne joyeusement, me captive. Elle coule sans effort, se contente de fluer.

— Je commence à croire, dis-je, que la bête du Gévaudan est une invention des indigènes pour préserver ce paradis des touristes.

Tournant le dos à Malzieu-Ville, où la municipalité joue à outrance la carte de la cité médiévale, nous nous engageons sur un sentier qui grimpe dans la montagne de la Margeride. La canicule frappe toujours sans répit, rendant la progression épuisante.

— Pourquoi les saints n'écrivent-ils pas de romans ? demande Parsac, alors que je me suis arrêté sous un pin sylvestre pour noircir mon cahier.

— Peut-être parce qu'il n'est pas si simple d'accorder l'écrivain et le chrétien. La tentation du gâcheur d'encre, c'est de se mettre en avant, alors que le croyant est censé s'effacer pour faire signe vers autre chose. Et puis les livres ne se font pas avec des bons sentiments. Ils naissent du plus trouble des écrivains qui farfouillent dans leur bazar intérieur et mettent leur cœur à nu. Cela peut être un chemin vers la grâce, mais aussi une façon de s'enliser dans la boue. Enfin, en ayant pouvoir de vie et de mort sur des personnages, les romanciers ne se prennent-ils pas pour Dieu ?

— Et les jésuites ? embraye Benoît.

— À propos d'un autre jésuite dont il vante le style, Michel de Certeau ajoute : « Le fait de savoir écrire est une qualité rare chez les jésuites. » Paradoxalement, eux qui ont tant œuvré pour diffuser les humanités dans l'Europe de la Renaissance ont longtemps tenu la littérature à distance. Ils se méfient de tout ce qui séduit, artifices littéraires compris. Pour moi, cette suspicion est fâcheuse, « écrivain » étant la seule étiquette que j'accepterais à la rigueur qu'on appose sur mon front. Il y a un mode littéraire de connaissance, un certain tour d'esprit, un regard. Or c'est avec ces lunettes que je déchiffre le monde. J'ai reçu ce que Maupassant, dans *Sur l'eau*, appelle « la seconde vue », un regard dédoublé, en surplomb, qui transforme en sujets d'observation tout ce qui se passe.

— Mais un écrivain, objecte Parsac, n'est-ce pas d'abord celui qui écrit des livres ? Si c'est bien cela, où est passé ton corpus ?

— Comme Don Quichotte est un seigneur sans royaume, je suis un écrivain sans œuvre, dis-je en pouffant. Un certain penchant à la fainéantise explique cette page blanche. Or, pour pondre un livre, si un peu d'inspiration est requis, il faut surtout demeurer longtemps dans sa chambre. Et puis l'enfantement d'un texte exige de la vacuité, du silence. Enfin, je trouve qu'il sort trop de livres inutiles, bavards ou sans sujets. Et, comme Cioran, je crois qu'on ne devrait rien écrire qui ne « puisse se murmurer à l'oreille d'un ivrogne ou d'un mourant ».

— Alors pourquoi toutes ces gribouilles sur ton calepin qui nous mettent en retard ?

— Le Massif central m'a libéré. Un déclic a eu lieu. Le temps est venu de me délivrer de mon chaos intérieur. Certains ont défini la littérature comme un chagrin dominé par une écriture, une dépression domptée par la grammaire. Oui, un livre répond à une urgence intérieure. On se met à barbouiller du papier parce qu'on ne peut pas faire autrement. Les mots arrivent comme si une explosion avait descellé une source, ils bondissent sous la pression, on n'est pas tranquille tant qu'on ne les a pas attrapés au bond…

Après le hameau de Lajo, le GR4 croise le chemin de Saint-Jacques-de-Compostelle. On pique-nique à ses abords pour regarder défiler les pèlerins. Le Puy-en-Velay, d'où la plupart d'entre eux sont partis, est à trois jours de marche, la souffrance a eu le temps de s'imprimer sur les visages. Après quoi courent ces pèlerins qui tirent la langue ? Quels drames intimes trimballent-ils ? De quels paquets de souffrances demandent-ils à la route de les alléger ? J'ai une immense sympathie pour ces marcheurs de tous les âges et de tous les milieux que la route va délester, purifier. Le chemin de Compostelle est un des derniers lieux de mixité sociale, avec les aires d'autoroute où, aux urinoirs, le camionneur pisse à côté de l'aristo, égaux devant les nécessités.

Un hêtre nous fait l'offrande de son ombre. On termine les restes d'un saucisson, et d'une confiture de rhubarbe offerte par je ne sais plus qui.

— À quoi servent les pèlerins ? s'interroge Benoît, à moitié endormi. Quelqu'un a dit qu'en plantant la pointe de leurs bâtons sur le sol, ils faisaient tourner le monde…

— L'idée est jolie. C'est un peu comme les priants : sans l'oxygène de leurs prières, la planète succomberait à l'asphyxie.

À l'ombre de notre arbre, il fait dans les quarante degrés. Cette grande chaleur rend léthargique, amorphe. Nos corps, épuisés par le soleil qui cogne comme un marteau, se relâchent. Puis nous nous endormons, bercés par le bruit des bâtons.

À peine ragaillardis par la sieste, nous voilà de nouveau sur les routes. La Margeride est plus brûlante que jamais. Une allumette jetée dans la lande enflammerait la région.

Au loin retentissent les grondements du tonnerre.

— Levez-vous, orages désirés, implore Parsac, qui connaît ses classiques.

Mais les nuages noirs roulent dans la direction opposée.

Après la Roche, nous entrons en Écosse : des champs cernés par des murets de pierres, des moutons et des landes, des blocs de granit émiettés jusqu'à l'horizon. L'Aubrac, ce vaste épanchement de basalte, est tout proche, de même que les Cévennes qu'on aperçoit au loin.

— Margeride, Aubrac, Causses, Cévennes : les quatre régions qui forment la Lozère sont des solitudes. Ce département est une addition de déserts, dis-je, fasciné.

— Oui, il bat tous les records, mais inversés. C'est le département le moins peuplé de France, avec la plus faible densité au kilomètre carré, le plus petit chef-lieu, la plus petite sous-préfecture. On dirait qu'il s'excuse d'exister, qu'il veut disparaître, ne pas se faire remarquer.

— Ce mauvais élève a d'autres arguments à faire valoir. À l'heure du cloud et de l'homme augmenté, l'irruption de ce désert, avec ses rocailles, ses troupeaux, son silence, nous ramène au point d'origine. Dans ce royaume du pur espace et du rien, on peut éprouver comme nulle part ailleurs une sorte de conjugalité fabuleuse avec le monde. Une incomparable qualité de solitude, aussi.

Or, par les temps qui courent, les possibilités de repli deviennent rares. Nous avons été dépossédés du désert. La connexion, la congestion et l'accélération enserrent nos existences jusqu'à l'étouffement et conspirent contre toute vie intérieure. Dans cette France harassée par la vitesse, le bruit, les machineries et les statistiques, le Massif central est l'une des dernières enclaves de silence et de liberté. Un ermitage à ciel ouvert. Une réserve d'intériorité. Un immense lieu d'asile où les pauvres modernes, épuisés, et tous ceux qui ne trouvent pas leur place dans un monde de plus en plus uniforme qui écrase les rêveurs, les sensibles, les doux, peuvent tenter de vivre de tout ce qui ne se monétise pas : la liberté, la prière, la contemplation de la beauté…

— Au lieu de légiférer sur l'écriture inclusive ou la fessée aux enfants, les hommes politiques feraient mieux de s'occuper des choses sérieuses, dis-je. Si j'étais président, je demanderais aux parlementaires d'établir un droit au désert. J'instituerais aussi un ministère de la Solitude, chargé de mener une politique publique de l'anachorèse. Ce vieux mot du répertoire monastique signifie solitude, mise à l'écart. Évidemment, on n'est pas tous appelés à s'exiler définitivement, comme les moines, les ermites, les reclus. Mais chacun ne tirerait-il pas profit de s'aménager régulièrement des pauses, des respirations, des suspensions ?

— Chez un écrivain, rebondit Parsac, le style est un coup d'œil particulier, une façon d'agencer les mots, d'apposer sur la page et sur le monde un cachet particulier. Mais les paysages aussi ont-ils un style ? Le cas échéant, quel est celui du Massif central ?

— Resserré, dégraissé, épuré jusqu'à l'extrême, voilà le style de ces terres intransigeantes. Dans ces contrées, on va droit au but, sans détours, en se dépouillant de tout accessoire. Évidemment, à la longue, cette vacuité ne laisse pas indemne. Elle nous ouvre à des vérités que le trop-plein de nos vies ordinaires dissimule. Le vide dépouille, émonde, dénude. Tout ce qui farde le personnage social s'en va. Bientôt, il ne reste plus rien, si ce n'est notre paquet de fragilités et de misères. On se retrouve les mains vides, le cœur brisé et broyé. C'est cela, le Massif central : un maître de lucidité et de désabusement.

De fait, la traversée de ces nudités convoque le désert de ma propre existence. À la différence de Parsac, bien assuré dans sa vocation, la mienne vacille chaque jour davantage. L'ivresse de la liberté, à laquelle je goûte depuis un mois, l'aptitude à débusquer le sacré ailleurs que dans l'orbite religieuse – notamment dans le silence, la nature, la lumière, le vent, au milieu des bêtes et auprès de nos hôtes, surtout ceux qui sont loin de l'Église –, l'attirance pour les marges solitaires, le goût de la fugue, la hantise de devenir le délégué d'un message dont l'évidence s'est voilée, la peur d'être enfermé dans un carcan qui étouffe l'esprit de liberté, tout cela milite de plus en plus en faveur d'un départ du noviciat et d'un adieu à la vie religieuse. J'espère que les derniers jours du voyage accoucheront d'une réponse définitive. En attendant, j'aimerais obtenir des clartés sur mon propre cœur : si je pars, à trente-sept ans, l'âge d'Arthur au moment de sa mort, que vais-je faire de ma vie ? D'où vient cette inaptitude pathologique à trouver une place, juste un endroit où déposer mes valises et reposer la tête ? Pourquoi mon existence se déroule-t-elle en dehors de tout lieu propre, dans une itinérance qui n'en finit pas, un impossible arrêt, la quête d'une terre qui se dérobe sans cesse ?

Une averse sabre l'air au moment où Sainte-Eulalie se présente, à la tombée du soir. Tout semble bosselé, oblique, bancal dans ce hameau de Lozère perdu dans la lande. Construites avec le granit et la lauze, les seules choses qui poussent dans les champs, les habitations ressemblent à des maisons de contes pour enfants. Après nous être abrités sous un *ferradou*, où l'on ferrait autrefois les chevaux, nous trouvons refuge dans l'église. Le ciel est noir. On dirait que l'orage s'est fiché au-dessus du village comme dans les albums d'Astérix. Des averses de grêle déferlent sans relâche et frappent les vitraux.

— Si un flocon de neige est une goutte d'eau en parachute, qu'est-ce que la grêle ? poétise Parsac. De la pluie en colère !

Cette avalanche d'eau fait un bien fou. On respire. Depuis Angoulême, il n'y a guère de suspens sur le temps. Quoi qu'il arrive, il fait beau. Cette omniprésence du soleil, de la lumière vive, de la canicule a fini par me rendre nostalgique des temps plus mitigés, mieux accordés aux variations des états d'âme – et Dieu sait que, dans une marche, ils subissent des oscillations !

Deux jeunes amants nous rejoignent à l'église. Ils font le tour de l'Aubrac à vélo, et ont subi de plein fouet l'épisode cévenol. Ces âmes en peine grelottent de froid. Je soupçonne le garçon d'avoir prémédité son coup pour que ce soir, ils soient obligés de se serrer plus fort dans leur sac de couchage… Parsac et moi avions prévu de dormir dans l'église, mais on la laisse de bonne grâce à ces amoureux en déroute. Leur sac à dos a pris l'eau, je ne voudrais pas que leur couple fît de même...

L'orage a joué en notre faveur, avoue Chantal en nous introduisant dans sa maison. Cette célibataire de soixante ans est un modèle d'ascension républicaine. Ses grands-parents agriculteurs ont fait construire la maison où nous sommes. Puis sa mère est devenue institutrice. Chantal, elle, est « montée » à Paris où elle a passé un concours pour devenir fonctionnaire des impôts.

— Si j'en avais une, je ne suis pas certaine que ma fille aurait poursuivi cette ascension, dit-elle en ouvrant la trappe du grenier de la grange.

Dans ce bric-à-brac, au milieu d'un chaos de bibelots, traînent de vieux exemplaires du *Monde agricole*, de *Lozère nouvelle* et un numéro du *Monde*, daté du 12 septembre 2001, avec en une les attentats de New York. Voilà le destin de l'actualité : pourrir dans un grenier oublié. Une fois encore, l'auteur de *L'Imitation* vise juste quand il exhorte à « ne pas se préoccuper des faits sensationnels ni des scandales du jour ».

Chantal nous offre un melon, une boîte de pâté au piment d'Espelette, deux pommes et des yaourts. Puis nous attable dans une sorte de véranda à l'entrée de sa maison, avant de disparaître pour nous laisser dîner en tête à tête. Est-ce de la pudeur, ou ce que les historiens appellent une épave de culture, ces sédiments du passé qui sont le signe de l'inertie de l'histoire ? Dans ces contrées, en effet, il était de coutume que les hommes mangent seuls, pendant que les femmes servaient à table. En outre, pendant notre séjour chez elle, Chantal ne nous a posé aucune question sur notre identité. Je ne me plains pas de cette discrétion. Mieux : cet incognito me réjouit. Un mois de marche nous a lavés de nos déterminations. Nous ne sommes plus personne, que Charles et Benoît, des passants sans identité, des pèlerins anonymes.

— De toute façon, dis-je à Parsac en me couchant sur le parquet grinçant du grenier, il est préférable de ne pas trop s'attarder sur ses coordonnées sociales quand on dort chez un contrôleur des impôts...

Scènes de la vie de camping

— Nos guiboles ont avalé 640 kilomètres, s'enorgueillit Benoît. Plus qu'une soixantaine avant l'abbaye des Neiges, notre Graal…

Hélas, je ne partage pas l'enthousiasme de mon camarade devant l'imminence de cette arrivée. Quand on a poursuivi avec ardeur un objectif, il y a de la tristesse à se dire que le but sera bientôt atteint. Le meilleur dans un voyage, ce n'est pas l'arrivée, c'est le chemin, l'effort, la tension vers le cap. Tout ce qui est réalisé est détruit.

Je tire une consolation du belvédère naturel où nous avançons comme sur une lune, éprouvant une sensation d'altitude, d'élévation. Perché dans le ciel, un petit chemin de pierre traverse des tourbières, des pinèdes et des landes. Le champ visuel est infini. À chaque instant, on s'attend à voir surgir un loup. La pluie d'hier a détrempé le sol noir, faisant exploser des odeurs de poivre et de résines grillées. Ici ou là, de grosses pierres levées comme des menhirs jonchent des champs où s'épanche le cristal des ruisseaux. Tout exulte.

C'est un shoot de nature, presque une extase. Pour reprendre les mots d'Arthur dans « Soleil et Chair », « le pur ruissellement de la vie » se verse en moi. Je suis heureux. L'inspiration fuse. La régularité des pas fait crépiter les idées, tandis que la beauté met la créativité en branle. J'écris en marchant pour éviter que Parsac me distance et pour saisir les émotions au vol. Il faudra s'en souvenir au moment de prendre une décision définitive au sujet du noviciat : aussitôt que j'ai de l'espace, de la liberté, du champ, ma vitalité déborde ; elle s'étiole dès que je dois rentrer dans le rang.

Dans un pâturage à l'entrée de Saint-Paul-le-Froid, nous surprenons un vieux paysan en flagrant délit de contemplation de son troupeau. Au milieu du champ, les vaches affectueuses font cercle autour de lui. Elles sont toutes venues à sa voix, et saluent sa présence par des beuglements joyeux, tout en mangeant dans sa main des poignées d'herbe. En interrompant ce moment de tendresse, je pense à une lettre adressée par Rimbaud, en goguette en Suisse, à sa sœur : « J'ai dormi au cœur du Tessin dans une grange solitaire où ruminait une vache osseuse qui accepta de me céder un peu de sa paille. » Ce corps à corps avec la vache à l'étable n'est pas étranger à la dévotion que je voue au poète. Nous avons perdu cette proximité avec les animaux qui ont disparu de nos paysages et de nos existences d'urbains. C'est une perte sans prix. Les bêtes nous humanisent, elles éveillent en nous des trésors de tendresse. Il y a une joie divine à les côtoyer.

Saint-Paul-le-Froid doit son nom au souffle de la « traverse », un vent cinglant dont les rafales, l'hiver, frigorifient les ardeurs des derniers habitants. Aujourd'hui, dans ses ruelles accablées de chaleur, que j'aimerais ressentir la fraîcheur de son haleine !

Sur le pas d'une porte, un vieil homme est assis sur une chaise en bois, immobile, comme pétrifié, les mains calleuses posées sur les genoux. Avec des yeux d'enfant et un visage d'icône, il regarde avec attention devant lui, dans le vide, comme s'il était transparent à une autre lumière. On lui demande de l'eau. Il balbutie une courte réponse dans un français mêlé de patois – dans le monde paysan, on ne dépense pas sa salive pour ne rien dire. En avisant ce vieillard effacé, silencieux, humble surtout, j'ai le pressentiment de la vie intérieure. Il existe une mystérieuse parenté entre le monde paysan et la prière.

Dans la forêt sectionale de Montagnac, la couture de ma chaussure gauche rompt à son tour. J'opère un rafistolage de fortune, tandis que des aubrac toniques dévalent à notre passage, puis disparaissent dans des landes pleines de chaos rocheux qui rappellent les menhirs de Carnac. Alitées sous des épicéas, des normandes, ces charolaises en tenue de camouflage, cohabitent avec des salers qui ont l'air de mâcher du chewing-gum. Cette « fraternité universelle » est le signe que Charles de Foucauld n'est plus très loin…

À chaque source, à chaque carrefour, à chaque point de vue, de petites croix de facture rustique, grossièrement taillées dans le granit, se dressent de guingois sur des chaos de pierre. Quand le Christ y figure, il apparaît impassible, paisible, la tête droite et les yeux grands ouverts pour signifier qu'il n'a fait que passer par la mort, que cette dernière n'est pas le dernier mot. Pour ces tailleurs amateurs, la Croix est une trouée, un envol vers la grande santé, la grande vie. L'omniprésence de ce symbole procède-t-elle d'une volonté cléricale de marquage du territoire ? Ou est-elle plutôt, comme je le crois, le signe d'une ferveur populaire ? Avec un sentiment de gratitude, les gens ont éprouvé le besoin de remettre à une présence divine la beauté infinie qui s'offrait à leur vue.

Plus loin, deux chevaux à la robe beige luttent stoïquement contre le harcèlement des mouches. La réunion de ces deux solitudes est une occasion trop belle : je saisis la balle au bond.

— As-tu remarqué comme les chevaux vont toujours deux par deux ? Toi, mon vieux Parsac, tu as fait le choix d'être seul. Dans notre société aphrodisiaque, ce renoncement à la sexualité sonne bizarrement.

— Un religieux n'est pas un ange, bredouille-t-il. Je n'ai pas renoncé à la sexualité : elle s'exprime autrement. À dire vrai, tout cela est mystérieux, y compris à moi-même. Disons que la soif d'absolu qui me tenaille, il m'est apparu qu'aucune personne ne pourrait jamais la combler.

— Et tu n'as pas peur de ressembler un jour à ces vieux garçons qui ont le cœur sec ?

— C'est un risque. Cette garde du corps et du cœur ne vaut que si elle débouche sur un amour plus grand. Sinon, c'est de la timidité, de la froideur, une fuite, une peur de s'engager. Mais la chasteté ne consiste pas à rejeter les sentiments hors de son cœur, à se barricader contre eux. Elle n'exclut pas non plus l'intimité avec l'autre sexe. Je la vois plutôt comme un art d'aimer, l'apprentissage patient d'un amour qui refuse de céder à la jouissance égoïste pour laisser l'autre exister devant soi.

L'arrivée à Grandrieu sauve le pauvre Benoît de cet interrogatoire digne de la brigade des mœurs.

À l'épicerie du village, la marchande nous offre du pain, des fruits et deux croissants rustiques. Le fait de pérégriner les poches vides la laisse songeuse.

— Quelle drôle d'idée ! En somme, vous êtes des vagabonds ?

Elle ne s'en doute pas, mais ce qualificatif nous honore. Il convoque les mânes des vagabonds mystiques si présents dans la tradition de l'Orient chrétien. En Russie notamment, les chemins regorgent de ces errants qui, un beau jour, rompent avec leur famille, leur métier, leur condition, et partent sans un sou vaillant. La fascination des grands espaces et le désir de l'infini l'emportent sur les obligations sociales. Ces pèlerins de l'absolu mendient leur nourriture, dorment à la belle étoile, serrent leur ceinture le temps d'accomplir un pèlerinage, de visiter un lieu saint. Parfois, ils ne reviennent jamais, et, comme le fameux « Pèlerin russe », se convertissent définitivement à l'existence ambulante. En Russie, mais aussi en Inde, les populations respectent ces marginaux et leur quête. On les laisse se servir dans les magasins, on leur accorde l'hospitalité, on les accueille comme un don du ciel. Il est réconfortant de savoir qu'il existe encore des pays, et le Massif central en fait partie, où l'on ne rit pas au nez de ces voyageurs épris d'idéal spirituel, où ceux qui s'adonnent à l'aventure intérieure se voient accorder leur faveur des gens.

Des citoyens de Grandrieu – prononcer Granrieu – prolongent la récolte du jour avec quatre tranches de jambon blanc, de la maison Vignal, boucher de père en fils depuis plusieurs générations. Nous avalons ce festin à l'ombre d'un pin sylvestre. Je pose mes pieds contre son tronc tordu pour grappiller un peu de son énergie, puis m'endors.

Au réveil, Parsac, que mon amour des vaches indispose toujours davantage, se lance dans une mise au point théologique sur la place des animaux dans l'Église. Il trouve que ma tendresse pour les bovins frôle l'idolâtrie. Cela doit faire plusieurs jours qu'il ressasse sa leçon.

— L'inquisiteur qui sommeille en toi se réveille, dis-je. Pour moi, je tiens à cette opinion, quand bien même elle ferait de moi un hérétique : les animaux ont une âme. Je refuse d'être sauvé sans les bêtes. Que ces dernières soient laissées sur le parvis de nos églises m'indispose hautement. J'aimerais qu'elles aient le droit d'entrer, qu'elles chantent avec nous la grande louange des vivants. Et si l'au-delà existe, je ne conçois pas d'y voguer sans des ânes, des vaches, des moutons, des chiens et des volées d'oiseaux.

— Ton christianisme est mâtiné d'animisme, rétorque-t-il, affligé.

— Peut-être, mais je revendique le droit d'être contradictoire. Tu me connais désormais : je balance au carrefour. Je suis un aspirant jésuite fan de Port-Royal, un novice amateur de Casanova, appelé au vœu de chasteté mais hanté par le spectre de mes amours défuntes. Je suis partagé entre le goût du bonheur et la tentation du désespoir, la France et l'Angleterre, une pente solitaire et un penchant sociable, la gravité et la rigolade, la prière et la fête, la chartreuse et le foot avec les copains. Longtemps je me suis débattu avec ces écartèlements. Puis j'ai compris qu'entre toutes ces inclinations qui se disputaient mon cœur, il ne fallait pas choisir. L'existence consiste à accorder les vérités multiples dont nous sommes tissés, non à amputer telle partie de sa personnalité au profit d'une autre. Il faut sortir de la mentalité cartésienne et de nos catégories qui ont toujours tendance à être rigides : ce qui est blanc ne peut pas être noir. La vérité est plus ample qu'on l'imagine.

Décision est prise d'établir notre campement du soir à Auroux. Sur la carte IGN, la taille de ce bled présage un nombre d'âmes suffisant pour trouver de quoi se sustenter, et peut-être s'abriter. Parsac, qui ne loupe pas une occasion de m'épingler, trouve que mon vocabulaire est désuet : plus personne n'emploie le terme « âmes » pour désigner des habitants. Je lui fais remarquer que la variabilité des mots est un bon indicateur des changements de mentalités, et qu'il n'est pas anodin que ce vocable ait disparu des usages dans une époque où les âmes sont déclarées nulles et non avenues.

L'élection d'Auroux correspond aussi au désir de ménager nos montures. Nous ne désirons pas excéder trente kilomètres par jour. Nos corps, désormais affûtés comme des lames, pourraient aisément en parcourir dix de plus, mais nous ne sommes pas là pour faire des performances sportives. Nous voulons tenir la durée, et arriver ensemble à peu près sains de corps et d'esprit. Nous avons fait nôtre la sagesse d'un vieux dicton cévenol : « Mieux vaut feu qui dure que feu qui flambe. »

Sur les petits sentiers qui épousent amoureusement la géographie des lieux, nous pressentons à certains détails qu'une nouvelle fois nous enjambons une frontière et changeons de pays. Peu à peu, les paysages verdissent. Les blocs de pierre, semés dans les champs comme des grains de chapelet, se raréfient. Les toits ne sont plus en lauze ou en ardoise, mais en tuiles rouges. Les blocs de basalte disparaissent des façades en granit. Puis d'un seul coup, c'est une claque de vert. L'herbe est partout. De nouvelles espèces d'arbres surgissent, notamment des bouleaux et des trembles dont le frétillement des feuilles fait un bruit délicat de timbales.

Une violente odeur de fraise des bois me tire d'une songerie. La plupart du temps, sur le chemin, l'esprit vagabonde, cède à la distraction. En fait, les paysages ne sont qu'un vague écrin, ce sont nos pensées surtout que l'on contemple. Je n'avais jamais pris la mesure de cette propension à être ailleurs, échappé dans l'imagination. « Où es-tu quand tu n'es pas présent à toi-même ? » demande *L'Imitation*, qui s'adresse à l'homme qui dort, au distrait absenté de lui-même, l'exhortant à être présent, à s'éveiller.

— On fait aux chrétiens le procès de fuir la réalité, rebondit Parsac. Mais ne trouves-tu pas que Foucauld, enraciné dans la glaise du Sahara, est bien plus réaliste que Rimbaud, entêté de chimères ?

— Moi, ce sont plutôt leurs points communs qui m'intéressent. Je m'étonne qu'on n'ait pas songé plus souvent à les rapprocher. Charles et Arthur se ressemblent comme deux gouttes d'eau : même art virtuose de la disparition, égale intolérance à la banalité, fuite des engouements faciles, des mesquineries et des hypocrisies, soif comparable d'infinité, de pureté, et de liberté, vies toutes deux tendues vers les sommets.

— Oui, leurs destins météoriques ont d'étonnantes correspondances : une enfance cernée par le deuil ; un passage par l'agnosticisme ; l'épreuve de l'ennui, de la mélancolie ; l'insatisfaction perpétuelle ; l'enrôlement dans l'armée, puis la désertion ; le changement incessant d'état et d'identité ; l'appel de l'Orient, des soleils ardents et des vastes perspectives ; le désir de se faire un nom dans l'exploration ; le goût de la poésie ; la propension à faire de leurs blessures intimes le combustible de grandes choses : une œuvre géniale, fulgurante, indépassable pour l'un, une humanité évangélique et une sainteté joyeuse pour l'autre.

— Et puis, au fond, bien que l'un soit athée et l'autre croyant, ils partagent une même foi : ce sont deux figures abrahamiques. Des êtres qui quittent leur pays et partent pérégriner dans des terres inconnues, attirés par l'exploration de l'autre. As-tu remarqué comme tous les deux s'expatrient de leur langue maternelle ? Arthur en inventant la « couleur des voyelles » et « de nouvelles langues », Charles en s'imbibant de la tradition des Touaregs dont ses recherches linguistiques ont sauvé la culture. Leur mystique est là : s'exiler de soi, habiter la langue de l'autre, se laisser envahir par ses mots.

Nous arrivons aux portes d'Auroux vers dix-huit heures. Posé sur le flanc d'une vallée inondée de soleil, ce village forme un bloc solidaire, ramassé, intimidant. Nous nous demandons par quel bout prendre cette masse compacte, quel sort elle va nous réserver. Comme chaque soir, l'inquiétude nous enténèbre. Nous tentons de la dompter en déambulant dans les lacis des ruelles qui se tordent autour de la place principale comme un paquet de lacets. Une piste de pétanque ombragée par des marronniers, des vieux en marcel qui palabrent sur des pas de porte, des accents qui donnent l'impression d'une langue étrangère, l'ambiance est méridionale. Si la vraie frontière passe à Villefort, on sent déjà ici que le Massif central bascule vers le Languedoc.

L'heure du dîner approche. Le village paraît assoupi. On frappe à une porte au hasard. Déboule une dame dans la cinquantaine, prénommée Corine. Sont-ce mes origines corréziennes qui restent sur ces terres centrales le meilleur passeport ? À moins qu'elle ait jugé nos bouilles sympathiques ? Toujours est-il que cette Lozérienne éruptive se prend d'affection pour nous, et rameute tout le quartier pour nous tirer d'affaire. On s'imagine que la France est fatiguée, engourdie, appesantie, mais derrière la moindre porte des villages, il y a un réservoir de vie et des ressources à foison. Il faut se méfier de ce qui a l'air éteint ; parfois, le feu couve sous la cendre.

De son modeste salaire de femme de ménage au centre pour personnes handicapées, Corine a prélevé de quoi nous offrir deux pains bagnats au thon et à la mayonnaise. À la boulangerie du village, les gens, alertés par cette vigie, nous conseillent d'aller au camping où les blocs sanitaires formeraient, selon eux, une couche confortable. Nous nous exécutons en nous confondant en remerciements.

Disposé au bord de la rivière le Chapeauroux, l'endroit est tranquille. Des barbecues fument. Une vingtaine de vacanciers dînent devant leurs caravanes. Nous nous mettons discrètement en quête d'un coin pour passer la nuit à l'abri des regards – pour se fondre parfaitement dans la masse, il eût fallu des paires de tongs… L'hypothèse des sanitaires est évacuée d'un revers de manche : dormir près des toilettes, c'est la certitude d'être réveillée toute la nuit. Nous pourrions squatter un bout de pelouse derrière le rideau des arbres, mais, faute de tapis de sol, la rosée transpercera nos sacs de couchage. En fait, il n'y a guère que les graviers des balançoires comme litière digne de ce nom, sauf qu'il faut attendre que la nuit tombe pour déballer notre grabat sans effaroucher les parents. En attendant, je prends une douche, tandis que Parsac, qui a fait sa lessive, étend ses slips près de l'aire de jeux des enfants.

— Tu exagères, lui dis-je. Les gens d'Église vont encore passer pour des pervers ! Tu ne veux pas faire sécher tes dessous plus loin ?

Benoît hausse les épaules, bougon. Il se plaint du confort spartiate de notre campement. Le pain bagnat l'a laissé sur sa faim. Ses exigences me tapent sur le système. J'aimerais pouvoir m'abstraire de sa présence, avoir un peu d'intimité, juste une soirée. Mais notre aventure a lié nos sorts. Pour le meilleur et pour le pire, jusqu'aux Neiges, nous devons faire marche ensemble, nous supporter l'un l'autre.

En attendant que l'obscurité étende sa toile sur nos têtes, je butine quelques pages de *L'Imitation*. « Donne tout, sans retenue, oublie-toi », écrit son auteur. D'après sa sagesse proverbiale, la liberté viendrait dans le décentrement et le don. Sauf que ce soir, la fatigue est trop présente, je suis incapable de me décoller de mes soucis, de mon égoïsme viscéral et d'une colère froide contre Parsac.

Couchés sur les graviers qui nous écorchent le dos, nous regardons les étoiles s'allumer. Puis le sommeil nous saisit tandis que nous ruminons cette autre sentence qui fait miroiter des jours meilleurs : « À l'hiver succède l'été, après la nuit revient le jour, après la tempête, c'est le grand calme. »

Demain nous serons morts

Sur les départementales, les panneaux de limitation de vitesse sont un peu humiliants. Quand il faut des lustres pour atteindre à pied un point de la carte, l'interdiction d'excéder les 30 kilomètres/heure sonne comme une provocation…

La nuit dernière ne fut pas fameuse. À cause des graviers et du froid, je n'ai pas fermé l'œil. Mon cerveau, ankylosé par l'absence de café, tourne au ralenti, j'ai l'impression de marcher avec un voile devant les yeux. Dans cette vision tamisée, la réserve d'eau de Naussac a des allures macabres. Cette tombe liquide semble cacher des horreurs. Plus loin sur le chemin, des êtres avec des chaussures à pompon tirent des chariots sur des herbes rasées comme des gazons anglais, puis tapent dans des balles blanches avec des tiges en fer. Je me frotte les yeux pour être certain que cette tribu étrange n'est pas sortie de mes songes, puis un panneau indique le golf du Domaine de Barres où une balle égarée manque de briser le tibia de Parsac.

Sous les anciennes halles de Langogne où Benoît a voulu amasser des réserves, on partage avec un clochard un cageot de pêches blanches donné de mauvaise grâce par une maraîchère acariâtre. Dans les yeux des passants, je discerne un soupçon d'envie : trois vagabonds avalant goulûment une orgie de fruits à même le trottoir, absolument indifférents à l'agitation ambiante et aux regards des gens, c'est une certaine image de la liberté ! Parsac tente une razzia dans une boucherie. Il en revient avec trois tranches de saucisson et pour seule consolation, celle de se dire que ce boucher avare a révélé son vrai visage aux clients. Puis on s'échappe de cette bonne ville trop saturée de bruit, de voitures, de monde à notre goût.

Nous célébrons le passage de la Lozère à l'Ardèche à Saint-Alban-en-Montagne, où le temps a déposé une église fortifiée à la beauté contestable. En face du cimetière, où nous posons nos effets, la vue est barrée par une montagne sur la crête de laquelle des sapins raides comme la justice semblent sûrs de leur bon droit. Une dame nous a offert un vieux morceau de pain de campagne qu'un cheval refuserait, et deux fromages blancs à la vanille. Il y a trente jours ce butin nous aurait comblés, aujourd'hui, nous faisons la fine bouche. C'est triste comme la capacité de s'émerveiller s'émousse...

— Nous venons de franchir notre huitième frontière, s'excite Parsac. Si tout va bien, ce soir, nous serons aux Neiges. Tu ressens quoi ? de l'excitation, de la joie, de l'impatience ?

— Plutôt une sensation d'irréalité. C'est arrivé si vite ! À force de courir après le but, j'ai l'impression d'avoir laissé passer des choses. Le temps a fugué. On devrait écouter les morts qui nous entourent ce midi. N'entends-tu pas qu'ils nous disent de cueillir chaque instant et de nous dépêcher de vivre, eux qui savent bien que la nature ne consentira pas longtemps à nous laisser « ce peu de matière » qu'elle nous prête, comme l'écrit joliment Bossuet dans son *Sermon sur la mort* ?

Après Le Plagnal, un chemin s'engage sur des hauteurs à travers des bois si épais qu'ils laissent à peine filtrer la lumière. Une heure d'ascension sur ces à-pics chargés d'une odeur de cèpes et de terre mouillée m'a exténué, je pourrais casser la figure à la première personne que l'appellation « montagne » accolée à « ardéchoise » ferait ricaner !

Dans la montée, la silhouette d'une cabane se devine derrière des chênes verts. Un panneau, devant la clôture, indique la présence de « chats susceptibles et féroces ». Comme nous ignorons si cette pancarte est du lard ou du cochon, nous pressons le pas, tout en feignant de ne pas être dupes… Derrière ce geste cocasse, je soupçonne un ermite soucieux de préserver sa thébaïde de l'invasion des passants. Avec le Gard, l'Ardèche est l'un des grands lieux de concentration de ces témoins de l'absolu.

Nos efforts nous ont transportés sur un chemin de crête baptisé le « camp de Cham Longe ». L'imaginaire asiatique de ce nom est peu accordé à ces paysages d'altitude où tous les éléments du Massif central sont au rendez-vous : le bleu du ciel, le vert des sapins, le silence, le vide, et la lande dont myrtilles et bruyères se disputent l'étendue. Le seul exotisme provient des immenses éoliennes alignées en rang d'oignons. Jamais je n'ai été aussi proche de ces monstres qui émettent un grondement continuel, comme un bruit d'avion qui fend le ciel.

— Ce régiment au garde-à-vous est une profanation du paysage, dis-je à Parsac. Ils occupent le centre du motif, on ne voit qu'eux. À cause de ces effrayants ciseaux à vent, les sommets ne sont plus le signe d'une verticalité, d'une élévation, mais le symbole circulaire d'un éternel ressassement. « Tout ce qui monte converge », disait le bon vieux Teilhard de Chardin. Maintenant, tout ce qui s'élève a l'air de tourner en rond...

L'espoir de retrouver l'homme qui balise le GR4 s'amenuise. Plus que quelques heures pour passer un savon à ce sadique qui choisit toujours les pentes les plus raides et dont les tracés sont ceux d'un homme ivre. À défaut de tomber sur lui, nous avisons au col du Pendu un marcheur escorté par un chien aux allures de loup.

— Je marche sur le GR4 jusqu'au Puy-de-Dôme. Je n'ai qu'une seule hantise : les vaches, à cause de mon berger allemand qui aime leur taquiner les jarrets.

Je lui confie qu'il n'est pas au bout de ses peines : dans les terres qu'il va arpenter, les vaches ont sur les habitants la majorité absolue. Puis, avant de lui dire adieu, je lui demande s'il détient des informations sur le pendu qui a donné son nom au sommet. Quand la toponymie enregistre des faits de vie, cela met l'imagination en branle : qui était ce malheureux ? De quels fardeaux voulait-il se délester ? Pourquoi se suicider dans ce lieu dont la beauté donne plutôt des envies d'espérer ?

Une petite chapelle, dont la cloche a dû orienter plus d'un voyageur égaré, scelle l'importance symbolique du col du Bez. Ce lieu est un trait d'union entre la montagne et les Cévennes ardéchoises, le Massif central et le Midi. Une frontière naturelle où passe aussi le point de partage des eaux. Ce dernier nous inspire d'ailleurs une blague de potache à l'élégance douteuse : nous nous soulageons de part et d'autre de la borne, en nous amusant du fait que les fuites de l'un iront se perdre dans les cours d'eau qui s'écoulent vers la Méditerranée, tandis que les autres rejoindront l'océan Atlantique... Au moment où nous nous acquittons de cette besogne, un immense théâtre s'offre à notre vue : les vieux cratères verdoyants de la montagne ardéchoise et les violentes déchirures des vallées cévenoles témoignent devant nous de la violence des insurrections primitives.

Les reliques d'un paquet de BN englouties, nous voici sur le chemin qu'empruntaient les marchands du Gard pour rejoindre à dos de mulet les foires de l'Aubrac et de la Margeride. Sur les pentes, des landes de genêts jettent de l'or et des odeurs de mandarine. Dans l'air, des papillons, ces fleurs qui volent, donnent envie de vivre avec ivresse et légèreté. Puis le chemin s'enfonce dans une forêt de montagne. La déambulation sous ces toits de verdure est un émerveillement perpétuel de l'œil. L'air est pur. Le vent fait danser les arbres dont le vert vif éclate à la figure. Les hêtres et les sapins se tiennent droit. Leur taille, qui défie l'entendement, est le résultat d'une conquête. Pour jaillir ainsi vers le ciel, il a fallu que ces vieux fûts laissent tomber beaucoup de branches gourmandes. Rien de grand ne s'obtient sans hersage, nous disent ces arbres vénérables.

Plus loin, un ruisseau d'une pureté cristalline dévale des rochers. Ce n'est pas tant la limpidité ou la fraîcheur de ces eaux qui me frappe, mais leur humilité : elles se laissent faire, se contentent de couler.

— L'Évangile de la tradition taoïste, le Tao Te King, dit que les hommes doivent apprendre à régler leur conduite sur l'eau : se déprendre de toute inquiétude, relâcher toute tension, ne rien retenir... On n'est pas rendus, hein, mon vieux Parsac ?

Lorsqu'on se lance à l'assaut d'un sommet, l'attention est captée par l'effort, on ne pense à rien d'autre qu'à aligner les pas. Mais une fois parvenu sur la cime, la splendeur de l'horizon saute à la figure. Et toute cette beauté qui s'offre d'un seul coup, on la reçoit comme une récompense. On dirait que les paysages nous félicitent d'avoir enduré les peines de l'ascension. Voilà les pauvres pensées que je ressasse sur les hauteurs du col de Pratarabiat où, entouré par des aubrac qui agitent leurs sonnailles, je contemple les lourdes crêtes du Tanargue.

Au pied de ce monstre de granit, le petit village cévenol de Loubaresse se tient sagement, blotti contre une église au clocher crénelé. Dans les quelques ruelles désertées à cause de la chaleur, la moitié des voitures est immatriculée dans le

Gard. La paroisse Sainte-Thérèse-des-Cévennes propose un pèlerinage sur les pas de Charles de Foucauld, on sent que le but approche ! Un bruit de télévision nous attire vers une vieille maison fondue dans le village dont le manque de prétention prend le cœur. Sur le pas de la porte, deux êtres se taisent ensemble.

— Ma famille est originaire de Loubaresse, raconte Paul en nous offrant un coup de rouge qui nous tord les boyaux. Moi, j'ai quitté le pays pour gagner ma vie à Alès. J'ai d'abord été ouvrier ajusteur, puis fraiseur dans des aciéries, et maintenant retraité.

— Alors comme ça, vous voulez devenir religieux ? s'extasie Liliane, son épouse, en nous resservant un canon. Moi aussi j'aurais voulu faire cela, mais Paul m'a mis le grappin dessus, puis j'ai élevé nos enfants, rit-elle.

— Vous savez, rebondit Parsac, moi, l'aspirant consacré, je suis à genoux devant le degré d'oubli de soi, la générosité et le service de la vie dont les mères sont capables. Votre abnégation vaut bien la nôtre !

— N'empêche, insiste-t-elle, ce que vous avez enduré pendant ce pèlerinage est édifiant !

Parsac et moi baissons la tête, gênés. Après un mois passé à marcher ensemble, à nous connaître dans nos quelques grandeurs et nos immenses bassesses, impossible de bomber le torse. L'un et l'autre savons l'imposteur que nous sommes, le fond de médiocrité qui nous constitue. D'ailleurs, c'est peut-être pour cela que le Christ envoie ses disciples deux par deux. Car lorsqu'un étranger débarque seul dans un endroit, tout auréolé de mystère, il est inconnu, on l'admire. Mais l'équipier qui vous supporte chaque jour sait, lui, que vous n'êtes pas cet étranger séduisant, ce passant considérable. Son regard vous maintient dans l'humilité, il vous empêche de vous draper dans la posture du grand personnage.

— Dites au pape de faire en sorte que les curés raccourcissent leurs homélies, nous enjoint Paul, brancardier bénévole à Lourdes à ses heures perdues. Et prenez ce paquet de gâteaux pour vous remplumer. Bonne route, les enfants !

Désormais, la montagne a des allures de garrigue. Les cigales hurlent, les bruyères meurent de soif, tout a l'air brûlé, desséché. Dans une chaleur intenable, une petite route serpente à travers des paysages en pente où quelques hameaux épars se sont fait une place au milieu des rochers. Le pays n'offre que cela : du roc aride et des schistes tranchants. Pour survivre, les paysans ont élevé des terrasses soutenues par des murs en pierre sèche qui donnent aux montagnes des allures d'amphithéâtre. Ces petites plaines en miniature, qui s'étagent à perte de vue, sont le fruit d'un travail acharné, d'une lutte héroïque des hommes avec les éléments. En voyant ces lignes régulières humaniser les montagnes hostiles, je mesure la créativité dont mes semblables sont capables pour faire advenir de la vie au milieu du néant.

Nous avons abandonné le GR4 à Loubaresse. Le divorce à l'amiable ne s'est pas fait sans peine. Ce chemin préside à notre sort depuis Angoulême. Désormais il va poursuivre sans nous son destin vers Les Vans, le Gard, le

Vaucluse. Orphelins de sa guidance prévenante, nous tâtonnons comme des aveugles sur un sentier qui sème des hameaux flanqués de châtaigneraies pluricentenaires. Par je ne sais quel mystère, cet arbre taillé pour ces terres austères parvient à pousser sur les pierres, enserrant les cailloux de ses racines et finissant, à la longue, par se créer une terre avec le résidu de ses feuillages. Le bois massif de ce puissant seigneur sert aux charpentes des maisons, aux berceaux des enfants, aux cercueils des mourants. Sans son fruit, des générations d'Ardéchois auraient crevé de faim. Ici, le châtaigner est une figure tutélaire, presque un dieu.

Au lieu-dit Le Mas de Truc, Parsac trouve que les habitants ne se sont pas beaucoup creusé les méninges pour désigner leur bled. Puis voici que surgit dans une forêt un hameau abandonné. De la dizaine de maisons initiales ne restent que des pans de murs écroulés. Les toitures ont disparu. Le lierre a envahi les ruines. Le sol est embroussaillé par un dédale de ronces, de bruyères et de chênes verts qui manifestent la volonté tenace de nous enlacer, nous ficeler. Vraiment, il faut du caractère pour vivre dans ce maquis ! Pendant des siècles, des gens ont sué, aimé, prié dans ce fond de vallée. Puis, dans les années 1950, les jeunes ont fui la vie patriarcale et le rude travail de la terre. Ils sont partis à Aubenas, Alès ou Nîmes se faire embaucher dans la fonction publique où ils avaient un salaire, la sécurité de l'emploi, des horaires fixes. En délaissant ces lopins, ils ont tourné le dos à la lutte ancestrale de leurs aïeux avec la lande. Alors la végétation sauvage s'est mise à envahir les murs, la pluie à disjoindre les lauzes, la foudre à embraser les charpentes, et la nature, peu à peu, a repris ses droits. En déambulant parmi ce triste reliquaire, j'éprouve un vertige à l'idée que les hommes et les femmes qui ont animé ces lieux ne sont plus que des spectres évanouis. Leurs passions, leurs travaux, leurs espérances, tout s'est dissous tel un songe. « Le matin, pense que tu pourrais ne pas atteindre le soir, la nuit venue, ne sois pas assuré de voir le matin », écrit l'auteur de *L'Imitation*. Il a raison : il faut se préparer, la vie passe comme une ombre. Demain nous serons morts.

Sur les hauteurs de la station thermale de Saint-Laurent-les-Bains où l'on vient de la France entière soigner ses rhumatismes, une tour de garde moyenâgeuse trône, majestueuse. À ses pieds, une succession de vallées forme une mer de vagues vertes et bleues, comme une immense tempête géologique pétrifiée. En haut d'un raidillon sévère, le dernier de notre voyage, une croix indique le voisinage d'un établissement religieux. Cette fois, ça y est : on pénètre dans le domaine de l'abbaye des Neiges, cet asile de prière et de silence. Au loin, un orage a rafraîchi l'atmosphère. Le ciel est gris-bleu, la lumière irréelle. Parsac et moi avançons sans dire un mot, entourés par des sapins centenaires qui imposent un recueillement de cloître. L'émotion m'étreint : Charles de Foucauld a marché sur ces chemins. Puis le vent apporte le tintement des sonnailles d'un troupeau de vaches que l'on confond avec les cloches de l'abbaye, comme Stevenson avec son âne. Et voici les bâtiments du monastère, sévères et sans charme. Devant l'église abbatiale, un frère perdu dans une bure blanche et noire nous fait signe de nous hâter : l'office qui célèbre l'entrée dans la nuit, les complies, va commencer. À l'intérieur du sanctuaire, je m'attendais à éclater en sanglots, l'énergie brusquement défaite. Mais j'éprouve juste une immense fatigue, et le sentiment du devoir accompli. Pendant l'*Ave Maria* se déchaîne un orage tonitruant. Des rideaux de pluie s'abattent sans discontinuer, comme si ce baptême entérinait notre aventure.

Les maisons closes

Je ne suis plus taillé pour le confort. Dans ma chambre digne d'un hôtel de bonne catégorie, je n'ai pas fermé l'œil de la nuit. Pourtant, j'avais ouvert la fenêtre pour laisser entrer l'air et les bruits du dehors. Il faut croire que mon corps s'est déshabitué des matelas douillets et que mon esprit dépérit dès qu'il est circonscrit entre des murs. À force de dormir à la belle étoile et de tutoyer les estives, le moindre cadre m'est devenu une prison et m'ôte la respiration. Il me faudra du temps pour me réacclimater à la vie moelleuse, enserrée par des lieux, des contraintes, des limites, toutes ces choses dont un mois d'échappée m'a fait oublier l'existence.

Hier soir, à la bibliothèque de l'abbaye, j'ai déniché *Faune et flore de nos régions*, et j'ai passé une partie de la nuit à feuilleter cette bible où toutes les fleurs que j'ai aimées secrètement pendant la virée m'introduisaient d'un seul coup dans leur intimité en me révélant leur petit nom : la marguerite des prés, la renoncule rampante, la digitale pourpre, l'achillée millefeuille, le laurier de Saint-Antoine, la petite pervenche, la chicorée bleue, le lis de Saint-Joseph…

Il est 4 h 30. La cloche sonne les vigiles, l'office de la nuit. Au lieu de traîner dans mon lit à chercher le sommeil, je décide de rejoindre les moines. Dehors, il fait un froid sibérien, le ciel est perforé d'étoiles. Un dédale de couloirs me conduit dans l'église plongée dans la pénombre. Dans le chœur, des bougies jettent des lueurs sur l'autel bâti avec de la pierre de schiste ardéchoise. Ce détail m'émeut : la prière qui s'élève de ce lieu comme l'encens est la prière d'un « pays », au sens de Vidal de La Blache et de Braudel.

Une douzaine de frères, de part et d'autre de la nef, sont enfoncés dans des stalles en bois. Beaucoup d'entre elles sont vides, et les cheveux des moines sont grisonnants. À l'image du christianisme, la communauté se vide peu à peu de sa substance. Combien de temps encore la louange de Dieu va-t-elle résonner sous ces voûtes ?

L'un de ces anciens porte une longue barbe de patriarche ou de légionnaire, selon ses références. Le regard égaré dans un psautier, il semble enseveli dans sa bure blanche comme dans un linceul, rappelant qu'à l'époque de Foucauld, la trappe était un tombeau, on y entrait pour se préparer à mourir.

À ce premier office du jour, les voix des frères ne sont pas très assurées, leurs louanges semblent encore embrumées par le rêve. C'est l'office le plus émouvant avec celui des complies, le soir, avant le grand silence, quand la communauté quitte le chœur, forme un cercle autour de la statue de la Vierge et entonne un *Salve Regina* avec des trémolos dans la voix, comme si cette figure féminine leur rappelait leurs mamans.

Le bercement des psaumes me plonge dans un demi-sommeil. Ce chant est une rhapsodie marine. Le chantre cantille deux versets, puis toute la communauté reprend les deux suivants en chœur. Ce flux et ce reflux évoquent le ressassement d'une vague douce et régulière qui ne trouble pas le silence mais le rythme, le rend audible. Sept fois par jour, les frères se retrouvent pour cette psalmodie. Comment ne pas penser que cela finit par les creuser, les polir, les laver, comme la houle sur les rochers ? En écoutant ces chants, je me dis que les écrivains et les moines s'adonnent à un office comparable. En notant une pensée, une émotion, une sensation avant que l'oubli ne les submerge, les gâcheurs d'encre tentent de conjurer la fuite du temps. Les contemplatifs, eux, marquent les heures de la journée par leurs prières. C'est une autre façon de lutter contre l'absurdité de cet écoulement. Surtout ne pas laisser le néant avoir le dernier mot...

Après l'office, je m'attarde dans le cloître. Ce dernier cerne un petit jardin intérieur ouvert sur le ciel étoilé. Au centre ruissellent les eaux d'une fontaine. Le silence est si parfait que je comprends qu'il n'y a pas à le fabriquer, à l'introduire en nous : il est toujours là, enchâssé dans le réel, intérieur à toute chose. Dans le vide, les sensations, moins nombreuses, deviennent plus riches, plus denses. Le plus infime incident fait figure d'événement, comme un petit bruit dans la nuit.

Il me plaît de savoir que des hommes veillent tandis que nous dormons et qu'ils affrontent cette vérité du vide à mains nues. Les mauvaises langues insinuent que les moines sont des lâches, des déserteurs, qu'ils ont pris la tangente. Parsac, lui, soutient qu'ils sont partis au désert comme des pionniers, des aventuriers, pour aller au-devant des grandes questions de l'existence, explorer le fin fond de l'être humain, jusqu'à ses zones les plus ténébreuses. Pour lui, ces hommes contribuent mystérieusement à l'équilibre du monde. Si leur présence cessait, quelque chose s'effondrerait. Cette théorie est séduisante. Après tout, est-ce si déraisonnable de croire que lorsqu'une personne pose un acte juste ou émet une prière ou une pensée droite, l'univers dans son ensemble est touché ? Toute âme qui s'élève élève le monde, a dit je ne sais quelle sainte.

Des ombres dans le cloître passent penchées, le monde dans leur cœur encapuchonné. Charles de Foucauld fut l'un de ces spectres. Pour avoir longtemps fréquenté ces maisons closes et même songé un temps à y déposer ma vie, je comprends un peu l'étrange vocation de ces hommes à la bure. Un jour, la rétine de leur œil a été éblouie par une lumière intense jaillie de la face du Christ. Depuis, ils recherchent partout l'éclat de ce visage. Leur vie n'a pas d'autre sens. L'attirance pour cette lumière s'accompagne du désenchantement de plus en plus grand pour tout ce qui n'est pas elle.

Huit heures sonnent à la cloche de l'abbaye. Nous attendons l'abbé dehors, devant l'église. Il nous a promis une visite des lieux. Mon corps frétille, comme impatient de reprendre la route. Lui qui ne fut que mouvement pendant quatre semaines ne comprend pas cette station prolongée… La pluie tant espérée pendant le mois de marche se déverse maintenant en trombes. Un épais brouillard feutre d'un halo des cierges qui brûlent sous un porche. Nous sommes à la fin du mois de juillet, mais il fait un froid de Toussaint. « Ne pas craindre pour sa maison les froidures de l'hiver. » C'est la devise de cette abbaye réputée la plus austère de France. À l'époque de Foucauld, l'eau gelait dans les bénitiers. C'est à cause de cette rigueur qu'il a choisi d'entrer aux Neiges. Encore captif d'une spiritualité doloriste, survalorisant la pénitence, les sacrifices, les prouesses ascétiques, le jeune homme voulait se mater.

Il n'y a pas plus loquace qu'un trappiste, me dis-je en écoutant Dom Césaire de Ceyrac qui nous balade à l'intérieur de la clôture. Dans la bibliothèque jonchée d'incunables, l'abbé prélève *La Zizanie*, l'album d'Astérix. C'est dans « ce traité de vie cénobitique et de psychologie sociale » qu'il puise la matière de ses méditations, confesse-t-il en riant. Décidément, les gens qui ont le plus de religion sont ceux qui en font le moins étalage…

En vertu d'un goût contestable pour le *vintage,* Dom Ceyrac a orné le moindre recoin de son monastère avec des statues de dévotion en plâtre. À chaque couloir, Parsac tressaute de peur devant ces sculptures qui lui rappellent les mannequins de Miremont.

Dans le cloître, l'abbé marque un arrêt devant une plaque où sont récapitulés les noms de tous les frères morts à l'abbaye depuis sa fondation.

— C'est la fidélité qui définit notre existence, dit-il, ému. Le plus difficile n'est pas de prendre l'habit mais de rester dedans. La vie monastique est incompatible avec l'imposture.

« J'ai gardé Notre-Dame-des-Neiges dans mon cœur. On n'oublie pas le lieu où l'on a reçu l'habit », a écrit Charles de Foucauld. Le saint de Tamanrasset a passé sept mois entre ces murs avant de partir dans une autre trappe, enclenchant ce mouvement à l'infini qui le portera toujours plus loin. Dom Césaire nous promène à travers les traces que ce passage éclair a laissées à l'abbaye. D'abord la grande icône qui orne l'église abbatiale. Écrite à la faveur de sa béatification en 2006, elle passe complètement à côté de l'esprit de Charles. Tous les clichés sont là : l'ermite égaré dans l'immensité de l'Assekrem où il n'a pourtant habité que six mois ; l'habit surmonté d'un Sacré-Cœur rouge dont il s'est débarrassé ; le tabernacle au premier plan, comme s'il campait au pied du Saint-Sacrement, confit en dévotion. Et puis surtout manquent la présence des Touaregs et le dictionnaire, c'est-à-dire l'essentiel… Cent ans après sa mort, Foucauld reste un illustre inconnu. On a fait de lui une statue de plâtre peint comme celles que Dom Césaire collectionne…

Dans la salle du chapitre, ce dernier tire d'une armoire un vieux calice en argent.

— C'est avec lui que Charles a célébré ici même sa première messe.

Je fais mine d'être impressionné, mais ce genre de reliques sacrées ne fait que me dissimuler un peu plus sa présence : jamais je n'ai été aussi proche des lieux que Charles a arpentés, jamais je ne l'ai senti aussi loin… Je le retrouve un peu en avisant les rares effets laissés en dépôt à son entrée au monastère – un sac flanqué de ses initiales, un parapluie, une épingle à cravate, la longue-vue dont il s'est servi au Maroc, et un médaillon contenant une boucle de cheveux de sa maman décédée lorsqu'il avait cinq ans. Le renoncement à ce pendentif me bouleverse. Il donne une idée du sacrifice que l'entrée à la trappe a représenté pour le jeune homme.

La cloche sonne l'office de none. L'abbé nous propose de le célébrer dans les stalles avec les moines. Je décline, de peur de prendre goût à cette vie recluse…

L'après-midi, frère Cyprien, le maître des novices, a proposé qu'on l'escorte à la cueillette des myrtilles sur les hauteurs du col de Prataraziat. Cinquante ans d'ascèse ont porté ses fruits : ce jeune homme de quatre-vingt-deux ans est devenu un être simple, limpide. C'est un peu comme cela que je me représente Foucauld à la fin de sa vie, un cœur d'or, sans la moindre ombre de duplicité, d'incurvation sur soi.

Au bord des sentiers, je fais remarquer à mes camarades la présence de gaillets frais et de cerfeuil sauvage, heureux de pouvoir faire étalage de ma science récente.

Avec l'agilité d'un chamois, Dom Cyprien bondit vers le sommet. Là-haut, la vue sur le mont Lozère est à couper le souffle. Un vent furieux balaie les nuages.

— La grotte Chauvet n'est pas très loin, observe-t-il. Au paléolithique, des hommes ont apposé sur les parois de leurs souterrains un bestiaire peint avec une délicatesse à faire rougir les artistes contemporains. Même au fond de la misère, l'homme a besoin de s'entourer de beauté et de gratuité. Au fond, nous autres, les moines, qui nous contentons d'adoration et de louange, ne sommes-nous pas un peu les descendants de ces artistes ?

— Il y a quelques années, dis-je, j'ai ressenti le besoin d'aller muscler mon cœur dans une abbaye. En apprenant que j'allais revêtir la bure, les amis de ma mère se sont exclamés : « Quel gâchis ! » Dans une société qui mésestime tout ce qui n'est pas convertissable en salaires, votre vie passe pour une absurdité sans nom, le summum de l'inutilité.

— Inutile, elle l'est, abonde Cyprien, mais pour les « grandes personnes qui aiment les chiffres », comme dit le Petit Prince, ceux qui ne considèrent que les résultats tangibles, les choses quantifiables, l'action qui rapporte. Nous, nous pensons plutôt avec Cyrano que « c'est bien plus beau lorsque c'est inutile ». Les moines ne servent à rien. Ils sont « sans pourquoi », comme la rose d'Angelus Silesius, comme la beauté, la poésie, un sourire…

Sur le chemin du retour, Cyprien nous questionne sur notre virée.

— Grâce à Dieu, vous n'avez pas connu trop de déconvenues, mais votre foi a-t-elle grandi ?

— La foi dans nos semblables, oui, un peu, dis-je. En partant d'Angoulême, nous partagions le pessimisme de *L'Imitation* sur la nature humaine qui porte la marque tragique de l'ombre. Pendant un mois, nos hôtes nous ont révélé l'autre versant du genre humain, sa face lumineuse, ensoleillée. Désormais nous savons que sommeillent chez le moindre de nos voisins des trésors de générosité. Au fond, il suffit de se présenter les mains vides et de frapper à leur porte.

— La route vous a-t-elle enseigné autre chose ?

— À vivre l'Évangile au pied de la lettre, poursuit Parsac, notamment son appel à l'insouciance. Quand on cesse de s'inquiéter de soi, de son confort, de son avenir, et qu'on s'abandonne à ce qui vient, la vie nous sourit. On comprend que tout est offert, en abondance, il n'y a qu'à se servir. Cela donne une grande confiance pour se risquer à vivre.

— Aux premiers siècles, rebondit Cyprien, quand cette religion était encore dans ses langes, on appelait les chrétiens « ceux qui n'ont pas peur de la mort ». Par la foi en la résurrection, ils métamorphosaient au fin fond de leur être l'angoisse en confiance. Or, quand on est libéré de la peur, on devient capable d'aimer…

— Capable d'amour, on n'en est pas là, mais de se contenter de ce qu'on reçoit, oui, certainement. Parfois, c'était peu : du pain rassis, des pêches pourries. D'autre fois, beaucoup : du foie gras et du champagne, comme chez la sous-préfète de Saint-Flour. Cette indifférence aux aléas est l'un des plus beaux trophées de ce périple.

Dans la grande salle à manger de l'abbaye, les hôtes se regardent en chien de faïence. Parsac est assis à côté d'une religieuse, moi en face d'une jeune femme qui ressemble à une peinture du Greco. Le repas se prend en silence, bercé par les notes célestes d'une symphonie de Mozart. En avalant ma soupe au fenouil, je suis tout à coup envahi par une paix surgie de je ne sais quel abîme. Comme si une source s'était libérée, j'ai le sentiment que la vie tout entière jaillit au-dedans de moi. C'est un tel afflux, un tel débordement que je laisse échapper un fou rire irrépressible qui contamine bientôt Parsac, puis toute la tablée, jusqu'au pauvre frère hôtelier gagné par des soubresauts qui manquent de lui faire renverser la soupe. Décidément, cette échappée d'un mois a décadenassé tous mes blindages. Le grand air a chassé les puissances d'angoisse et de tristesse, m'insufflant une sorte de jubilation pascale. L'homme intérieur frémit de nouveau en moi, comme le papillon dans la chrysalide. La marche a opéré une métamorphose.

À l'heure des complies, nous nous éclipsons discrètement en direction de la chapelle édifiée pour la béatification de Foucauld dans l'ancien poulailler de l'abbaye. Si l'esprit de Charles est quelque part, c'est dans cette bâtisse toute simple, en pierre sèche et en bois, qu'il doit souffler.

La nuit est tombée comme un rideau. Nous sommes seuls dans cet oratoire dépouillé. Tout est revêtu de silence, nous nous sentons nus devant le Nu. Pour chasser la pénombre, Benoît a allumé un cierge dont le vacillement donne à l'atmosphère un tremblé mystérieux. À tour de rôle, on égrène à haute voix les noms des personnes qui nous ont accueillis, nourris, donné un verre d'eau, confié une détresse, une joie, un désir, une tranche de vie. Nous tenions à clore ce voyage par cette liturgie toute simple. Une sorte de mémorial de la fraternité. Tandis que défilent les noms de nos bienfaiteurs, leurs visages surgissent devant l'autel, leurs voix s'animent, leur présence envahit les lieux, tandis que les paysages du Massif central se recomposent, comme si nous étions tous là, dans une même communion.

Quand j'ouvre les yeux, il n'y a plus que Parsac – qui essaie gauchement de dissimuler ses yeux rougis par l'émotion – et des bas-reliefs représentant des épisodes de la vie de Charles. L'omniprésence de ces derniers n'y peut rien : même dans ce petit oratoire dont la simplicité lui ressemble tant, Foucauld se cache, introuvable. Depuis que je suis arrivé aux Neiges, je traque partout la présence de cette ombre. Plus je la recherche, plus sa trace semble évanescente, impalpable, indécelable.

— Un mois que j'attendais ce rendez-vous, dis-je à Parsac, et Charles n'est pas là. Je ne peux pas clore ce pèlerinage sur cette note amère.

— Tu te fourvoies, mon vieux : Foucauld n'est pas plus aux Neiges qu'il est à Nazareth, à Tamanrasset, à Béni Abbès ou sur l'Assekrem. L'esprit de ce passant suprêmement libre ne peut être contenu dans un lieu clos !

Je crois que Parsac a raison. Par définition, les mânes de Charles sont insaisissables. Cet homme a passé sa vie à partir, à rompre, à s'émanciper, à demeurer mobile, à aller de l'avant. L'héritage de Foucauld, c'est l'art de la fugue et du mouvement. Le trouver, c'est s'échapper des cages, ne pas laisser les institutions étouffer la petite voix de sa conscience, rechercher la vérité qui est toujours plus loin, ne jamais s'installer…

— Si tu veux être fidèle à ton idole, conclut Benoît qui a fini par me connaître, tu sais ce qu'il te reste à faire…

Épilogue

Le voyage sans retour

Une année s'est écoulée depuis la grande échappée. Évidemment, on ne revient pas comme avant de ce genre d'aventures. La traversée du Massif central sans un sou en poche fut un passage initiatique, un voyage sans retour. La pauvreté, la beauté, le silence ont enclenché en nous des métamorphoses. C'est la vertu des longues marches : elles débroussaillent le maquis intime, chassent la confusion, affûtent la clairvoyance. Au terme de ce genre de virée, il n'est pas rare de prendre des décisions radicales qui changent une existence. De fait, dans une poignée de jours, Parsac va prononcer ses vœux d'obéissance, de pauvreté et de chasteté, et devenir jésuite. De mon côté, il fallait s'y attendre, j'ai quitté le noviciat.

À mon retour des hautes terres, la décision s'est imposée comme une évidence. Tandis que je m'éteignais à petit feu dans l'étouffoir du noviciat, un mois d'espaces et de plein vent venait de raviver la flamme.

La Compagnie, que j'aime par ailleurs en amoureux transi, est un ordre sacerdotal de l'Église catholique, un corps de religieux régi par des Constitutions tirées au cordeau. Comment, sans rire, ai-je pu me laisser entraîner dans ce sillage ? Je bute sur presque tous les mots de cette définition.

Un corps de religieux ? Comme le périple au Massif central me l'a révélé, je suis bien trop sauvage pour m'incorporer à un groupe, être assigné à résidence, fixé dans un lieu. Depuis mon tout premier âge, dès que j'arrive quelque part, je repère les itinéraires de fuite. Je crains comme la peste toutes les formes d'emprise, d'encagement. À mon aune, il n'y a pas de pire épouvantail que d'être enfermé dans une identité, une position statutaire.

Un ordre sacerdotal de l'Église ? La traversée des hautes terres m'a définitivement converti à la religion buissonnière. Pendant ce mois de liberté, mon observance, ma liturgie, ce furent les vaches, les moutons, les pierres, les arbres, et la rencontre des autres dont les visages ouvrent sur une autre scène, sur un autre monde. Les clercs n'ont pas le monopole du sacré. Ce dernier se débusque partout, notamment sur les chemins de traverse. Comment aurais-je pu devenir, comme Parsac, le délégué d'une vérité établie, alors que je veux faire mes dévotions où cela me chante, et que je suis plus édifié par l'être-là d'une salers ou la détresse d'un semblable que par le patois de l'Église qui obscurcit parfois le mystère ?

Une institution régie par des Constitutions ? Je préfère tracer mon chemin en franc-tireur, en irrégulier, au lieu de subir le corset d'une règle qui risque tôt ou tard de m'amener à renier ce que je porte d'inimitable. Nous sommes tirés à un exemplaire unique. Il n'y a qu'une seule véritable obéissance : celle que l'on doit aux hautes exigences de sa conscience.

Et puis, la radicalité évangélique, je n'ai pas besoin d'un habit, d'un statut religieux ni de vœux pour la vivre. « Aime et fais ce que tu veux », disait saint Augustin. Je me sens dans cette lignée un peu anar, avec le Christ pour modèle, les béatitudes comme bréviaire, et en figures de proue, François d'Assise et Charles de Foucauld, ces hommes libres et joyeux pour qui le seul péché est de ne pas être brûlé par la rage d'aimer.

Après ce mois de vagabondage, le retour à la vie normale ne fut pas une balade de santé. Pendant le confinement, des psychologues ont désigné du nom de « syndrome de la cabane » la difficulté éprouvée par certains à renouer avec une vie sociale après les longues semaines de huis clos. Je crois que nous fûmes, Parsac et moi, affligés d'un trouble comparable… De retour à Lyon, il nous a paru étrange de dormir dans des lits, de prendre une douche tous les jours, de payer nos repas avec une carte bleue, de ne plus causer avec des inconnus…

De même, jamais les mœurs qui sévissent dans les villes ne nous ont paru aussi étonnantes qu'à ce moment-là. Avec tous ces adultes en trottinettes, les centres ressemblaient à d'immenses nurseries qui imposaient leur dictature rigolote du fun et du sympa. Dans les journaux, on parlait sans cesse de harcèlement, mais on omettait de mentionner celui de la publicité, de la laideur, du bruit, des notifications des écrans, de la musique d'ascenseur, et des mille autres dispositifs qui sollicitent perpétuellement l'attention. Les conversations dans les cafés ne roulaient que sur les dernières déclarations d'Adèle Haenel et de Marion Cotillard, dont les gens guettaient les avis comme des oracles. Pour moi, je trouvais que la mort d'un arbre était plus triste que la déchéance d'une star, et que l'actualité des saints valait celle martelée par les chaînes d'info en continu. Sur Instagram, par le truchement de filtres animés, des gens que je croisais la journée en costume cravate se mettaient en scène le soir avec des oreilles de lapin ou de koala. Dans les rayons des librairies, il n'y avait pas un livre où un sociologue ne se proposât de démonter la fabrique de ceci ou de cela. Il y avait la fabrique de la France, des identités, de la famille, des femmes, des hommes, des chiens… Cette promotion de l'artifice m'étonnait. Il faut dire que je sortais d'un mois en compagnie des choses qui ne se fabriquent pas : la beauté, le silence, les arbres, le vent, toutes ces réalités qui sont là parce qu'elles sont là, sans pourquoi, comme la rose de Silesius dont le frère Cyprien nous avait si joliment parlé. Bref, à la différence de Parsac qui s'est glissé dans ses vieux habits sans trop de peine, je n'ai jamais réussi à retrouver ma défroque citadine et à me réacclimater à l'air ambiant. Et puis il n'y avait pas un jour sans que ne résonne en moi l'appel du Massif central. La nostalgie de ces hautes terres me tenaillait le cœur. J'avais soif de goûter encore à ce breuvage.

J'ai beau être un fils de la ville et de l'hypermodernité, avec sa recherche constante de nouveautés, d'intensité, sa saturation du temps, un beau jour, j'en ai eu marre de cette frénésie, et je suis reparti. Des amis m'ont prêté une vieille baraque en pierre de grès dans les Cévennes ardéchoises. Je suis retombé dans les bras du Massif central qui m'a miséricordieusement offert le pardon de mes adultères. Je vis là-bas depuis un an. Chaque jour, je célèbre des noces festives avec ce coin de France, renouant avec une vie simplifiée, resserrée autour de l'essentiel. Je ne suis pas malheureux de m'être débarrassé des trottinettes, des amis Facebook, des mondanités et des boucles de BFM TV. J'ai quitté les éclairages artificiels pour chercher la lumière qui ne décline pas. Je vis pauvrement dans une immense maison d'un délabrement sublime déposée dans une vallée escarpée, âpre, belle sans ostentation. Pour passer le temps, je gratte la terre, je remonte des murs en pierre sèche, je fends des bûches, je cultive des tomates rouges comme les joues des filles amoureuses, je lis un livre par jour. Ne partageant pas le credo actuel selon lequel une vie réussie est une vie remplie, je prends plaisir à gaspiller les heures, à me délecter du vide, à écouter le silence. En guise de télévision, la fenêtre de ma chambre découpe un bout de montagne et de ciel bleu. L'avantage, c'est qu'on ne se lasse jamais de ce programme… J'ai peu d'argent mais beaucoup de temps libre, et le luxe de mener une existence affranchie des scansions de l'utilité, du rendement, de l'économie. La virée au Massif central m'a enseigné qu'avoir peu de biens procure une paix imperturbable, une tranquillité souveraine, une allégresse continuelle. Et puis de toute façon, quand on vit dans la nature, au contact des animaux, des végétaux, des saisons, et des éléments dans leur nudité native, on se rend compte que tout est le fruit d'une générosité, d'une donation.

Avant de prononcer ses vœux, ce bon vieux Parsac est venu passer quelques jours dans ma thébaïde. L'occasion de saluer son vieux camarade, de rembobiner les souvenirs de notre échappée, de vivre nos aventures une seconde fois.

— Une bouteille de liqueur de chartreuse que dans un an tu auras trouvé un autre point de chute ! lâche-t-il à la fin d'une soirée où l'alcool a coulé plus que de raison. J'ai du mal à croire que tu vas te sédentariser dans ce trou. Tu n'es pas plus campagnard que je ne suis parisien ! Combien de temps vas-tu tenir au milieu des sangliers et des châtaignes ? Cet endroit est-il ton reposoir ou un énième lieu de passage, une transition vers autre chose ?

— Tu es vraiment sans pitié, dis-je en souriant. Est-ce ma faute si je suis incapable de me stabiliser quelque part et d'arrêter ma course ? Si je vis avec le sentiment d'être toujours éloigné de mon lieu véritable ? De chaque endroit où je m'installe, je pressens qu'il est le prélude à un nouveau déménagement, que ma vocation est d'être sans cesse en chemin, tourmenté par une sensation d'exil irrémédiable. Or, à force de passer, ma vie ne prend pas de forme, et ma vocation consiste à ne pas en avoir aux yeux des gens. Avec le temps, j'ai appris à ne plus prendre cette affaire au tragique : nos vies sont des virgules dans le texte de l'univers…

— Ouvre cela, m'intime Benoît en me tendant un objet emballé dans du papier cadeau, et lis distinctement la page 103.

Il s'agit de lettres inédites du jésuite auvergnat Teilhard de Chardin, réunies dans un volume intitulé *Accomplir l'homme*.

— « Pourquoi voulez-vous qu'une existence, à supposer qu'elle n'arrive pas à se fixer, ou à fructifier en une œuvre tangible, ait moins de prix qu'une autre ? Pourquoi le monde, qui a besoin de familles stables et de gens bien établis, n'aurait-il pas aussi besoin de ces êtres mobiles et errants, dont l'action se traduit par une série de touches ou d'essais apparemment discontinus, à travers toutes sortes de domaines ? C'est une grande chose de ne pas savoir où reposer la tête, si on porte au cœur la foi au monde. »

— Je suis tombé sur ce texte à la bibliothèque du noviciat, il m'a semblé qu'il avait été écrit pour toi et pour tous ceux qui trouvent leur voie dans l'incertain, dans le doute, et finissent par s'enraciner dans l'absence de lieu. Après tout, le Christ non plus ne s'est jamais installé. Trouver sa place à côté de celui qui n'a pas où reposer la tête, n'est-ce pas aussi une place au soleil ?

— Cela me touche. C'est vrai qu'il m'arrive de me demander ce que je fais là. D'ailleurs, où que je sois, je me demanderai toujours ce que je fais là. Au fond, mon vieux Parsac, tous les lieux sont illégitimes. Notre vocation, c'est de passer. De fendre la haute mer sur nos bateaux ivres. Alors, oui, le voyage continue. « Jamais arrière », disait Foucauld. « En avant, route ! » répliquait son frérot, Rimbaud. Allons droit devant, tendus vers l'invisible. En continuant d'espérer, malgré le désespoir et les peines, que nous sommes faits pour la fête et la joie sans ombre, et que la terre promise est devant nous.

Auriac/Sanilhac, été 2020

Table

13480

Composition
FACOMPO

Achevé d'imprimer en Slovaquie
par NOVOPRINT
le 7 février 2023

Dépôt légal : mai 2022
EAN 9782290362457
OTP L21EPLN003165- 597582-R7

ÉDITIONS J'AI LU
82, rue Saint-Lazare, 75009 Paris

Diffusion France et étranger : Flammarion